U0052598

(adaptive system)。

基於國際經貿環境之演變與企業面臨新挑戰，近年來有關「國際貿易理論與政策」的教科書，國內的中文著作能涵蓋貿易近代史及新知識經濟時代的貿易趨勢，甚至改寫傳統貿易政策的進口救濟專章，卻如鳳毛麟角，作者能以其多年教學的經驗，彙集成冊，取材體例稱得上理想，實在不可多得。

作者除了要傳承過去國際貿易所發展之理論及歷史觀外，更注入新知識的領域，尤其是論及經濟區域化，大陸經濟的崛起，歐盟東擴，自由貿易區盛行，版塊經濟及策略聯盟等已然成形的未來趨勢。作者多年從事學術研究並曾經服務於貿易局，近幾年來又積極加入經濟部貿易調查委員會研究工作團隊，利用教學之餘，投入貿易救濟志工行列，奉獻業界輔導諮詢工作，不遺餘力。遂將貿易之理論配合累積多年的實務經驗，收集素材，完成《國際貿易理論與政策》一書，即將付梓。我與作者，相知較深，尤其是對其從事研究工作之勤奮與嚴謹，深為敬佩。此書體例結構，組織嚴謹，行文流暢，取材重點，均能結合實務與理論。特別近幾年正值國際多邊化與國際分工蛻變中，本書內容，更能帶給學術界及從事國際貿易實務者，諸多助益，因此甚合當前讀者之需要，樂為之序。

黃智輝 於臺北寓所
2005 年 3 月 8 日國際婦女節

註：黃智輝博士目前在經濟部貿易調查委員會擔任執行秘書。

國際貿易理論與政策

何瓊芳博士 著

三民書局

國家圖書館出版品預行編目資料

國際貿易理論與政策／何瓊芳著.－－初版一刷.－
－臺北市：三民，2005
面；　公分
參考書目：面
ISBN 957-14-4299-2　(平裝)
1. 貿易

558　　　94007721

網路書店位址　http://www.sanmin.com.tw

© 國際貿易理論與政策

著作人　何瓊芳
發行人　劉振強
著作財產權人　三民書局股份有限公司
臺北市復興北路386號
發行所　三民書局股份有限公司
地址／臺北市復興北路386號
電話／(02)25006600
郵撥／0009998-5
印刷所　三民書局股份有限公司
門市部　復北店／臺北市復興北路386號
重南店／臺北市重慶南路一段61號
初版一刷　2005年5月
編　號　S 552160
基本定價　玖　元
行政院新聞局登記證局版臺業字第〇二〇〇號

ISBN 957-14-4299-2　(平裝)

代　序

自 1995 年 WTO 成立以降，國際經貿發展與企業經營環境有鉅大轉變，從 1980 年代市場開放，解除管制，到 1990 年代之深度化，我國市場規模成熟度及國際化程度正蛻變成長中；不僅社會經濟資源分配依民主體制分配與戰後戒嚴管制時期分配型態不同；適逢全球化趨勢，科技日新月異，外在環境也變化快速，使得內部經濟調整速度面臨壓力。面對經濟變局，競爭優勢隨時可能易位的現在，重要的是為我們國家找到新的定位、新的方向。另外企業經營環境也在蛻變：經濟取代軍事政治，成為世界走向之主流，強者才能生存，創新則為強者之要件，顧客要求較諸以往更高，競爭層次提升，組織疆界模糊化，企業競爭與合作關係日趨複雜化，競爭領域重新界定，國際市場逐漸國內化，國際分工取代垂直整合，策略聯盟興起，傳統競爭優勢衰退，核心競爭力之創造價值成為企業優勢，衝突與競爭併存，確保全能競爭優勢成為生存關鍵。

同時，新經濟法則取代傳統經濟理論也有新的詮釋，包括：資訊經濟時代「範疇經濟」(scope economy) 取代「規模經濟」(scale economy)；新經濟時代「報酬遞增法則」概念取代傳統經濟學「邊際報酬遞減法則」；實體市場 (market place) 已轉型為虛擬市場 (market space)；傳統「生產可能曲線」可輕易外移不被限制，取決於全球各地所需資源；傳統供需法則變成較難界定，或容易受影響，資訊時代訊息傳遞容易，透過網路公告就可影響消費需求；資訊時代市場「鎖定」(lock-in) 觀念造成習性，不會輕易轉變，否則要付出很大的轉換成本；資訊技術進步，網際網路降低「價格」機制影響度；傳統生產要素土地、勞力、資本、企業家精神被核心競爭力、顧客、知識（技術進步）等新生產要素所取代；傳統「相對優勢」(比較利益) 理論被「競爭優勢」觀念所取代；「利潤」極大化的傳統企業理論逐漸轉型成複雜的調適系

自　序

溫馨童年的回憶中，最喜歡在初秋的傍晚陪父親到臺中中山公園划船。皓月初升，華燈初上，金風送爽，丹桂飄香，沿岸金龜樹枝枒交錯，斜出水面，倒映湖中，搖曳生姿。行人悠閒地在湖畔四周散步；花叢小徑間，偶見情侶低語徘徊，細細訴說那道不盡的心情故事。我和弟妹們興奮的坐在木船上，看著父親堅實有力的手掌握住船槳，款乃一聲，船身已向湖心涼亭划去，緩緩的越過噴泉，穿過拱橋橋墩，繞過荷花池，沿著湖岸划行。夜色中覺得湖水好深、好藍，人生的路又遠又長，而父親溫和堅定的眼神，帶給小小心靈極大的平安。

逝水年華匆匆攜走了中學六年書窗築夢的少女情懷。進入大學以後，陪我划船的換成了大我二屆的學長。每在假日黃昏時刻二人相約划船。湖水依舊碧綠，沿岸樹影一樣迎風招展，湖中涼亭倒影仍舊鮮明，但看在眼中的，卻只有他含蓄的微笑，謙和的談吐和溫文儒雅的風度；多麼希望美好的時光，就此打住。

結婚後二人負笈新大陸，異地他鄉書窗共讀，燈下對弈五載寒暑。這期間兒女先後出世，為生活平添了無數歡樂。1980 年初，因不耐鄉愁，舉家返臺定居。兒女們上了幼稚園之後，也愛在週末的下午和我一起去公園划船。兩個人歡喜地輪流陪我用腳踩踏「鴨子船」，清風徐來，水波盪漾，湖畔遊人如織。孩子們你一言我一語交談甚歡，足下功夫也不含糊，小船沿著湖邊緩緩繞行；受到他們興奮情緒的感染，童年的歡樂時光，彷彿又倒流了回來。父親偶爾也陪我們去公園走走，多半只在岸邊小坐，對著我們微笑和招手。

時光荏冉，韶華易逝，兒女們兩年前赴美求學之後，每當初秋的黃昏時節，姪兒姪女的童稚身影，就彌補了假日中木船上的位缺。時值週末，照例帶小姪兒們到公園划船。駕著小船悠閒地經過湖心涼亭，穿過拱橋橋墩，無意間瞥見涼亭邊栽植的檳榔樹比以前高大了許多，落日餘暉映得湖面通紅。「姑姑，我也要划」的喊聲，輪番起落，忙得我不時地囑咐他們低身小心換位，陪我划船。姪兒們的興奮，不輸我們當年第一次隨同父親登上木船時的歡愉，只是物移星轉，人事全非，父親如今已因年邁，臥病在床。但是他的慈愛依舊，他的用心依舊，他的豪情依舊——在我們臨出門時仍不忘叮嚀我要教姪兒們發憤努力，多划幾圈，學習耐心，互相忍讓……。

如果有人問我，在人類世代遞嬗之間，什麼資產最為寶貴？我想應該是有智慧、有教導、有訓誨的親情。那在我們成長時期為我們擋風遮雨、勞碌奔波、謀求生活的親情，那鼓勵上進、安慰勸勉、諄諄善誘的親情，那為我們燈下縫補、噓寒問暖、做飯送傘的親情，織就了你我完整的童年時光，維護了你我美好的童年記憶，奠定了你我處事的重要原則。天地間還有什麼特質，可以拿來和這種無私無我、訓誡勸勉、世代傳承的大愛相比呢?

天還是一樣的藍，湖水還是一樣的綠，湖心亭的倒影依舊鮮明，姪兒們划船的興致還是同樣的高昂，只有我在物換星移中，不知不覺已划過了幾度秋。

曾幾何時，離上述撰文時光又過了十年，父親已於 1997 年春辭世，如今提筆寫這本教科書，他早年英挺、中年睿智、晚年慈祥的影象，時常映入腦海。青年朋友們，你的人生中應該也不難找到一些勤奮誠懇、積極上進的典範，他們可能是你的嚴父、慈母、良師、益友……；學海無涯、唯勤是岸，我們要學的不只是知識，不只是處世，不只是技能，我們要學習造化神奇的智慧，這也是本書得以出版的原因。

2005 年初春，兒子由美返國探親，陪同年邁的外婆再遊臺中公園，落日餘暉中我們又再度划船。白牆紅瓦的湖心涼亭依舊，湖中噴泉新湧，外子推著我母親的輪椅緩緩繞行湖畔，當兒子年輕的臂膀使力將小船划向湖心，我倆同時向岸上的外子及母親招手，他們也歡欣地向我們招呼；剎那間領悟到生命的長河就是愛和智慧的世代承傳，正如同我們祖孫三代都曾沿著湖心亭來回交織環繞，就像同心圓永無止盡前行一樣，彰顯那造物者生生不息的大愛。

本書內容之編撰是依據筆者十五年之教學經驗撰寫二年完成。先就國際貿易理論發生之文化、歷史、地理背景作介紹，並將研究貿易理論必備之經濟理論基礎加以說明，便利讀者直接進入狀況，此為本書第一大特色。

在國際化和本土化並重之理念下，加入了國際貿易之現況、世界經濟整合之趨勢、臺灣及大陸貿易之實情，國際環境保護以及知識經濟之趨勢，期使讀者能瞭解世界經濟之全貌，此為本書第二大特色。

為了使讀者充分獲得最新有關世界貿易組織之運作以及入會後爭端解決機制之功能，本書特別加入臺灣貿易救濟措施實作之現況，期望讀者充分掌握時代之脈動，開拓經貿新局——此為本書第三大特色。

惟筆者才疏學淺，匆促付梓，力有未逮之處，仍請賢達先進不吝賜教。

又作者為中原大學教師，本書接受中原大學提供部分經費補助，得以順利成書，特此致謝。

何瓊芳 2005 年春於臺北

國際貿易理論與政策

目 次

臺灣近代貿易史

第二篇 經濟工具的重點

國際貿易理論與政策中經濟分析工具之應用

第三篇 貿易理論之分析

重商主義與早期的貿易理論

近代貿易四大理論

國際貿易理論的新發展

8 經濟成長與國際貿易

第四篇　貿易政策及效果

國際貿易之價格政策

國際貿易之數量政策

11 不完全競爭市場之貿易政策

第五篇 新時代之貿易趨勢

14 經濟整合之世界趨勢

第六篇 國際收支與外匯市場

國際收支平衡表

16 外匯市場

第七篇 新時代貿易關切之議題

17 臺灣貿易政策之演變

18 兩岸貿易現況探討

19 環境保護與國際貿易

20 知識經濟時代之貿易趨勢

1 緒　論

春暖花開的 1991 年 3 月中旬，筆者前往美國阿拉巴馬州奧本大學攻讀博士學位，在負笈他鄉四年多的歲月中，最令人懷念的事物之一就是參加學校一年一度舉辦的「國際餐會」，由來自世界各地的各國留學生分別依照自己本國的文化特色布置攤位、販售各國不同之商品和特產，並上演各國不同之劇碼或服裝秀，以饗社會大眾；當天校園冠蓋雲集，許多來自鄰近郡縣之居民絡繹不絕於途，往返參觀校園內許多不同之攤位，品嘗各國不同之美食，參觀稀有少見之文化布景，享受異國風情，並買賣交換來自各國之商品，琳琅滿目、熱鬧非凡，儼然一個小型的國際市集，這種情形亦讓筆者聯想到多年前自己任職於貿易公司時從事商品在國際間交換和貿易的情形，買賣雙方基於各國消費大眾不同之偏好，選擇並生產各自有利之商品，在國際市場上運用銀行之往來，依照國際貿易慣例透過所約定之價格、品質、交易條件和包裝方式，以雙方同意之運送方法及工具於約定之期間內將商品送達指定之交貨地點或港口，由買方以約定之方式結清貨款後提貨並加以銷售。

這種商品及勞務跨越國際的交易行為之起源、型態和貿易利得之分析構成「國際貿易理論」的主要內涵；而國與國之間政府對商品及勞務進行交換之相關法律及規定就形成了「國際貿易政策」。簡言之，研究國與國之間為什麼會貿易、用何種性質之商品貿易以及貿易的結果，是屬於「貿易理論」的範疇；而探討政府如何規範貿易之價量、商品之種類、進出口之稅率以及國際間之貿易聯盟，則屬於「貿易政策」之範疇。本書之論述涵蓋國際貿易的理論與政策。

1.1 國際貿易之重要性

就個體之角度看來，國際貿易和現代人的生活息息相關。國際商品之互通有無，使現代人類生活中享受到許多物美價廉的異國商品。例如，我們每天早晨起床漱洗所使用的牙刷和牙膏，有許多來自於美國、日本；我們所穿的衣服有本國、義大利或法國的品牌；到學校或辦公室可乘坐來自法國或日本系統的捷運車輛，匈牙利公車，進口轎車或自用的國產車；外出通勤時使用之手機有各國許多不同的品牌；上電腦課使用的硬體是臺灣外銷世界各國的電腦；在辦公場合享受的冷氣也可能產自日本或其他國家；寫筆記所使用之文具、紙張、修正液等辦公用品除了國產外，也有進口的多種選擇；手上戴的錶、牆上掛的鐘和壁畫，多多少少透露一些異國風情；晚餐上用膳可常常和朋友一起享受希臘風味、法式美食、日本料理或美式西餐；酒足飯飽後帶著愉悅的心情，回到家中，坐在歐式沙發中欣賞日製電視所發送的今日新聞、韓劇、Discovery頻道、或好消息頻道；順便泡上一壺花茶在斗室小憩，卻可神遊於千里之外、探索動植物之奇妙、遠赴南北極探險、造訪世界古跡、尋找消失的馬亞文化等；夜晚躺進奧地利進口之床單被褥中，夢見周公……，多麼愜意美好的一天！這一切都拜國際貿易所賜！國際貿易已成為居住在地球村中，現代人生活物品之主要供應管道，其重要性顯而易見。

另一方面，若由現代國家造福人民之角度來思考，國際貿易使各交易國開拓了更廣大的全球市場，讓生產的經濟規模可以充分發揮，不僅使個別產業的生產者達到大量生產的最適規模，可用較低之成本來生產各式各樣的商品，達到廠商利潤最高的境界；也使得全球各經濟體系藉著與國外生產者互相分工，各自生產具生產效率的商品，再透過國際貿易互相交換，將商品流通到全球市場，提高了全世界總體之經濟福祉，增加了廠商利潤和人民之就業機會，其重要性更是不可言喻。

1.2 國際貿易發生之原因

國與國之間所以會發生國際貿易，主要是由於下列因素所致：

㈠各國經濟資源稟賦不同

各國之經濟資源差異極大，勞動力、資本、土地、及企業家精神等生產要素在世界各國之分配並不平均。

有的國家擁有廣大肥沃的土地，如紐西蘭、澳大利亞等國，利於生產土地密集 (land-intensive) 的產品，如乳製品、牛肉等畜牧產品。

有的國家累積有數量鉅大的資本，如美國、日本——利於生產資本密集 (capital-intensive) 的產品，如飛機、汽車、數位相機。

有的國家有豐富的人力資源，如中國——利於生產勞力密集 (labor-intensive) 的產品，如衣服、洋傘、鞋類。

㈡各國之間生產要素缺乏流動性

現實社會中如果生產要素在國家之間能夠自由移動的話，生產者就可以用生產要素的移動來取代產品的貿易了，而事實上不然。各國為保障其國民之生活福祉和就業機會，均限制或規範外國勞動力移入，因此生產要素之移動在國內較為常見，但在國際之間勞動、資本等生產因素之移動遠較國內困難。

㈢有效生產各種產品所需的技術與資源投入量不同

有些產品之生產在國內目前技術水準不夠或經濟資源欠缺而無法生產或必須花費鉅大成本才能生產者，最好交由他國互相分工，各國自行生產其具相對優勢之商品，再進行國際貿易，互通有無，以彼之長補己之短，促進人類社會之繁榮。

㈣各國文化及國情不同

各國之間，國民所得水準、風土人情、市場需求、產品偏好均不盡相同，可以透過貿易各取所需，滿足各自之市場偏好及需求。因此，國際交易比國內交易更能提供給消費者較多的選擇。

既然透過國際自由貿易可以使各國之商品互通有無，能提高各國人民之生活水準、擴大廠商之行銷範圍、符合市場之規模經濟、增加企業之就業機會，又可增進國家整體之生產力，其好處頗多，因此，如何建構一個更自由化、透明化、符合世界各國最大利益而維持通暢無阻之貿易通路，建立完善之金融系統和後勤服務支援，就成為現代各國政府共同努力完成之目標。

1.3 國際貿易理論與政策之範圍

國際貿易理論和政策是一門理論性兼實用性之經濟學，是以個體經濟及總體經濟作為分析工具，並以經濟理論為基礎分析人類跨國界之交易活動，所以許多學者稱其為國際經濟學。

一般而言，國際經濟學的內容可分為二大部分：

㈠國際貿易理論與政策 (international trade theory and policy)

由實質面 (real side) 及長期之觀點作分析，不考慮貨幣因素之方式來討論國際貿易發生之實質原因和後果，即探討國與國之間商品和勞務互通有無之實質交易情形，並解析如何採取促進國際間分工合作、貨暢其流的適當政策。

因此，國際貿易理論也是一種多地域的交易理論 (merchandise exchange theory)，其分析過程中普遍應用到個體經濟學之生產、消費、交換及福利經濟理論，總體經濟方面則應用到國民所得、進出口之價格彈性、經濟成長、就業水準等理論延伸，是研究一個國家與其他國家之間所發生的經常性交易為對象之一門學問，屬於應用經濟學的一種，因此各國政府為追求其全民福利，在與其他國家進行貿易時，均各有其相關之規範和政策。

㈡國際金融理論與制度 (international finance theory and system)

國際金融理論與制度主要由貨幣面 (monetary side) 來分析貨幣因素對實質國際經濟活動之影響，並探討如何建立適當的國際金融制度及確保適宜的金融運作，期能提供良好之貨幣環境，便利國內外經濟活動順利運行。研究內容亦包含各國間資本之交易及國際交易不均衡時之調整過程，包括各國外匯市場、國際收支、利率關係、匯率決定之原因以及各國金融制度等。

有關上述國際經濟學之具體研究內容，如下所示：

- 國際經濟學
  - 國際貿易理論與政策
    - 國際貿易純理論
    - 貿易政策
    - 貿易政策之反制
    - 經濟整合
    - 經濟成長
    - 環境保護與貿易
  - 國際金融理論與制度
    - 國際貨幣制度
    - 匯率與外匯市場
    - 國際收支調整理論與政策

1.4 本書之結構

本書主要分成以下七大部分：第一篇為貿易歷史的淵源，說明國際貿易理論和政策所據以發展之人文、歷史和地理背景，使讀者能充分瞭解並易於吸收各理論之來龍去脈和精髓。第二篇是以經濟學之應用工具作講述，其目的是讓讀者熟悉經濟基礎中會用來分析貿易理論的常用工具，以備日後便於使用。第三篇為國際貿易各學派理論之講解，由早期之重商主義、近代之四大貿易理論，演進到最新之貿易理論發展並加以解說。第四篇為貿易政策之分析，將貿易政策中之關稅、進、出口補貼、出口稅及配額政策等政策效果加以說明。第五篇為當代貿易政策之最新議題，包括貿易救濟制度及世界貿易之整合趨勢，並介紹歐洲聯盟、北美自由貿易區、中美洲共同市場、南錐共同市場、安地諾集團、東南亞國協、南亞自由貿易區及中非關稅與經濟同盟等八大經濟整合體所包括的結盟國家、結盟背景及現況、和其經濟整合之效果。第六篇為國際收支與外匯市場，介紹國際收支平衡表之內涵與結構並說明外匯市場之匯率理論及制度。第七篇為新時代貿易關切之議題，講述臺灣貿易政策之演變、臺海兩岸貿易之現況、落實環境保護之環境管理系統(ISO14000)以及綠色消費潮流和國際貿易之關係。最後並說明知識經濟時代之貿易趨勢和策略，力求內容能符合國際經貿之實際狀況，讀者能有寬廣的國際視野和格局。

㈠「國際貿易理論」和「國際貿易政策」之主要差別為何?當政府降低關稅是貿易理論還是貿易政策?若解說甲、乙兩國進行國際商品之交易原因是貿易理論還是貿易政策?

㈡你使用的手機是哪一種品牌的哪一種類型?是由哪一國所生產的呢?你認為消費者有多種手機品牌之選擇好呢、還是只要國產少數品牌供選擇比較好呢?為什麼?

㈢國際貿易發生的主要原因有哪些?

㈣國際經濟學的二大主要內容是什麼?兩者最主要的差別請各以三個關鍵字說明之。

第一篇

貿易歷史的淵源

2 國際貿易發展之背景

貿易理論之形成，足以反映人類政治和經濟生活之歷史變化及活動之縮影。而國際經貿舞臺之開啟，又與人類生存的地理位置、政治情勢和民族風俗息息相關。因此要瞭解國際貿易理論，可以從人類文明發展之主要地域之天然環境、物質資源、人文素養與民族特性著手。

2.1 歐洲早期之海上貿易

西元前一千年左右，許多經商的腓尼基人 (Phoenicians) 與希臘人 (Greeks) 已然活躍於遍植橄欖樹和葡萄藤的地中海東部地區。當時希臘人崇尚尚武精神，藉著戰爭掠奪土地、商品及財物，而正常商品交換行為僅限於希臘本土之中。相反的，腓尼基人則擅長航海與貿易，並以販賣及交換他國商品著稱，活躍於地中海之非洲沿岸，南達直布羅陀海峽，西及義大利、西班牙等地區，成為當時國際上商品交易之主要推手，可惜腓尼基人未能建立自己的工業，因此在西元前三世紀逐漸被希臘商人所取代，讓出了地中海東部商業霸主之位置。

另一方面，希臘人於西元前八世紀左右，沿著已建立於小亞細亞之基地逐漸向外推行二種經營政策：即一方面向外建立以農業墾殖為目的的殖民式城邦，一方面又沿著商品對外貿易之通路及海峽沿海成立商場，以至於希臘人迅速建立了強大的貿易活動腹地，在環地中海沿岸擁有了強大之貿易掌控權。

西元前三世紀，希臘的馬其頓王國 (Macedonia) 之亞歷山大大帝 (Alexander the Great) 征服了歐亞各地，不僅發現了許多新資源，也掠奪了波斯王室大量之金銀財寶，透過新資源和貨幣數量之增加以及海外轉口據點之建立，希臘商人大量展開了對東方及羅馬人的國際商品交易，由於希臘各城邦本身缺乏天然資源且糧食生產普遍不足，為供應民生所需，當時希臘商人大量進口鐵、錫、銅、象牙、皮革、大麻、船用木材等天然資源和糧食，其中有國內三分之二之糧食所需均仰賴海外進口。希臘商人活躍於國際貿易舞臺前後達三百餘年。

2.2 羅馬帝國時代之歐洲貿易

羅馬帝國於西元前二世紀擊敗了希臘各邦組成之聯盟，之後奧古斯都 (Augustus) 在位 (63B.C.～14A.D.) 時，繼續南征北討，其版圖幾乎包括先前腓尼基、波斯和希臘三帝國之全部，為其政治經貿的全盛時期。直到西元五世紀，蠻族不斷侵擾羅馬，政府疲於奔命，內部處於無政府狀態且苛捐重稅，且東西羅馬帝國分裂，加速其沒落，至西元 476 年，西羅馬滅亡，使西歐陷入黑暗時代 (Dark Age)。

羅馬帝國全盛時期，國內採行統制經濟制度，重要之商業物資如鹽、穀物、金屬、大理石等之產銷，泰半由政府控制，並且禁止黃金、糧食和戰略材料之出口。另一方面，羅馬人重視海運，大規模地興建港口、防波堤、船塢、燈塔，並開發河道，使對外貿易大盛，羅馬帝國主要進口商品來自下列各管道：

㈠各種香料、珠寶及紡織品來自遠東地區

㈡琥珀、皮貨及奴隸來自北方波羅的海

㈢象牙、黃金、黑奴及木材來自埃及及中非洲

羅馬帝國境內人口不斷擴張，政府卻抑制糧價導致糧食供需不平衡，又境內人民普遍喜愛享樂而生產力低落，所處地域本身資源缺乏，輸出有限卻大量仰賴進口，這種長期貿易逆差須以黃金支付，形成貴金屬外流，導致本國貨幣貶值，加速了帝國之衰微；末期境內戰爭頻繁、勞動力減少、田園荒蕪、瘟疫流行、人口銳減，西羅馬帝國於西元 476 年被北方日耳曼民族所滅亡，遂開始了歐洲地方民族大遷移的黑暗時代。

2.3 封建制度時期之歐洲貿易

黑暗時代始於西元五世紀，歐洲各地之政治、社會與經濟都陷於解體狀態。地中海貿易因回教徒興起，阻斷了東西方間的傳統貿易通路，東西方貿易量大量萎縮，歐洲大陸成為自給自足之經濟體系。黑暗時代後期，歐洲原已解體之政治、經濟及社會狀態，逐漸孕育出一種中古歐洲的「封建制度」(feudalism)，自西元九世紀起持續進展至十六世紀末葉。當時由於統一國家之消失、個人之生命及安全缺乏保障、貿易機會減少，土地成為維持生計之唯一工具，故擁有軍事封地之君王或領主 (lord) 對其從士 (vassal) 授予土地並保護其生命及財產，而從士則承諾效忠服從並提供勞務，並且從事軍事目的之職務。此時，為因應封建領主或新興中產階級奢侈品之需要，與興建教會及修道院之大宗物資之需要，以及城市房屋建材之需要，來自東方之香料，

如胡椒、生薑、肉桂、肉蔻等物品逐漸零星輸入歐洲，此外尚有蘇木、靛青、糖、象牙、寶石、絲織品等東方產物少量進口至義大利各地。在出口方面，英格蘭之毛料、南德地區之粗棉、麻紗、混紡布之衣料等為中古歐洲出口之主要商品。

2.4 地理大發現加速國際貿易之進展

中古後期，由於社會上人口增加，市場對規模經濟之需要擴大，對政府之保護需要也增加，戰爭負擔增加，對開明專制理論之接受度擴大，因此專制政體的民族國家逐漸出現，政府之租稅權也逐漸恢復，用來支應公共財政所需。

西元十五世紀中葉，歐洲之法國、西班牙、葡萄牙和英格蘭等國逐漸興起，企圖向海外擴張版圖和尋找新的自然資源而開啟了地理大發現時代。

葡萄牙人為了尋找通往亞洲的航線，組織了航海探險隊，迪亞斯於1487～1488 年率領探險隊繞過非洲南端之好望角，十年後，伽馬繞過好望角後，更抵達印度半島。西班牙人也企圖向海外發展。義大利航海家哥倫布於1492 年獲得西班牙國王之資助橫越大西洋，並於三次航行中發現美洲新大陸，在中美洲登陸，並到達南美洲之委內瑞拉。這些歐亞新航路之開闢以及新大陸之發現，加速了國際貿易之進展。

同時，亞洲方面也有中國明朝的永樂皇帝任命鄭和率領明朝船隊七次出海，前往南洋各國。在 1405～1433 年間，明朝船隊多半裝載瓷器、絲綢、香料等商品和南洋各國進行貿易並收取一些臣服於明朝之國家的貢品。1431 年鄭和率領的船隊曾抵達非洲紅海海岸之吉達港及東非海岸，可算是中國正式展開對外貿易之創舉。

由於東、西方間新航線之發現，加速了彼此間的貿易往來，許多國家也體驗到商品互通有無之好處，社會上商人的地位逐漸受到重視。整體而言，十六世紀末葉，自中古封建制度崩潰至工業革命發生前的兩百年間，因西歐各民族重視出口成長及金銀累積，一般人稱之為「重商主義時期」。此時期正好面臨十六世紀之地理大發現，以及荷蘭、葡萄牙及西班牙等國海外殖民地之競爭，取消了歐洲經濟生活的資源限制和地理限制，加速了國際貿易之進展。

2.5 重商主義

「重商主義」(mercantilism) 為十六世紀至十八世紀中葉歐洲經貿思想的主流。其主要的內涵為：

⑴一國的強盛和財富是由該國所持有的貴金屬（黃金、白銀、財寶）之多寡而定。

⑵一國之貿易順差或國際收支的盈餘是累積國家財富的方法，應盡力鼓勵商品出口，以換取貴金屬之進口，因這些貴金屬流入將會提高該國之總生產量及總就業量，並促進該國之繁榮。

⑶世界經濟資源稟賦量和貿易流量不易增長而相對固定，故一國為追求富強，而擴張資源、增加出口，換取貴金屬之流入時，須以減少他國財貨進口為代價，為達到該項目的，須本國採取關稅、配額或其他貿易政策，達成貿易順差。

重商主義之經濟思想和貿易政策，在十八世紀中期，受到許多學者的質疑，分述如下：

⑴大衛・休姆 (David Hume) 1752 年提出價格、黃金流通機制 (price-specie-flow mechanism)，認為來自貿易餘額之貴金屬之累積，將導致貨幣供給增加，進而導致該國之物價及工資上漲，而降低國家貿易上之競爭力，而導致貴金屬再度流出；反之亦然。所以 Hume 主張因貿易順差帶來貴金屬之流入所造成貨幣供給之增減影響的是價格和工資，而不是產出及就業。

⑵亞當・斯密 (Adam Smith) 指出一個國家之財富是取決於其產能 (production capacity) 而不是取決於其貴金屬之持有量之多寡。因亞當斯密認為每個人自利 (self-interest) 之追求會使每個人特殊之才能趨向專業化之生產而與他人互相交換勞務及商品。為了增加產能，他更進一步主張政府對私有經濟之管制沒有必要，主張自由放任 (laissez faire) 的政府政策和市場經濟，最能提供增加國家財富之環境。

亞當・斯密進一步以勞動力價值來講述「絕對利益說」，形成日後古典學派貿易理論之第一聲。

2.6 國際貿易理論之演進

自重商主義之後，國際貿易理論開始有系統地發展，簡述如下：

㈠亞當・斯密 (Adam Smith) 之絕對利益說 (absolute advantage)

根據勞動力價值來評量商品之價值，即商品價格完全由生產時所投入之勞動量來決定，認為兩個國家進行貿易，其中必有一國之商品在生產上優於另一國家，各國選擇其具有絕對優勢之商品從事生產並進行交易，可以使買賣雙方互蒙其利。

㈡大衛・李嘉圖 (David Ricardo) 之比較利益說 (comparative advantage)

認為一國在各種產品資源之生產上，即使成本均高於另一國家，但只要在進行生產時不同產品使用的資源投入量有所不同，就可以比較各自生產兩種商品時勞動投入量之比例之較小者，其成本相對較省，便可決定比較利益之所在，進而決定貿易之方向。

㈢ 1930 年代機會成本 (opportunity cost) 之分析

1936 年哈伯樂 (G. Haberler) 以比較機會成本取代勞動生產成本之方式，亦可找出比較利益之所在，認為只要兩國生產商品之機會成本不同，就可以決定國際分工的貿易型態。

㈣貿易理論由供給面之分析轉到需求面之分析

由 J. S. Mill 提出相互需要理論 (Reciprocal Demand Theory) 將相互需要方程式帶入大衛・李嘉圖之比較利益模型中，正式將需要面之分析納入國貿理論。

㈤因素稟賦理論 (Factor Endowment Theory) 是由赫克夏 (E. F. Heckscher) 及歐林 (B. Ohlin) 所發展的

認為貿易發生之原因在二國之因素稟賦不同，所以商品之生產成本亦有不同，進而產生比較利益，發生貿易；此外，可透過貿易之進行，將使貿易國間之因素價格經由商品價格之均等而接近相等，此即為生產因素價格均等化定理。另該理論亦延伸出瑞畢斯基 (Rybczynski) 定理及司徒一薩姆生 (Stolper-Samuelson) 定理，合為近代貿易之四大理論。

㈥ 1960 年代以後，由於經濟環境之轉變，下列各項新的貿易理論亦先後提出

主要包括：研究發展因素理論 (Researched & Development Theory)、技術差距理論 (Technological Gap Theory)、需要重疊理論 (Overlapping Demand Theory)、產品循環理論 (Product Life Cycle Theory)、偏好相似理論 (Preference Similarity Theory)、產業內貿易理論 (Intraindustry Trade Theory) 和剩餘出口理論 (Vent-for-Surplus Theory) 等。將分別於本書第七章中討論。

本章複習題

㈠西元前一千年,活躍於地中海地區之兩大商業民族為何?最後由哪一族人稱霸地中海之國際交易活動?

㈡希臘於西元前三世紀由馬其頓王國之亞歷山大大帝征服歐亞之後,希臘商人由國外進口之商品有哪些?你認為這些商品在日常生活的食、衣、住、行中比較重要的是哪幾項?

㈢羅馬帝國全盛時期,採行何種經濟制度?由政府掌控哪些重要之商業物資?禁止何種原物料之出口?

㈣西元五世紀,歐洲各地陷於政治、社會與經濟解體之黑暗時代,卻逐漸孕育出自西元九世紀至十六世紀中古歐洲之「封建制度」,土地成為維持生計之唯一工具。擁有土地之領主、中產階級和教會所需要之商品有哪些?

㈤西元十五世紀中葉,葡萄牙人為何要從事新航路之開闢?

㈥明朝永樂年間鄭和率領船隊七次前往南洋,載運出口之主要貨品有哪些?在中國貿易史上有何意義?

3 臺灣近代貿易史

3.1 荷蘭時期 (1624～1662) 之貿易概況
3.2 明鄭東寧建國時期 (1647～1683) 之貿易概況
3.3 清朝時期 (1683～1695) 之貿易概況
3.4 日據時代 (1895～1945) 之貿易概況
3.5 戰後（1945 年以來）之貿易概況

西元十五及十六世紀為新航路開闢和地理大發現的時代，由於經商上的需要，歐洲各國紛紛開始尋找通往亞洲的航線，希望亞洲的各種貨品經由海運能比經由陸路運送便宜。葡萄牙人首先組織航海探險隊開闢新航路，迪亞斯於 1487～1488 年率先繞過非洲南端的好望角，十年後伽馬率領船隊到達東非海岸，而逐步發現開往印度和亞洲的遠洋航線。不久，西班牙人也加入了開闢新航線的海洋探險，1492 年義大利航海家哥倫布在西班牙國王的資金贊助下橫越大西洋而發現了美洲新大陸。1519～1522 年麥哲倫完成圍繞地球一周的環球航行，這一類探險航行不僅是為了新航路的開闢，也促成了地理大發現，使歐洲人對非洲，亞洲和美洲大陸的情況越來越了解，並因此將歐洲人的勢力帶進了這些地區。荷蘭人繼葡、西兩國之後，也開始向海外探險，十六世紀末期在西非幾內亞海岸建立第一個通商據點。

經由歐洲之葡萄牙、西班牙和荷蘭等海權國家，陸陸續續從事上述「新航路開闢」和「地理大發現」之後，西方「重商主義」之影響力，也因此進入了亞洲各國。這些海權國家首先在遠東地區建立了商業發展和殖民的據點而形成了三強鼎足而立的局勢：荷蘭人占領印尼爪哇；葡萄牙向中國明朝政府租用澳門為根據地，活躍於中、西通商往來；西班牙人則在菲律賓呂宋島有計畫地殖民並拓展商業利益。其中，荷蘭人和西班牙人雖然在南洋擁有了商業的據點，但也想打入中國的地盤，而明朝採取閉關自守的鎖國政策，荷、西兩國不得其門而入，只好轉向中國沿海附近的澎湖和臺灣發展。

3.1 荷蘭時期 (1624～1662) 之貿易概況

荷蘭圖謀侵占臺灣時，明朝政府為了邊防之便利，一方面實施海禁閉關自守而嚴禁一般民眾出海；另一方面，明朝官方則採取遠赴南洋，宣揚國威的貿易政策。明朝永樂皇帝時期，曾任命鄭和（1371～1433 年）率領明朝船隊，於 1405～1433 年間，七次向西航行，裝載黃金、磁器和絲綢等商品前往南洋各地，在印度洋許多港口停泊並進行貿易；亦同時向一些對中國稱臣的國家收取貢品，實施「朝貢貿易」。1431 年明朝的船隊曾抵達非洲紅海海岸的吉達港。由此可見，明朝之國際貿易政策是限於少數官方往來的朝貢國貿易。當時葡萄牙人捷足先登，已先租用了明朝的澳門作為中、西商品轉口之集散地；荷蘭人受限於明朝當局之抵制無法登陸，只好退而轉向臺灣和澎湖尋求發展。

荷蘭人於 1604 年及 1622 年兩度攻占澎湖，明朝政府於 1623 年出兵與荷蘭人交戰，歷經八個月而不分勝負，最後雙方議和。荷蘭人退出澎湖後於 1624 年進攻並占領臺灣南部，以臺南安平港為經貿中心，取得對嘉南平原之米、糖、鹿皮等龐大經貿利益。

西班牙在荷蘭人進入臺灣的第二年，立刻經由其在菲律賓的經貿中心——馬尼拉出兵，占領臺灣北部的雞籠（今基隆），不久更進駐淡水港，逐步開闢基隆到淡水的陸路交通，將所開採臺灣北部的硫磺出口到國外，並與荷蘭人在台展開長達十六年的商業競爭。但西班牙之勢力局限於臺灣北部，比不上荷蘭人在臺灣西部嘉南平原之富庶，受到經濟發展上的限制而屈居下風，終於在 1642 年被荷蘭軍隊逐出臺灣。

荷蘭人統治臺灣前後長達三十八年，將臺灣作為明帝國、日本、南洋各國及歐洲等地的貨物集散轉口貿易中心。當時經由臺灣轉口貿易之商品如表 3.1 所示。

表 3.1

荷蘭時期臺灣之轉口貿易情形

產地國	貨品名稱	轉口港	目的國（港）
明帝國	綢緞、陶瓷、黃金	臺灣	印尼（雅加達）及荷蘭
明帝國	生絲、犀牛角、藥材	臺灣	日本
臺灣	米、糖、鹿肉、藤	直銷	明帝國
臺灣	糖、鹿皮、牛角、牛皮	直銷	日本
印尼	香料、胡椒、琥珀、麻布、木棉、錫、鉛、鴉片	臺灣	明帝國

資料來源：李筱峰 (2003 b)，《快讀臺灣史》，臺北市：玉山社出版事業股份有限公司。
劉碧珍、陳添枝、翁永和 (2003)，《國際貿易理論與政策》，臺北市：雙葉書廊。

3.2 明鄭東寧建國時期 (1647～1683) 之貿易概況

明末清初，鄭成功標舉「反清復明」之民族意識，而據守閩南沿海及金門和廈門島。自西元 1647 年起，在大陸東南沿海從事反清復明的各項活動而鮮有成效，因而在 1662 年進攻臺南安平，戰勝荷蘭軍隊取得臺灣為據點，除將臺灣作為軍事屯墾基地外，更積極計畫發展對外貿易。

但是天不假年，鄭成功於取得臺灣五個月後旋即過世，其子鄭經即位並於 1663 年自稱「東寧」而建國，重用佐臣陳永華，一方面引進中原政權之文教科舉制度，一方面推動國際商品在臺之集散和買賣，使臺灣繼荷蘭人開發之後成為當時的「亞太營運中心」。鄭氏父子統治臺灣共計二十二年，經貿活動十分熱絡，其能將臺灣成功地推向亞太國際經貿舞臺中心的主要原因如下:

⑴鄭成功的父親鄭芝龍擁有強大武裝保護的貿易船隊，所屬貿易船幾乎占全中國商船的 70% 以上，所以對進出口商品之數量和價格之掌控及操作十分容易，經由商品之轉手獲取貿易利益。

⑵清朝採取鎖國政策，嚴格禁止其本土居民通洋，但鄭氏父子掌握廈門和安平這條海路，成為當時唯一通商渠道，使得清朝官民所需的海外貨品，完全由在臺之鄭氏壟斷供應，所以獨占利益豐厚，使臺灣日益富饒。

⑶臺灣自荷蘭時期，已逐漸通曉如何與世界通商往來，充分發揮了海洋文化的商業性格，鄭氏承襲了荷蘭人的重商路線和政策，對外貿易暢旺。

⑷臺灣位於中國、日本、南洋及歐洲各地遠洋航運路線的必經之地，自然成為各該地區貨品運送及集散之樞紐，地理位置得天獨厚。

自 1663 年起，鄭經統治臺灣的前十年，將軍隊分批駐紮在嘉南、高雄平原上屯田開墾，採用中原的文教科舉制度，全力發展對外貿易，維持了臺灣自荷蘭以來既成的遠東商品集散中心的地位。鄭經統治臺灣期間經手的主要商品包含中國的絲製品和日本的金、銀、銅等貴金屬，並將這些貨品運送到南洋各國，以交換當地的稻米回臺，供作軍糧之用，可以補充屯墾之不足，而臺灣亦將茶葉、糖等農產品運往英國以交換其槍砲、火藥回臺，提供軍事用途，使臺灣仍維持荷蘭時期以來已是遠東地區之亞太營運中心的局面（詳見表 3.2)。惟日後由於「清初三藩」的鼓動，鄭經參與反清復明的戰爭，前後歷時六年之久，將其在臺累積之基業耗損殆盡，元氣大傷而於 1681 年病逝，1683 年其子鄭克塽降清，結束了鄭氏在臺二十二年的統治。

表 3.2

明鄭東寧時期臺灣之轉口貿易情形

產地國	貨品名稱	轉口港	目的國
明帝國	絲製品	臺灣	南洋各國
日本	金、銀、銅	臺灣	南洋各國
南洋各國	稻米	直銷	臺灣
臺灣	茶、糖	直銷	英國
英國	槍砲、火藥	直銷	臺灣

資料來源：李筱峰 (2003 b),《快讀臺灣史》，臺北市：玉山社出版事業股份有限公司。
劉碧珍、陳添枝、翁永和 (2003),《國際貿易理論與政策》，臺北市：雙葉書廊。

3.3 清朝時期 (1683～1695) 之貿易概況

滿清政府於 1684 年 4 月起將臺灣正式併入版圖，但治臺政策鬆散，在統治臺灣的二百一十二年當中，治績不多。清朝康熙年間朝廷官方解除了居民遷界之禁令，並自 1685 年起單方面開放大陸沿海對外貿易之海禁，只准許中國商船對外貿易，不准外國商船到中國從事貿易。因為滿清政府為封建古國，不重視對外貿易，使得臺灣自荷蘭時期已成為亞太經貿樞紐之特色，漸趨式微。自清初海禁開放之後，中國本土商船可直接經由南京和寧波二港口前往日本；亦可經由廈門和廣州航向東南亞各地進行對外貿易，已沒有必要在臺灣轉口；另一方面，清朝初年兩岸逐漸發展成區域分工之貿易形態：臺灣土地經大批遷臺移民的開發和墾殖，農業十分發達，所以臺灣之出口物品是以農產品為主，可用來交換大陸沿海各地製造之手工藝品，使得海峽兩岸間形成農、工區域分工的生產傾向。

清初臺灣最早開放的港口為安平港（亦即當時之府內港），可以與廈門港直接通航；之後不久，清政府又陸續開放鹿港和淡水河口的八里港，這些港口載運出口的主要商品是以臺產之茶葉、樟腦和蔗糖為主，其中臺灣樟腦產量曾占全世界 70% 以上，因為臺灣樟腦及茶葉之產地集中在臺灣之中北部地區，因而使經濟重心先由臺南安平，發展至中部之鹿港後逐漸北移，再經由北部之八里港沿淡水河上溯至臺北的艋舺（今日萬華）一帶，以致有貿易商雲集於「一府（安平）、二鹿（鹿港）、三艋舺」之流行說法。

清朝末年，中英鴉片戰爭失利，清政府與英國在 1842 年簽訂「南京條約」租借香港給英國，並准許外國人到廣州、上海、廈門、福州及寧波等五個港口通商。之後不久，英法聯軍進攻北京，清政府再度於 1858 年及 1860 年分別與英、法各國簽訂了「天津條約」及「北京條約」，將臺灣之安平港及淡水港也納入准許外國商船經商之範圍，使臺灣再度踏進國際貿易的領域，不再局限於純兩岸貨品交流的區域性貿易。

臺灣開港之後，英、美、德、葡、荷等歐美主要國家紛紛前來通商，使臺灣對外貿易迅速擴張。1878 年之後，臺灣之貿易順差逐年增加，大批外商湧入，開辦商館洋行從事國際貿易，同時，西方之文化、醫療、教育及基督教等亦隨之傳入臺灣，啟發了臺灣之民智，改變了社會的風氣。

臺灣開港不久，日本也開始覬覦臺灣並於 1874 年藉口琉球民眾遭害而發動「牡丹社事件」，出兵屏東，經雙方交涉和解。十年後為了對越南之主權之爭，清廷與法國開戰，戰爭結束後，清廷將臺灣正式設省，首任巡撫劉銘傳全力推動現代化建設，短短六年的任期中，將臺灣建設為清朝全國最進步的一省。可惜於 1895 年為爭奪朝鮮主權而發生中日甲午戰爭，滿清戰敗而簽訂了「馬關條約」，將臺灣、澎湖割讓給日本後，日本於是開始正式統治臺灣，史稱日據時代，前後共計有五十年之久，使臺灣之政治、經濟均產生結構性之變化。

3.4 日據時代(1895～1945)之貿易概況

1868 年日本進入「明治維新」時代，積極推動各項現代化建設；自 1895 年中日甲午戰爭日本獲勝而開始統治臺灣後，治臺第四任總督兒玉源太郎任用民政長官後藤新平開始有計畫地著手興建許多重要基礎建設，包括建立自來水道工程以及公路、鐵路、電信、航運、郵政等交通通訊事業，完成了全島性之聯繫。

1910 年間，臺灣成立了 6 家新式的製糖會社，使臺灣蔗糖之出口值超過全臺總產量的 50% 以上；當時臺灣其他重要的經濟作物還包括稻米、茶葉、樟腦等，所產的稻米和蔗糖主要提供日本本國所需，以補充其國內生產之不足；同時為了降低國際貿易逆差，日本對來自臺灣以外其他地區糖之進口，實施 40% 左右之保護關稅，並在臺引進國外之技術來增加生產規模，提高生產效率，因此臺灣糖業在日據時代成為出口之最大產業，其次依序為米、茶葉和樟腦；各項農產品之出口密集度高，且長期呈現貿易順差。

3.5 戰後（1945 年以來）之貿易概況

臺灣在 1945 年因日本戰敗而重回中華民國之懷抱。在戰後初期，政府以日據時代專賣制度頗具成效，乃沿襲該制度將菸、酒、樟腦及部分民生物資納入專賣。此外，為了抑制戰後物資短缺及通貨膨脹的現象，1949 年 6 月 15 日臺灣省政府實行幣制改革，開始發行新臺幣，促使貨幣流通速度下降。1950 年下半年開始美援物資陸續抵臺，物價趨於穩定，使日據時期已開發之農、工產業逐漸恢復活力。1949 年 4 月起國民政府開始進行土地改革政策，分為「三七五減租」、「公地放領」和「耕者有其田」三階段實施，減輕了許多佃農之負擔、緩和了社會壓力，成功地將過去之土地資本轉換為工商資本，加速了臺灣的工業發展和對外貿易之暢旺。

政府遷臺後，政局逐漸穩定、經濟政策正確，勞動生產力日增，而對外貿易盛行，不僅促使工業發展所需之各項原料及機械設備之進口源源不絕，亦對各項工業製品之銷售提供了海外廣大的市場。

在各項外銷暢旺之產業中，紡織業在 1950 年代為政府扶植的主要進口替代性產業。當時因本省自產之紡織品產量不敷全省民眾需求，須大量仰賴進口，為了滿足國民消費之需要及節省外匯支出，政府於 1953 年起實施第一期經濟建設計畫，對紡織業採行各項保護措施，如提高進口關稅、管制棉布進口、成品限量配售等，1954 年財政部開始實施外銷品退還原料進口稅辦法，以減輕出口業者之租稅成本，而紡織業者也於該年度起有一部分產品輸出，到 1964 年紡織業已經成為臺灣出口的第二大產業，其出口值僅次於糖業；除此之外，鳳梨、洋菇、蘆筍罐頭等農產加工製品外銷亦佳，之後十年，臺灣出口商品之產業結構逐漸由農產品移轉到工業製品。

政府於 1958 年採取鼓勵出口之貿易政策，除紡織業外，也帶動了電子、機械、塑膠製品、運動器材等產業之發展，自 1970 年代起電子業成為出口之最大產業，1980 年代起，臺灣在電腦相關產品之製造和出口方面，締造了佳績。到 1990 年代則進一步提升到資訊產業之產製和出口，尤以半導體業發展蓬勃，使臺灣成為全世界最重要的半導體供應國之一。

臺灣在 1981～2002 年間各種進口商品之總值及比例列於表 3.3 之中，由表 3.3 中可以看出臺灣近年進口商品種類偏重於機器（械）之零件和動、植物產品之原料居多。

在 1980～1990 年間礦產品之比例偏高，而機器及機械、電機及零件所占之比重則是一直有逐年向上增加之趨勢，到 1996～2002 年間已經占進口總值之 43.36% 左右；至於化學或有關工業產品所占比例均維持在 10% 左右；所以礦產品、機器（械）電機零件、及化學品為臺灣進口之三大主要貨品。

至於出口方面，臺灣最近幾年出口產品種類及其比例列於表 3.4 中，由表中可以看出，自 1981～2002 年間出口之最大宗商品亦為機器及機械、電機及零件，其所占出口之比例不僅逐年增加，並且在 2002 年已經超過出口總值

表 3.3

臺灣進口產品總值及其所占比例

單位：千美元

進口產品別	1981～1985		1986～1990		1991～1995		1996～2002	
	各項進口額	比例	各項進口額	比例	各項進口額	比例	各項進口額	比例
動物產品	1,580,500	1.54%	2,768,555	1.30%	4,446,220	1.13%	6,791,483	0.88%
植物產品	6,955,428	6.79%	8,323,740	3.90%	11,304,867	2.88%	16,257,662	2.11%
動植物油脂	316,517	0.31%	403,855	0.19%	914,681	0.23%	1,338,937	0.17%
調製食品	1,747,050	1.71%	4,120,247	1.93%	8,420,329	2.15%	14,863,440	1.93%
礦產品	25,601,722	24.99%	23,648,910	11.07%	34,843,099	8.89%	76,015,309	9.86%
化學或有關工業產品	9,782,396	9.55%	23,974,962	11.22%	42,428,397	10.83%	77,570,510	10.06%
塑膠及橡膠製品	2,679,620	2.62%	7,109,164	3.33%	13,834,092	3.53%	25,462,433	3.30%
皮革，毛皮及其製品	1,063,212	1.04%	2,712,449	1.27%	3,567,576	0.91%	5,275,814	0.68%
木及木製品	3,005,603	2.93%	5,162,883	2.42%	9,153,829	2.34%	8,807,742	1.14%
木漿或其他纖維質紙漿	1,536,478	1.50%	4,508,643	2.11%	9,362,228	2.39%	13,545,522	1.76%
紡織品及紡織製品	4,732,577	4.62%	8,458,332	3.96%	14,868,384	3.79%	21,048,258	2.73%
鞋，帽，傘類	21,473	0.02%	257,997	0.12%	1,262,646	0.32%	2,069,574	0.27%
石料，膠泥，水泥製品	704,689	0.69%	2,113,271	0.99%	4,170,236	1.06%	7,027,110	0.91%
天然珍珠，寶石，貴金屬	274,355	0.27%	10,133,659	4.74%	8,966,608	2.29%	8,437,610	1.09%
卑金屬及卑金屬製品	8,496,315	8.29%	24,292,581	11.37%	49,012,713	12.51%	69,120,978	8.97%
機器及機械，電機及零件	22,066,229	21.54%	61,327,305	28.71%	127,967,663	32.66%	334,308,342	43.36%
車輛，航空器，運輸設備	6,540,508	6.38%	14,297,946	6.69%	28,483,150	7.27%	31,942,654	4.14%
光學，精密儀器等零件	2,586,567	2.53%	5,971,913	2.80%	14,561,536	3.72%	45,017,579	5.84%
武器與彈藥及其零件	0	0.00%	0	0.00%	65,182	0.02%	29,128	0.00%
雜項製品	2,729,721	2.66%	3,808,823	1.78%	3,952,205	1.01%	5,807,096	0.75%
藝術品，珍藏品及古董	15,179	0.01%	216,796	0.10%	290,739	0.07%	181,938	0.02%
進口總額	102,436,139	100.00%	213,612,031	100.00%	391,876,380	100.00%	770,919,119	100.00%

資料來源：行政院主計處 (2004)，http://www.dgbas.gov.tw/

之一半以上，即 51.94%；其次大宗之出口商品則分別為紡織品及紡織製品、塑膠及橡膠製品兩大類。

表 3.4

臺灣出口產品總值及其所占比例

單位：千美元

	1981～1985		1986～1990		1991～1995		1996～2002	
	各項出口額	比例	各項出口額	比例	各項出口額	比例	各項出口額	比例
動物產品	3,807,488	2.90%	8,832,501	3.07%	11,674,423	2.61%	10,516,282	1.21%
植物產品	2,026,717	1.55%	2,619,542	0.91%	2,564,148	0.57%	2,261,146	0.26%
動植物油脂	19,039	0.01%	43,155	0.02%	120,845	0.03%	267,511	0.03%
調製食品	2,959,599	2.26%	3,430,155	1.19%	4,016,834	0.90%	3,343,142	0.38%
礦產品	3,016,988	2.30%	2,487,984	0.87%	3,224,397	0.72%	10,428,232	1.20%
化學或有關工業產品	1,796,679	1.37%	4,699,649	1.63%	10,918,290	2.44%	25,508,210	2.93%
塑膠及橡膠製品	6,058,864	4.62%	17,737,612	6.17%	30,796,222	6.89%	55,671,679	6.39%
皮革，毛皮及其製品	4,825,682	3.68%	6,980,747	2.43%	6,222,924	1.39%	8,521,900	0.98%
木及木製品	4,394,169	3.35%	5,630,048	1.96%	4,057,320	0.91%	3,223,791	0.37%
木漿或其他纖維質紙漿	761,317	0.58%	2,122,794	0.74%	4,355,397	0.97%	7,147,037	0.82%
紡織品及紡織製品	25,993,941	19.82%	46,317,181	16.11%	65,499,986	14.65%	101,043,876	11.61%
鞋，帽，傘類	11,572,266	8.83%	21,030,521	7.31%	16,204,096	3.63%	7,394,436	0.85%
石料，膠泥，水泥製品	2,420,149	1.85%	5,207,471	1.81%	5,585,293	1.25%	6,864,732	0.79%
天然珍珠，寶石，貴金屬	517,091	0.39%	1,252,876	0.44%	1,412,495	0.32%	1,099,888	0.13%
卑金屬及卑金屬製品	9,789,938	7.47%	21,333,461	7.42%	37,505,354	8.39%	81,646,044	9.38%
機器及機械，電機及零件	30,112,399	22.97%	89,646,299	31.18%	176,103,316	39.40%	452,200,599	51.94%
車輛，航空器，運輸設備	5,332,472	4.07%	12,930,200	4.50%	22,984,524	5.14%	36,195,895	4.16%
光學，精密儀器等零件	2,873,871	2.19%	6,871,725	2.39%	11,284,327	2.52%	22,681,173	2.61%
武器與彈藥及其零件	0	0.00%	0	0.00%	50,647	0.01%	68,090	0.01%
雜項製品	12,823,611	9.78%	28,296,359	9.84%	32,365,158	7.24%	34,469,855	3.96%
藝術品，珍藏品及古董	17,986	0.01%	71,155	0.02%	45,268	0.01%	31,318	0.00%
出口總額	131,120,266	100.00%	287,541,435	100.00%	446,991,264	100.00%	870,584,836	100.00%

資料來源：行政院主計處 (2004)，http://www.dgbas.gov.tw/

有關臺灣進口產品結構之變化由表 3.5 中可以看出，在 1981～2002 年間，農、礦產品所占之比率均逐年下降；而電子、電機及機器、機械所占進口之比率逐年上升且上升之幅度為各業之最大；化學品及光學精密儀器兩類產品之進口亦呈逐年增加之態勢。在 1996～2002 年臺灣進口產品之最大宗為電子電機及機器機械，其次依序為化學及相關產品、礦產品、光學精密儀器、農產品。

表 3.5

臺灣進口產品結構之變化

單位：千美元

	進口總值	農產品		礦產品		化學及相關產品		電子電機及機器機械		光學精密儀器	
		進口值	比率	進口值	比率	進口值	比率	進口值	比率	進口值	比率
1981～1985	102,436,139	8,852,445	8.64%	25,601,722	24.99%	9,782,396	9.55%	22,066,229	21.54%	2,586,567	2.53%
1986～1990	213,612,031	11,496,150	5.39%	23,648,910	11.07%	23,974,962	11.22%	61,327,305	28.71%	5,971,913	2.80%
1991～1995	391,876,380	16,665,768	4.24%	34,843,099	8.89%	42,428,397	10.83%	127,967,663	32.66%	14,561,536	3.72%
1996～2002	770,919,119	24,388,082	3.16%	76,015,309	9.86%	77,570,510	10.06%	334,308,342	43.36%	45,017,579	5.84%

資料來源：行政院主計處 (2004)， http://www.dgbas.gov.tw/

至於臺灣出口產品結構之變化，由表 3.6 中明顯可見農產品之出口所占比率自 1981 年起逐年下降，塑膠及橡膠製品之出口呈現逐年小幅增加之趨勢；紡織品之出口值所占比率亦為逐年下降，但至 2002 年仍占出口值之 12.46% 左右，仍算臺灣出口之次大產業；至於臺灣出口之最大產業可明顯看出是電子、電機及機械，其出口值超過全部貨品出口總值一半以上，足見高科技產業在臺灣現在之出口貿易中占有極其重要、舉足輕重之角色。其次依序為紡織製品、塑膠及橡膠製品、農產品。

表 3.6

臺灣出口產品結構之變化

單位：千美元

	出口總值	農產品		塑膠及橡膠製品		紡織製品		電子電機及機械	
		出口值	比率	出口值	比率	出口值	比率	出口值	比率
1981～1985	131,120,266	5,853,244	4.46%	6,058,864	4.62%	25,993,941	28.65%	30,112,399	22.97%
1986～1990	287,541,435	11,495,198	4.00%	17,737,612	6.17%	46,317,181	23.42%	89,646,299	31.18%
1991～1995	446,991,264	14,359,416	3.21%	30,796,222	6.89%	65,499,986	18.28%	176,103,316	39.40%
1995～2002	870,584,836	13,044,939	1.50%	55,671,679	6.39%	101,043,876	12.46%	452,200,599	51.94%

資料來源：行政院主計處 (2004)， http://www.dgbas.gov.tw/

臺灣加入了世界貿易組織後，雖然面對了來自世界各地之競爭，但以往所奠定之良好經貿結構及體質、結合更完善之金融服務以及健全之資訊系統加上政府自 2004 年以來所推動之自由貿易港區之籌劃，在諸多高科技廠商進駐後，當能在未來之國際經貿舞臺上再創佳績。

㈠在新航路開闢和地理大發現之後，葡萄牙、西班牙和荷蘭在遠東地區各自建立了哪些商業據點，而形成三強鼎立的局面?

㈡西班牙人和荷蘭人十七世紀在臺灣之商業競爭最後誰取得上風?為什麼?

㈢鄭成功父子治臺二十二年期間，能順利將臺灣推向亞太國際經貿中心之主要原因為何?

㈣試舉出日據時代臺灣出口之四大產業。

㈤臺灣在 1996～2002 年間主要之出口產業有哪四大宗?主要之進口產業有哪五大類?

第二篇

經濟工具的重點

國際貿易理論與政策中經濟分析工具之應用

經濟學為研讀國際貿易理論和政策之先修課程，在經濟學的應用工具中，本章介紹修習國際貿易理論必備的基本經濟觀念，使讀者修習本課程時能融會貫通，得心應手。

4.1 部分均衡分析和一般均衡分析

㈠部分均衡分析是只針對「單一貨品」之分析

例如「對某一財貨之供給課稅」，是以單一財貨（如 X 財）之數量（用 Q_X 表示）和其本身之價格 (P_X)，分別作為橫座標和縱座標而進行之分析。

如圖 4.1，D_X 為財貨 X 之需求曲線，S_X 為 X 財貨之供給曲線。

圖 4.1

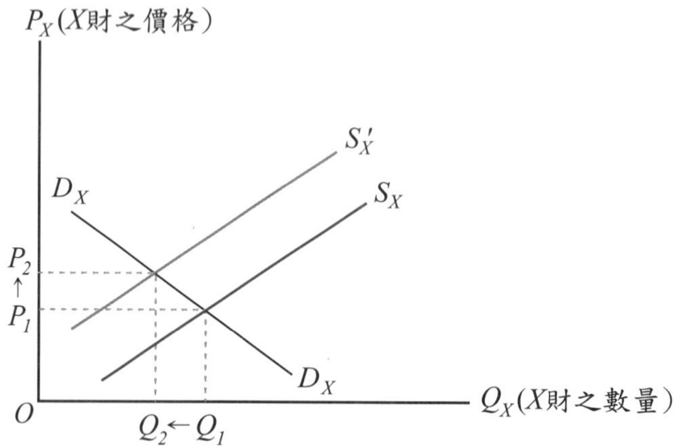

假設其他條件不變，單獨對 X 財之供應 (S_X) 課徵每單位 t 元之從量關稅時，故 X 財每單位之成本上升，等於對 X 財之供給線向上平行移動至 $S'_X = S_X + t$ 之水準，此稅將造成 X 財價格由 P_1 上升到 P_2，X 財供給量則由 Q_1 減少至 Q_2。此例只用單一 X 財本身之價量來分析，為部分均衡分析。

(二)一般均衡分析是指模型以二種財貨（含以上）列出圖形或數學模型所進行之分析

如圖 4.2 中，分別以二財（即 X 財和 Y 財）之數量標示於橫座標和縱座標之上。例如「假設生產成本固定時，兩國生產可能線不同，若進行國際貿易可以專業分工而達到較高之社會福利水準」之分析。

在圖 4.2 中，A、B 兩國各以 PPC_A 及 PPC_B 為其生產可能曲線，在未進行國際貿易之前，各國之生產可能線分別與其社會無異曲線 I_A 及 I_B 切於 A_1 及 B_1 點。

若進行國際分工後，兩國談妥之貿易條件為 $P_W = P'_W$，即 $P_W // P'_W$ 故兩線平行表示國際交易條件相同，此時 A 國可專業生產 X 財，如 P 點所示；B 國專業生產 Y 財，如 P' 點所示。

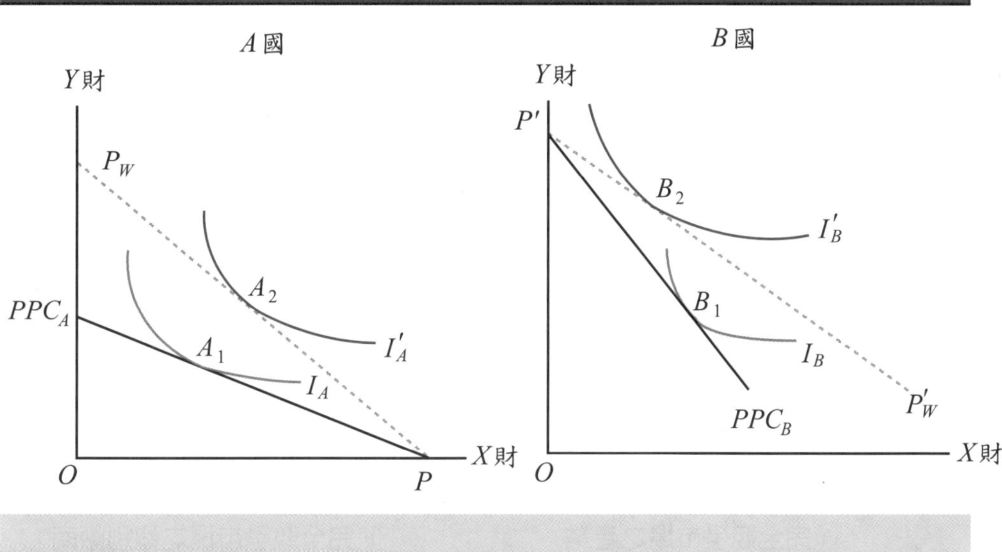

P_W 及 P'_W 線可分別切到較高之社會無異曲線 I'_A 及 I'_B 於 A_2 及 B_2 點，表示經過專業分工生產後，消費均衡點各為 A_2 及 B_2，即透過國際貿易，A 國可切到一條較高之社會無異曲線 I'_A，B 國亦可切到較高之社會無異曲線 I'_B，所以社會福利增加。

上例為二種財貨（X 財及 Y 財）之分析，為一般均衡分析。

4.2 完全競爭市場與不完全競爭市場

㈠完全競爭市場具有以下特色

⑴廠商之數目眾多，每個廠商均無法影響市場價格，故廠商為市場價格之接受者。

⑵市場之資訊靈活。

⑶產品具同質性。

⑷廠商進入及退出市場完全自由。

因此，在完全競爭市場中，產業和個別廠商之關係如圖 4.3 所示。

圖 4.3

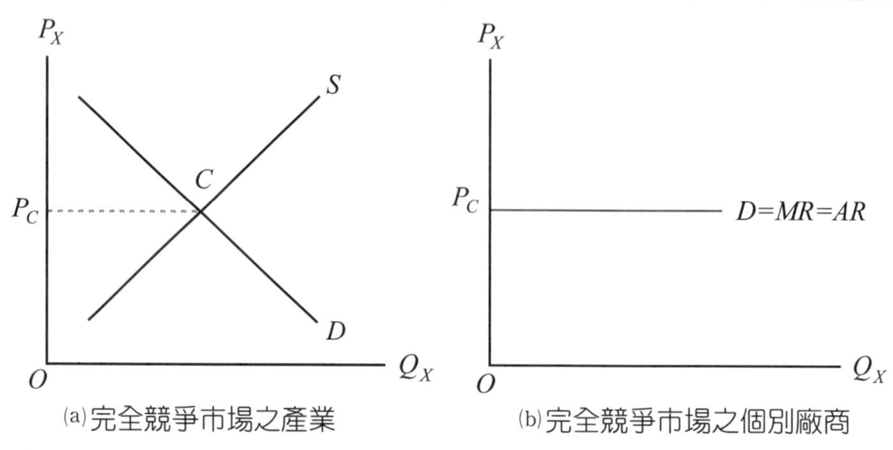

⒜完全競爭市場之產業　⒝完全競爭市場之個別廠商

首先由完全競爭市場之產業供給 (S) 和需求 (D) 之交點，決定了市價為 P_C。對個別廠商而言，在完全競爭之市場，企業追求利潤最大或損失最小之前提下，個別廠商會在其邊際成本 (MC) 等於市場價格 (P_C) 時生產，如圖 4.4 所示。

P_C 為個別廠商面對接受之市價，MC 為廠商之邊際成本，兩者相交於 E 點，E 點所對應之產量為個別廠商之最適產量 Q_C。

在圖 4.3 ⒜中，座標軸之 P_X 及 Q_X 分別代表 X 財之價格和數量，總合需求線 (D) 和供給線 (S) 之交點 (C) 決定了市場售價為 P_C，因個別廠商數目眾多，無法單獨影響市價 P_C，而均為市價之接受者，故 P_C 相當於個別廠商所面對之需求曲線 D，即對於每增加一單位 X 之銷售，只變動總收益 P_C 之數值，而 P_C 亦為每單位 X 賣出之平均售價，亦即平均收益 AR，故對於每單位 X 而言，$P_C = D = MR = AR$，而個別廠商利潤最大或損失最小之最適產量為 $P_C = MC$ 時之產量 Q_C。

圖 4.4

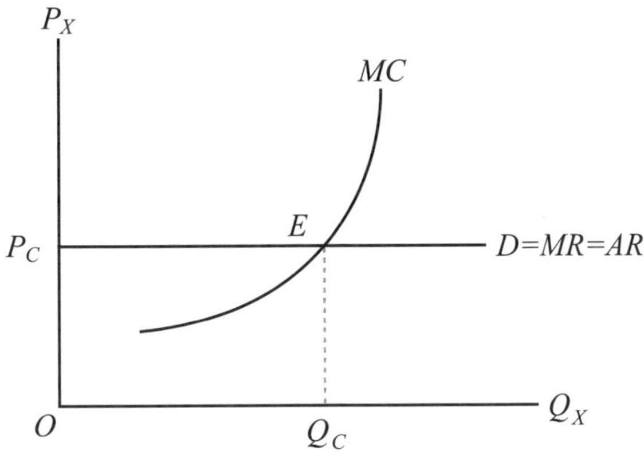

㈡不完全競爭市場具有以下特性

⑴廠商家數多。

⑵市場資訊不靈活。

⑶產品之品質有差異性，故個別廠商可以決定自己商品的價格。

⑷廠商進入或退出市場容易。

由於廠商可以自由決定商品價格，價格高時需求量減少，而價格低時需求量會增加。所以不完全競爭廠商面對一條由左而右向下傾斜之需求曲線 (D)，如圖 4.5 所示。

同理，個別廠商為求利潤最大或損失最小，會在其邊際成本 (MC) 與邊際收益 (MR) 之交點 (I) 決定其最適生產量為 Q_I，最適價格為 P_I。

4.3 生產函數之等產量曲線與等成本線

國際貿易顧名思義是國際間商品及勞務之交換，而商品和勞務之生產，必須有一定的生產方式，一般稱為生產函數。

圖 4.5

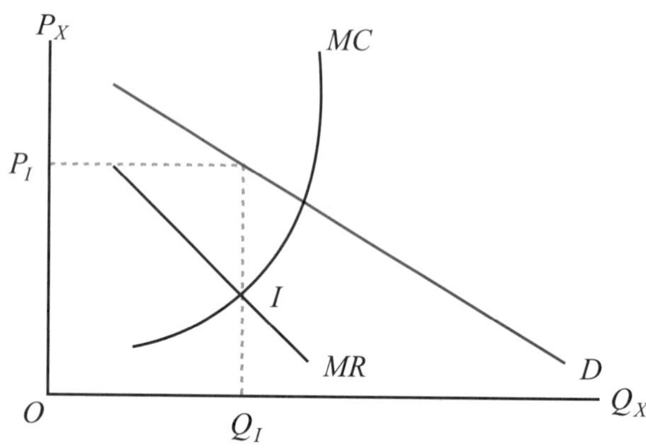

㈠生產函數是指在一定技術水準下，生產因素之投入量 (inputs) 與產品之產出量 (outputs) 間之一種關係。其表達之方式說明如下

⑴在重商主義時期及古典學派時期，亦即亞當・斯密和大衛・李嘉圖之時代，大部分是以勞動人力來生產，所以古典貿易理論均假定勞動 (L) 為生產商品之唯一投入因素，因此其生產函數可表示為

$$q = f(L)$$

它表示商品產出量 (q) 的大小，完全由所投入的勞動量 (L) 的多寡來決定。在比較國際分工之貿易利得時，也是以勞動投入量的多寡來比較其價值，所以稱之為「勞動力價值說」。

⑵另外，在分析近代貿易四大理論時，由於商品的生產，必須同時使用到資本 (K) 及勞動 (L) 二種資源，因此其生產函數可表示為

$$q = f(K, L)$$

亦即表示產出量 (q) 隨著資本投入量 (K) 與勞動投入量 (L) 的不同組合會有產量之不同。

當生產函數使用到兩種資源投入，如資本投入量 (K) 與勞動投入量 (L) 時，一般可利用等產量曲線來分析其總產出水準。

㈡等產量曲線乃指在一定技術水準下，為生產某一固定數量之財貨所需使用兩種不同生產要素的各種數量組合點所形成的軌跡，在同一條等產量曲線上之各生產點有相同之產量。相關之圖形如圖 4.6 所示

圖 4.6

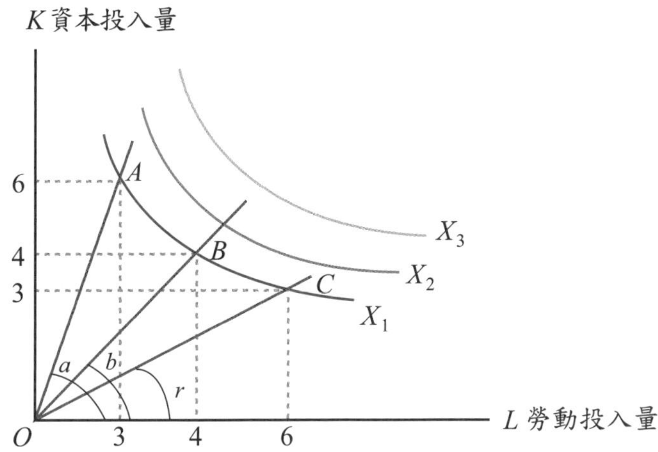

圖 4.6 中，假設 X_1，X_2 及 X_3 為不同之等產量曲線，而產量 $X_3 > X_2 > X_1$，但在同一條等產量線 X_1 上之各點，如 A，B，C 點均可產生相同之產量 X_1。橫軸代表勞動投入量 (L)，縱軸代表資本投入量 (K)，現在為了生產 X_1 單位之 X 財，所可使用之勞動、資本數量組合有許多可能，如 A 點，B 點，C 點，……，將這些組合點連接起來，便得到一條通過 ABC 之曲線，即為等產量曲線，等產量曲線離原點愈遠愈向右上方，代表產量愈多，且各曲線之斜率均為負，如圖 4.6 中，X_3 之產量 > X_2 之產量 > X_1 之產量。

有關等產量曲線之特性，說明如下：

(1)等產量曲線斜率為負的原因：係因在固定之產量下，若使用之勞動量增加時，資本量必須減少，否則生產量會增加。

若以 ΔK 與 ΔL 分別代表資本與勞動的變化量，而以 MPP_K 及 MPP_L 分別

代表資本與勞動的邊際產量，則上述關係可表之為在同一等產量線上，產量之變化量為零，亦即

$$\Delta L \cdot MPP_L + \Delta K \cdot MPP_K = 0 \quad (4\text{–}1)$$

上式表示勞動投入量增加所引起的產量增加 ($\Delta L \cdot MPP_L$)，必須由資本投入量減少 ($\Delta K \cdot MPP_K$) 所導致的產量減少來抵消，才能維持產量不變化（即總產量之變化量為零）而仍在同一等產量曲線上。

將 (4–1) 式移項得

$$-\Delta K \cdot MPP_K = \Delta L \cdot MPP_L \quad (4\text{–}2)$$

$$-(\Delta K/\Delta L) = MPP_L \,/\, MPP_K \quad (4\text{–}3)$$

(4–3) 式表示邊際技術替代率等於勞動與資本邊際生產力之比，因為 (4–3) 式中 $\frac{\Delta K}{\Delta L}$ 的絕對值，我們稱之為勞動對資本的邊際技術代替率，其比率等於勞動與資本邊際生產力之比。

⑵等產量曲線另一特質為向原點凸出，此乃源自於斜率遞減，亦即所謂邊際技術替代率遞減法則，即當使用勞動之數量增加時，其邊際生產力遞減，反之亦然。

⑶資本勞動比率 (capital-labor ratio) 又稱為資本密集度（即 K/L）代表生產方式，可以用由原點與等產量曲線各生產點之連線的斜率來表示，該 K/L 比率可以顯示以多少資本搭配多少勞動力來生產，所以為生產方式之選擇。例如圖 4.6 中，A 點的資本勞動比，可以 α 角來表示，當資本勞動比率下降時，表 $MPP_L \,/\, MPP_K$ 愈來愈小，圖 4.6 中，$\alpha > \beta > \gamma$，就表示資本密集度 (K/L) 而言，$A > B > C$，表 A 點之生產方式使相同較多之資本和較少之勞力搭配 (6/3 = 2)，即每位勞動者使用 2 單位之資本來生產，亦即 B 點之資本密集度為 1（即 4/4 = 1）；B 點每位勞工使用 1 單位資本來生產；C 點之資本密集度為 1/2（即 3/6 = 1/2），所以 C 點是由生產每單位勞動者使用 1/2 單位資本配合來生產，故在點 C 為勞力密集之生產方式。

㈢等成本線 (Isocost) 表示廠商為了生產某一商品所使用到之資本 (K) 及勞動 (L) 組合，其總成本相同之各組合點之連線

在完全競爭的情況下，每一企業家均無法自行決定其對資本或工人所應支付的貨幣工資 (w) 以及資本報酬 (r)，亦即廠商面對市場既定的工資率與資本報酬率，分別用 $\overline{w}$ 及 $\overline{r}$ 表示。同時等成本線 $\overline{C}$ 表示總成本為一定之總金額，所以可知：

$$\overline{C} = \overline{w}L + \overline{r}K \quad \cdots\cdots (4\text{–}4)$$

在總成本為 $\overline{C}$ 之情況下，若廠商的生產活動全部僅雇用工人（即資本使用量 $K = 0$），導致 $\overline{r}K = 0$，此時廠商可雇用勞動量為 $e = \overline{C}/\overline{w}$，反之，$\overline{C}$ 總成本若全用來租用資本使用時，可租用之資本量為 $K = \overline{C}/\overline{r}$。所以等成本線之斜率為 $\overline{w}/\overline{r}$（即 $\dfrac{\overline{C}/\overline{r}}{\overline{C}/\overline{w}}$），其圖形如圖 4.7 所示。

圖 4.7

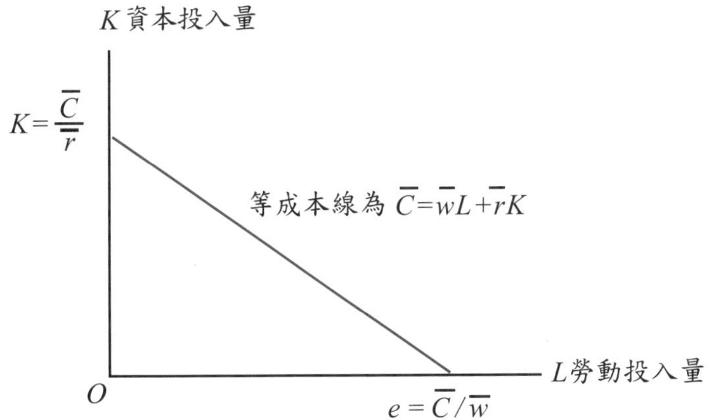

4.4 生產均衡之達成

等產量曲線與等成本線相切時，該切點為在該成本額度內所能達到之最適生產量，為生產之均衡點，如圖 4.8 中，A 點為等產量曲線 X_1 與等成本線

$\overline{C}_1$ 之切點，而 B 點為等產量曲線 X_2 與等成本線 $\overline{C}_2$ 之切點，均為不同之成本線上之生產均衡點。

由上所述，等產量曲線與等成本線相切所得之均衡點 A 點或 B 點都是在不同之產量 X_1 和 X_2 水準下廠商生產成本之最低點，為其最適生產點，將各個最適生產點與原點連接成線段，而該線段與 X 軸形成夾角即 θ 角，其 θ 度數值代表廠商使用之資本勞動比即 $(\theta = K/L)$ 來生產，K/L 一般稱為資本密集度，即每一單位勞動力所能分配到之資本使用量，代表生產方式。在圖 4.9 中之 θ 角度愈小則離 X 軸愈近，表示該財貨以勞力密集方式生產；反之，若夾角愈大，表示使用較多之資本搭配勞動力來生產。

圖 4.8

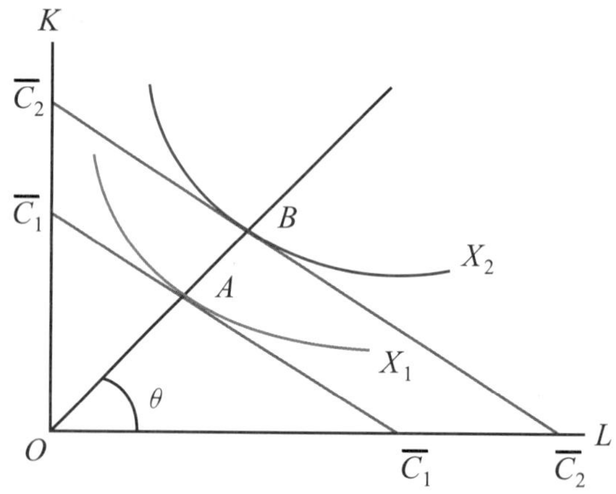

例如圖 4.9 中，X 財之等產量線與等成本線之切點為 A 點而 Y 財之等產量線與等成本線切點為 A'，A 點連接原點之線段 OA 之斜率為 K_X/L_X，而 Y 財之 A' 點連接原點之斜率為 K_Y/L_Y。X 財之 OA 連線段與橫軸所夾之 θ 角度小於 Y 財之 OA' 與 X 軸之夾角 θ'，而 $Q<Q'$，即表示若與 Y 財相比，X 財為勞力密集方式生產，因其資本密集度 K_X/L_X 小，使用較少之資本和較多之勞力來生產。另一方面，Y 財之等產量線與等成本線之切點 A' 連接原點後與 X 軸

圖 4.9

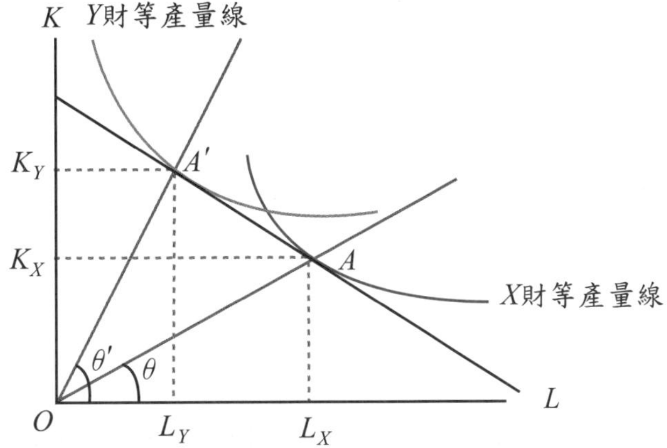

之夾角 θ'，$\theta' > \theta$，θ' 角度較大，表示資本密集度 K_Y/L_Y 較大，故 Y 財是以資本密集之方式生產。

此外，規模報酬固定 (constant returns to scale) 乃指當所有生產因素之數量均按同一比例增加若干倍，設為 λ 倍時，其產量 q 變為 λ 倍，即 $\lambda q = f(\lambda K, \lambda L)$，即等產量線與等成本線會成等比例之向外擴張時，稱之為生產之規模報酬固定。

4.5 要素密集度逆轉現象

如前所述，生產若使用資本 (K) 和勞動力 (L) 兩種生產要素時，其生產方式一般使用資本密集度即 K/L 來代表，其值表示每一單位的勞工 (L) 使用到若干單位的資本（K，例如機器）來搭配生產。

一般而言，在同一生產過程中，其資本密集度 K/L 均假設為一穩定值，主要是表示資本及勞動之要素市場供需穩定而不會引起要素之相對價格改變，在要素價格不變下，勞力密集財永遠是以勞力密集之方式生產，其資本密集度之 (K/L) 值較小；而資本密集財也永遠是以資本密集方式生產，其資本密集度之 (K/L) 值較大。

可是一旦要素市場之供需發生改變，即會引起生產成本線斜率（即要素之相對價格 $\Delta w/\Delta r$）的變化，可能使原本之勞力密集財變成資本密集財，而原資本密集財變成勞力密集財了。這種隨要素價格改變而引起財貨歸類改變，即同一貨品之生產方式 (K/L) 改變，前後生產方式有不一致之現象，稱為要素密集度逆轉 (factor intensity reversal)。

圖 4.10

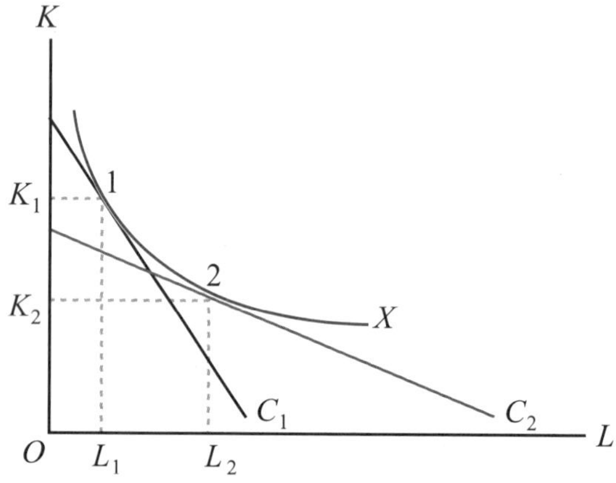

例如圖 4.10 中，在等成本線為 C_1 時，X 等產量線與 C_1 切於點 1，此時 X 財之生產方式為 K_1/L_1，使用較多之資本來生產，即以資本密集之方式生產；但是在等成本線為 C_2 時，C_2 與等產量線相切於點 2，此時 X 財之生產方式變為 K_2/L_2，使用到較多之勞力和較少之資本來生產，亦即 X 財改以勞力密集之方式生產；這種隨要素價格（即等成本線之斜率）變動而改變生產方式 (K/L) 的現象，稱之為要素密集度逆轉。

4.6 生產可能曲線

若某一經濟體系之全部資源均可用來生產 X 財及 Y 財兩種財貨，則將具最佳生產效率之 (X, Y) 財之組合點連接起來之連線如圖 4.11 中之 Q_YABQ_X 線為該國之生產可能曲線 (production possibility curve, P.P.C.)，其性質如下：

(一)若在生產可能曲線上之每一點作切線，其切線之斜率等於二財邊際成本之比

即 $-(dY/dX) = MC_X/MC_Y$ ……………………………… (4–5)

(二)在完全競爭企業追求最大利潤之前提下，最適生產點為財貨之價格分別等於其邊際成本時，亦即 $P_X=MC_X$ 又 $P_Y=MC_Y$，其中 P_X，P_Y 分別為 X 財及 Y 財之價格，代入式 (4.5) 中可得

$$-(dY/dX) = MC_X/MC_Y = P_X/P_Y$$

因此在完全競爭時，生產可能曲線切線之斜率既等於二財之邊際成本比例，也等於其財貨價格之比例，其圖形如圖 4.11 所示。

圖 4.11

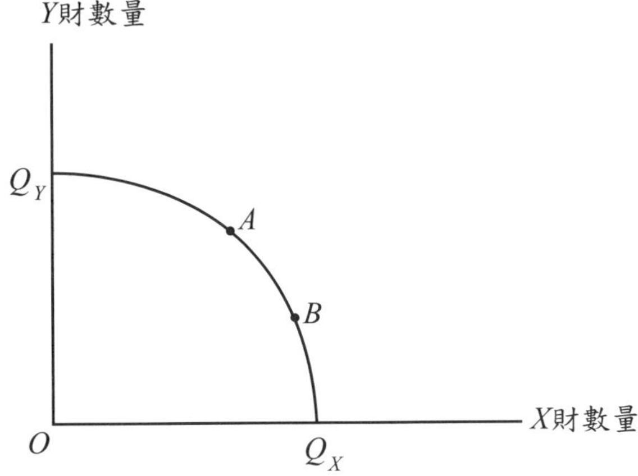

邊際報酬遞減之生產可能曲線

在圖 4.11，在無國際貿易之封閉經濟體系下，在該國之生產可能曲線上之 A 點、B 點均為生產效率最佳點，至於 A 或 B 哪一點可以被消費者選上成為真正之生產點，必須看該國消費者之社會無差異曲線與之相切之切點而定。

圖 4.12

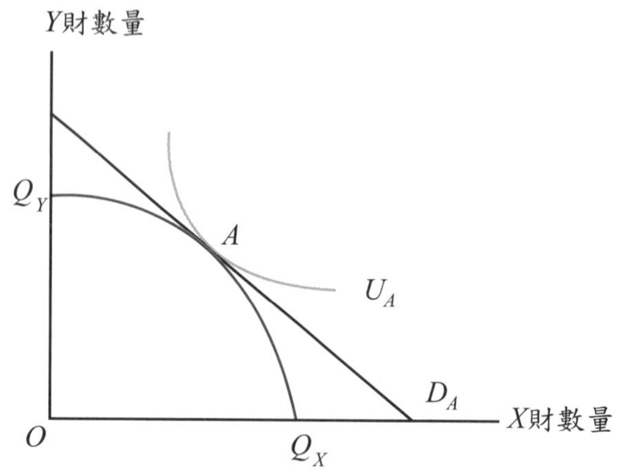

如圖 4.12，U_A 為該國之社會無差異曲線，其與該國之生產可能曲線相切於 A 點，過 A 點作切線 D_A，則 D_A 為該國消費者對 X 財、Y 財之相對價格曲線，其斜率即 $P_X/P_Y = \Delta Y/\Delta X$ 可視為消費大眾評估 X 財對 Y 財之相對評價，亦即為增加一單位 X 財之享受時，必須放棄 ΔY 單位之 Y 財。所以，封閉經濟體系下，生產消費均衡之達成是以生產可能曲線切於市場價格線即與 X 財之需求曲線 (D_A) 相切之切點 A，為最適生產點，而在 A 點時，可達到社會無差異曲線 U_A 之福利水準。

4.7 生產要素稟賦與生產可能曲線之關係

一國生產要素之天然稟賦量與該國之技術水準、生產要素之市場價格和生產可能曲線間都有密切關係。假設某國使用兩種生產要素——資本 (K) 及勞動 (L) 來製造兩種商品——X 財及 Y 財，而該國在一定之年度內所擁有之天然資源稟賦為固定，因此，我們可用一箱形圖代表資本及勞動之固定可用數量，如圖 4.13 中，橫軸代表該國之勞動力總數量，縱軸代表資本之總數量，並以箱形圖框住，表示一國在某特定期間內其可使用之數量固定。

圖 4.13

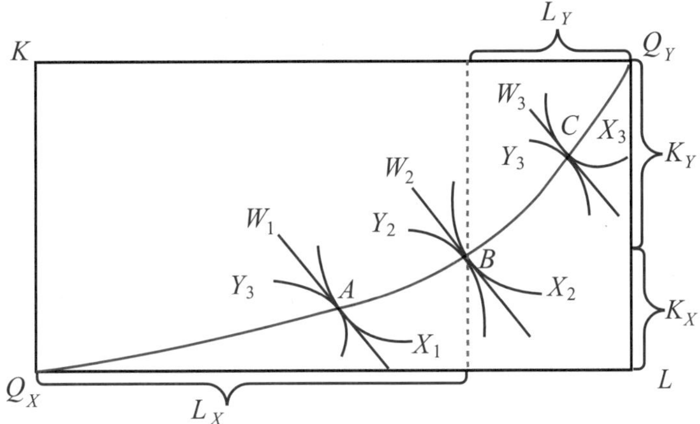

契約曲線

圖 4.13 左下角表 X 財之原點 (O_X)，右上角為 Y 財之原點 (O_Y)。而 X_1，X_2，X_3 及 Y_1，Y_2，Y_3 各線條分別為 X 財與 Y 財之等產量曲線。等產量曲線離原點愈遠者產量愈多，故 $X_3 > X_2 > X_1$，且 $Y_3 > Y_2 > Y_1$。而生產之均衡則為 X 財和 Y 財二等產量曲線之切點，亦即圖 4.13 中 A、B、C 為各生產之均衡點，因各生產均衡均為生產效率最高點，將生產均衡點如 O_X，A，B，C 及 O_Y 各點連接成一曲線，稱為契約曲線 (contract curve)。而將圖 4.13 中之生產均衡點如 A，B，C 各點所對應之 X 財和 Y 財之產量點可以用另一圖形標明出來而形成圖 4.14 中之生產可能曲線。

圖 4.13 中就各生產均衡點各自作切線如 W_1，W_2 及 W_3，則該切線之斜率代表各生產均衡點之勞動者之工資率 ($\overline{w}$) 和資本報酬率 ($\overline{r}$) 之比率，亦即 $\overline{w}$

$=C/\bar{r}$。又由契約曲線 O_XABO_Y 之形狀，可以顯示各個不同生產點之生產方式，即以資本密集方式，抑或以勞力密集方式生產。只須將某生產均衡點分別連接 X 財或 Y 財原點形成之線段，如在 B 點時之 BO_X 及 BO_Y 之斜率分別代表 B 生產點之 X 財及 Y 財之生產方式——即以資本密集度 (K/L) 來表達。例如 B 點連接 X 財之原點所得之 BO_X 斜率為 K_X/L_X，表在 B 點 X 財是以勞力密集（因 $L_X>K_X$）之方式生產；同理可得在 B 點 Y 財是以資本密集（因 $K_Y>L_Y$）方式生產。

圖 4.14 中，生產可能曲線 A、B、C 各生產點即對應圖 4.13 中之 A、B、C 各點，均為充分就業狀態生產效率最佳之 X 財及 Y 財之組合點，到底哪一點會被選為實際生產點？決定於生產可能曲線和消費者之社會無差異線相切之切點而定，相關之分析請參照圖 4.12 即可。

圖 4.14

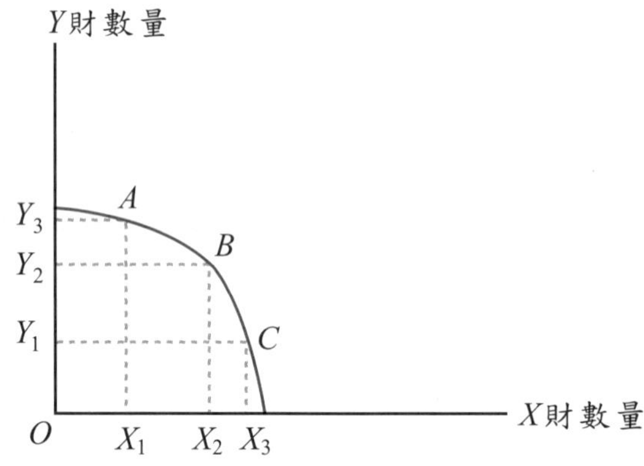

生產可能曲線

㈠部分均衡分析和一般均衡分析主要分別何在?

㈡完全競爭市場之特性有哪些?

㈢不完全競爭市場之特性有哪些?

㈣解釋等產量曲線之意義和特性。

㈤最適生產均衡點是如何達成的?請以等產量曲線和等成本線配合說明之。

㈥什麼是「要素密集度逆轉」現象?

㈦在生產可能曲線上之任何一點均為最適生產組合點,我們應以何種方式找到消費者所選擇之最佳生產組合點呢?

㈧解釋「契約曲線」之意義。

第三篇

貿易理論之分析

5 重商主義與早期的貿易理論

5.1 重商主義之發展及內涵

十六世紀初，重視海權及貿易的西班牙、葡萄牙、英國、法國及荷蘭等國，已然成為重商主義的發祥地。當時許多銀行家、商人、政府官員及社會賢達等，紛紛開始撰寫有關國內經濟及國際貿易的現象及文章，形成一種流行的經濟思潮，通稱重商主義 (mercantilism)，這種經濟思想主要風行於 1500 年至 1750 年間之歐洲各國。

重商主義的基本要義為一個國家若要追求富強，必須設法促使該國之國際貿易呈現出超之局面，因為在出口大於進口的情況下，該國之國際收支帳將有黃金，白銀等貴金屬之流入，使得國富民強。在這種思想的鼓舞下，各貿易國之貿易政策就自然而然地形成鼓勵本國貨品之製造及出口，卻限制他國貨品之進口，政府並對用來支付國際貿易之黃金，白銀等貴金屬之流出和流入，加以密切掌控。這種經濟思潮也進一步衝擊到各貿易國之國內經濟、國際關係和文化交流，由於商人掌握了貨品之來源和進出口之實務操作，使社會上之商人階級興起。

在重商主義之思潮中，湯姆士曼 (Thomas Munn, 1571～1641) 所著《英倫之外貿財》(*England's Treasure by Foreign Trade*) 中的說法具有代表性意義，湯姆士曼指出「正常累積財富或珍寶之方法是透過國際貿易，亦即每年銷售他國之出口總值必須超過由他國進口的消費品之價值，才會促使貴重金屬流入本國……，為了避免衣食方面過度消費舶來品，我們可以減少進口的數量；而在出口方面，不僅要將本國之過剩產品輸出，也應盡量提供他國一些生活的必需品，才能在不影響出口數量之情形下，收取較高之出口價格而獲利。假若其他競爭對手國有相同之國內過剩產品出口到與本國相同之外銷地區時，本國應盡量以最低廉價格將過剩產品搶先售出，決不能失去國貿商機……」。由以上之論述可充分了解重商主義是以貴金屬持有之數量多寡來衡量一國之財富，其方式與現代以一個國家可供生產用之勞動力和資本之數量來衡量國家財富的方法有所不同。重商主義者進一步強調，當一國之執政當局掌握較多之貴重金屬時，一方面可用來維持龐大精良之軍隊以鞏固國力或爭取海外殖民地之用；另一方面，在國內擁有較多貴金屬時，透過金錢頻繁的往來，市場上之商業活動亦將擴張，有利於全國之產出和就業機會的增加；所以政府應該鼓勵出口和限制進口，以提升本國國內之產出和就業水準，使得國家富強。

在世界整體資源有限之前提下，國際貿易成為歐洲新興民族國家互相競逐爭取財富及福利的一種手段，各國均致力於建立強大之陸、海軍及商船隊，以維護國際貿易之暢通和生產力之持續加強。

當重商主義思想彌漫整個歐洲時，商人階級被視為使總經濟體系順利運作之主要族群，而勞工則成為生產過程中之基本要素。此一看法亦成為日後古典學派以「勞動力價值」作為衡量貿易利益的根據。

5.2 古典貿易理論之基本假設

古典貿易理論是以大衛・李嘉圖 (David Ricardo) 之比較利益 (comparative advantage) 為中心思想。但在李嘉圖尚未提出「比較利益是國際間進行商品貿易之原因」之前，亞當・斯密 (Adam Smith) 首先提倡絕對利益 (absolute advantage) 為二國進行國際貿易之誘因；而亞當・斯密及大衛・李嘉圖二人均根據當時重商主義之社會背景，採用生產時之「勞動投入量」之多寡來衡量商品之價值，亦即根據「勞動力價值說」，以勞動使用量之大小作為計算國際貿易利得之依據。首先說明古典貿易理論之二大基本假設。

㈠假設各經濟單位均無貨幣幻覺

古典學派假設社會各經濟單位之運作均能免除物價上漲或下跌之影響，均能以實際之購買力或實質物品之交換進行交易；消費者亦能根據實質所得從事理性之購買，而不會有貨幣幻覺，以為名目所得增加而改變原先之購物組合。

㈡假設技術水準固定不變且生產為規模報酬固定

古典學派處於農業時期，大部分行業均以勞動力為主要生產要素，為了便於分析起見，假設所有勞動力均為同質，所以每個人之工資水準都一樣，無需考慮工資的差異。

古典學派也假設技術水準為固定且生產函數為固定規模報酬，所以每單位產出所需之勞動投入量維持不變，因此根據「勞動力價值說」主張財富之交換價值決定於生產時所投入勞動量之多寡；所投入之勞動量愈多，則市場交換價值愈高；勞動投入量愈少，則交換價值愈低。

根據以上二種假設，我們可進一步分析亞當・史密斯之絕對利益理論和大衛・李嘉圖之比較利益理論。

5.3 亞當・斯密之絕對利益原理

亞當・斯密為十八世紀中期蘇格蘭之社會哲學家及經濟學家。他 23 歲自英國牛津大學畢業後，即致力於政治經濟學之研究；之後在格拉斯可大學 (University of Glasgow) 任教十三年，並於 1776 年完成《國富論》(*The Wealth of Nations*) 之著述，成為「經濟學之父」。

根據亞當・斯密之看法，認為一個國家之財富，不是經由對外貿易而爭取貴金屬之流入，而是透過對外貿易可以擴大該國之生產產能，能使該國商品及勞務之生產量增加而提升社會整體福利水準。亞當・斯密強調自由放任之經濟政策的重要性，主張無須政府之干預，只要以自由市場上的價格機能作產銷數量之調整即可達到總體資源分配之均衡。因為兩國交易透過自由經濟體系價格機能之運作後，各國必然會專業化生產並出口其具有絕對利益之商品，來交換本國在生產上不具優勢商品之進口。

例如，在古典貿易理論之無貨幣幻覺及生產技術固定之假設下，英國及葡萄牙兩國均使用勞動力來從事酒和布之生產，而相關之勞動工時成本如表 5.1 所示。

表 5.1

英國及葡萄牙生產布、酒一單位所需之勞動工時表

	布 (C)	酒 (W)	國內價格比
英　國	2 小時 / 碼	6 小時 / 桶	$1W : 3C$
葡萄牙	5 小時 / 碼	1 小時 / 桶	$1W : 0.2C$
兩國總產量	2 碼	2 桶	國內相對價格不同

由表 5.1 看出，英、葡兩國在布和酒之國內價格比不同，所以能進行國際分工及交易。又根據表 5.1 之勞動工時成本而反映布與酒之市場相對價值，

即選擇各產品工時較低者則其生產成本較低而具有絕對利益，因此，英國在布之生產上有絕對利益；而葡萄牙在酒的生產上有絕對利益；所以英國可以專業生產並出口布以交換葡萄牙專業生產的酒，這樣做將會使兩國均能獲得國際分工和商品交換所帶來之好處。因為在國際專業分工之前，兩國之總產量為 2 碼布及 2 桶酒；但透過英國專業生產布，而葡萄牙專業生產酒之後，採用表 5.1 所列之同樣的勞動工時，英國可生產 4 碼布，即 $(6+2)/2=4$，而葡萄牙可生產 6 桶酒，即 $(5+1)/1=6$，亦即世界總產量增加為 4 碼布和 6 桶酒，兩國若以 $1W:1C$ 之國際相對價格交換，英國等於每桶酒節省 5 小時的工時，葡萄牙等於每碼布節省 3 小時的工時，兩國均因國際分工和互相貿易而獲利。

5.4 大衛・李嘉圖之比較利益原理

大衛・李嘉圖為十八世紀末葉英國著名之商人、學者及政治家，早年在父親主持的股票經紀公司工作，亦曾在房地產業大有斬獲，於 1819 年成為英國的國會議員。他對國際經濟之興趣是啟蒙自亞當・斯密之《國富論》。李嘉圖於 1817 年發表了《政治經濟及課稅原理》(*The Principle of Political Economy and Taxation*) 一書，提出了比較利益的觀念。

大衛・李嘉圖主張國與國之間貿易行為之發生不限於雙方之絕對利益，而是基於相對利益，並且所有參與貿易之夥伴都會因國際分工而獲益，除了古典貿易理論無貨幣幻覺及技術水準固定之基本假設外，李嘉圖更提出下列假設：

㈠設全世界有兩個國家，均能生產二種財貨且每一國家有其固定數量之天然資源稟賦

㈡兩國間進行自由貿易，沒有天然（例如運費）或人為（例如關稅）的貿易障礙

㈢勞動生產要素在國內產業間可以自由移動，但在國際間無法自由移動

㈣每單位商品之生產成本（即勞動投入量）固定

㈤要素及商品市場為完全競爭市場

㈥經濟體系已達充分就業

基於以上各項假設，我們可列舉英國和葡萄牙兩國均使用勞動力來生產兩種財貨——布和酒時每單位產量所需之勞動工時如表 5.2 所示。

表 5.2

英國及葡萄牙生產一單位布、酒所需之勞動工時表

	布 (C)	酒 (W)	國內價格比
英　國	100 小時 / 碼	120 小時 / 桶	$1W:1.2C$
葡萄牙	40 小時 / 碼	80 小時 / 桶	$1W:2C$
兩國總產量	2 碼	2 桶	國內相對價格不同

由表 5.2 中可以看出葡萄牙不論在布或酒的生產上每單位產量的勞動工時均較英國來得低，所以葡萄牙在布和酒的生產上均比英國具有絕對利益，因此，是否英國和葡萄牙之間就不能進行國際貿易了呢？根據大衛・李嘉圖的看法，英、葡兩國仍然有進行國際分工及貿易互惠的可能，說明如下：

⑴只要英國、葡萄牙兩國所生產的酒與布在各國國內生產之相對價格不同，兩國即可進行國際分工而互惠，而兩國一旦進行國際交易時，酒與布之國際相對價格會介於兩國原不相同之國內相對價格之間。由表 5.2 中，可以看出未貿易時之布與酒兩國國內價格比不相同，所以可以進行國際分工及貿易。

⑵葡萄牙的比較利益明顯地是在布之生產上，因為葡萄牙所產布之國際相對勞動成本比 $(40/100=2/5)$ 小於酒的國際相對勞動成本比 $(80/120=2/3)$，所以二者相較之下，葡萄牙對布之生產具比較利益，即其專業生產布之優勢比專業生產酒之優勢高；另一方面，英國雖然對布與酒之生產均比葡萄牙之生產成本高，但就其劣勢上相差之程度而言，英國酒若進行

國際分工生產之相對勞動成本比 (120/80 = 3/2) 小於英國布之國際生產相對勞動成本比 (100/40 = 5/2)，因此英國之比較利益是在酒之生產上，而葡萄牙則應專業生產具比較利益的布，並出口一部分到英國以交換英國專業生產的酒，此時國際間酒與布之交換價格應為介於兩國國內價格比 $1W : 1.2C$ 與 $1W : 2C$ 之間。

⑶國際分工後，葡萄牙供應布，而英國供應酒，相關貿易利得之計算應視國際貿易條件之比率而定。因國際交易時酒與布之相對價格會介於兩國國內價格比 ($1W : 1.2C$ 與 $1W : 2C$) 之間，假設國際價格為 $1W : 1.5C$，在開放國際交易時，英國進口葡萄牙的布，等於英國間接使用葡萄牙工人投入 40 小時而生產 1 碼的布；若英國在國內直接生產一單位的布，其成本為 100 小時，所以透過貿易可以使英國在每單位布之進口中節省人工 60 小時 (即 $100 - 40$)。另一方面，葡萄牙進口英國酒，而國際交易條件為 $1W : 1.5C$ 時，表示每瓶酒可以換 1.5 碼的布，或是 1 碼布可以換 2/3 瓶的酒，所以葡萄牙每一單位布可用以交換 2/3 單位的酒 (即 $1 \div 1.5$)，因此等於透過國際之交換價格，每單位酒只相當於葡萄牙織布之人工 60 小時 (即 $40 \times 1.5 = 60$)，而若在葡萄牙國內直接生產一單位酒需要 80 小時，所以國際分工及貿易時，可使葡萄牙在每單位酒之進口中節省 20 小時即 ($80 - 60$)。

⑷若以兩國專業分工後之總產量，並透過國際交換價格 $1W : 1.5C$ 來計算分工及貿易後之利得，則葡萄牙專業分工後可生產 3 碼布 (即 $(40 + 80)/40 = 3$)，而英國可生產 1.83 桶酒 (即 $(100 + 120)/120 = 1.83$)，今透過貿易之價格換算其總值，因國際交換價格設為 $1W : 1.5C$，即 1 桶酒換 1.5 碼布，或 1 碼布換 2/3 桶酒，所以葡萄牙生產 3 碼布相當於國際上 2 桶酒之價值；英國生產 1.83 桶酒，相當於國際生產布 2.75 碼(即 1.83×1.5) 之價值，均高於原來未進行國際分工時之 2 桶酒和 2 碼布。

綜上所述，只要依照比較利益運作，英、葡二國都將因國際分工及貿易而受惠。若另以每單位產量之勞動投入人力來分析大衛・李嘉圖之比較利益原理，則可參照表 5.3 之例。

表 5.3

英國及葡萄牙生產布、酒一單位所需之勞動投入人力表

	布 (C)	酒 (W)	國內價格比
英　國	100 人／碼	120 人／桶	$1W:1.2C$
葡萄牙	90 人／碼	80 人／桶	$1W:0.89C$
兩國總產量	2 碼	2 桶	國內相對價格不同

由表 5.3 中可得知：

㈠因兩國布和酒之國內相對價格比不同，故可進行國際分工及貿易

㈡計算各國之單位勞動生產力，亦即每單位勞動之實物產量如下

英國每碼布需要 100 人來生產，故每位英國工人製布之單位勞動生產力為 $\alpha = 1/100$；同理可知葡萄牙每位工人製造布之單位勞動生產力為 $\alpha^* = 1/90$，所以就布之單位生產力而言，葡萄牙工人比英國工人之產量多 0.0011 單位（即 $\alpha^* - \alpha = 0.0011$）。同理，在酒之生產方面，英國每桶酒之製造需要 120 人，所以每位英國工人對酒之勞動生產力為 $\beta = 1/120$ 單位；而葡萄牙工人對酒之勞動生產力則為 $\beta^* = 1/80$ 單位；因此，就酒的單位生產力而言，每位葡萄牙工人比英國工人之產量多出 0.0042 單位（即 $\beta^* - \beta = 0.0042$）。又因 $(\beta^* - \beta) > (\alpha^* - \alpha)$，顯示出葡萄牙工人雖然在酒及布之生產力上均比英國工人強，均具有絕對優勢，但比較而言，葡萄牙工人在酒之生產上比布更具有比較多的利益。反之，英國工人雖然在酒及布之生產力上均比葡萄牙工人低，但比較而言，英國工人在布之產量上之落後程度較少，即 $0.0011 < 0.0042$ 亦即 $(\alpha^* - \alpha) < (\beta^* - \beta)$，故國際分工時，英國之比較利益落在布之生產上；李嘉圖認為兩國應各依照其比較利益分工，即由英國專業生產布，而由葡萄牙專業生產酒之後，彼此再透過國際貿易進行商品交換，則兩國均將獲利。

㈢布與酒之國際交易價格將介於英、葡兩國之國內價格比之間

㈣透過國際交易將提高總體福利水準

國際分工前，兩國布之總產量為 2 碼，酒之總產量為 2 桶。若採用表 5.3 所列之相同勞動人數而進行英國專業生產布，葡萄牙專業生產酒時，則兩國布之產量為 2.2 碼 (220 ÷ 100)，而酒之產量為 2.125 桶（即 170 ÷ 80)，結果顯示以比較利益進行國際專業分工及貿易時，全世界可製出較多布和酒之實物產量，提高總體福利水準。

5.5 比較利益原理之圖形說明

比較利益原理為古典學派貿易理論之中心，闡釋兩個國家進行國際貿易的基礎為比較利益之存在，各國專業生產其具有比較利益之商品，進行國際商品分工製造並在國際市場上交換商品，就能提升各參與貿易國之福利水準。因此，本節擬以生產可能曲線及社會無異曲線來分析比較利益原理。

假設 A、B 兩國均能使用勞動力來生產 X 財及 Y 財兩種財貨，由於古典學派假設技術水準固定不變且生產之規模報酬固定，而兩國之要素及商品均為完全競爭市場，因此兩國之生產可能線均為直線且其斜率代表兩國 X 財及 Y 財之國內相對價格 (P_X/P_Y)，因完全競爭時 $P_X = \mathrm{MC}_X$，$P_Y = \mathrm{MC}_Y$，所以生產可能線之斜率為 $MC_X/\mathrm{PC}_Y = P_X/P_Y$，如圖 5.1 所示。

在圖 5.1 中，ab 及 a^*b^* 分別代表 A 國及 B 國之生產可能線 (production possibility curve)，其斜率 P_A 及 P_B 分別代表在未進行國際貿易前，各國之 X 財貨與 Y 財貨之國內相對價格，且因兩國國內價格比率 P_A 與 P_B 不同，即 ab 線段之斜率為 P_A，而 a^*b^* 線段之斜率為 P_B，而 $P_A > P_B$，即國內二財之相對價格不同，所以兩國具有進行國際專業分工及貿易之基礎。

在未進行國際貿易前，各國均有其原始之自給自足之生產及消費之均衡點，即為各該國之生產可能線分別與各國之社會無差異曲線 U_A 及 U_B 之相切切點，正如圖 5.2 中所示切點 E_A 及 E_B 分別為 A 國及 B 國未進行國際貿易之前、各國國內自給自足之原始均衡點，而各國未進行貿易前之社會福利水準各以其社會無異曲線 U_A 及 U_B 代表之。

圖 5.1

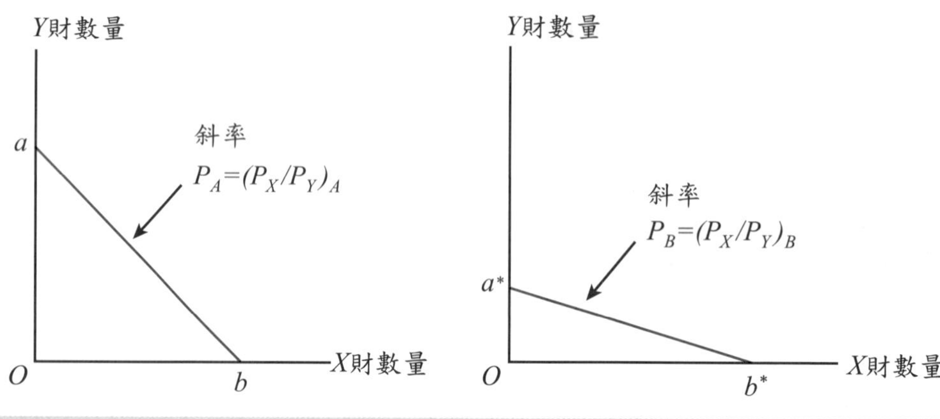

A 國及 *B* 國之生產可能線

圖 5.2

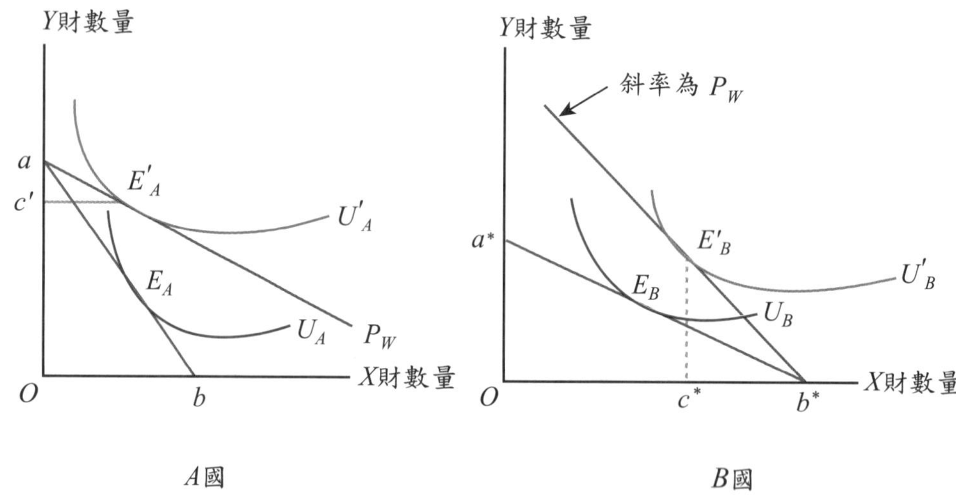

A、*B* 兩國貿易前後之均衡情形

今兩國欲進行國際貿易，雙方之進出口商最後會達成以單一之國際價格 P_W 來進行貿易，一如圖 5.2 中 *A* 國及 *B* 國所面對平行之虛線為國際價格線 P_W 有相同之斜率，而國際價格 P_W 之值介於兩國 *X* 財及 *Y* 財之國內價格比之間，而且 $P_B < P_W < P_A$。此時透過 A 國專業生產 Y 財，B 國專業生產 X 財並互相貿易，則兩國均能在新的國際價格線 P_W 下，各自切到一條更高之社會無異曲線 U'_A 及 U'_B，即 $U'_A > U_A$，而 $U'_B > U_B$，表示社會總體福利之提升；貿易後新的消費均衡點分別為 E'_A 及 E'_B；而兩國分工後新的生產點分別為 a 點及 b^* 點。由 A 國之角度來看，A 國新消費點 E'_A 向 Y 軸作垂線得點 C'；另由 B 國之新消費點 E'_B 向 X 軸作垂線得點 C^*，可以獲得兩國各自之貿易三角形，分別為 $\triangle ac'E'_A$ 及 $\triangle E'_Bc^*b^*$。所以可知 A 國專業生產 Oa 數量之 Y 財，而 A 國對 Y 財之消費量為 Oc'，剩餘之 ac' 數量的 Y 財供 A 國出口到 B 國之用；同樣的，B 國專業生產 Ob^* 數量之 X 財而消費 Oc^* 之 X 財，剩下 b^*c^* 數量供 B 國出口 X 財到 A 國之用，完成了兩國國際分工生產及交換之目標，並使社會無異曲線所代表之福利水準均分別提升到 U'_A 及 U'_B，使各參與貿易的國家均因國際分工及商品交換而獲利。

5.6 貿易提供曲線與國際交易條件

根據大衛・李嘉圖之比較利益原理，兩國之間進行國際貿易首先必須得知兩國所生產之 X 財及 Y 財之國內相對價格不同，而新的國際交易價格係介於兩國國內價格比率之間的一個數值，而由各國之社會無異曲線與新國際價格線之相切點決定了各國之貿易出口量和進口量，而一國在各種不同之國際價格下，為了獲得某些數量之進口財所願意提供給外國消費各種之出口財數量之組合點之連線，稱為該國之貿易提供曲線。

如圖 5.3 中，A 國之橫座標為其 X 財出口量，縱座標為 Y 財進口量；B 國則反之。假設 A、B 兩國之生產可能線各為 aa' 線及 bb' 線，而 aa' 線之斜率為 0.8，bb' 線之斜率為 1.5，分別代表 A 國及 B 國 X 財與 Y 財未進行國際交易前之國內交換價格比例，因為 $0.8 \neq 1.5$，所以兩國國內交換價格比例不同，故兩國有進行國際貿易之可能；而 X 財在世界貿易之相對價格介於兩國國內交易價格比 0.8 與 1.5 之中間之任一數值，且其值由雙方進出口貿易廠商共同

圖 5.3

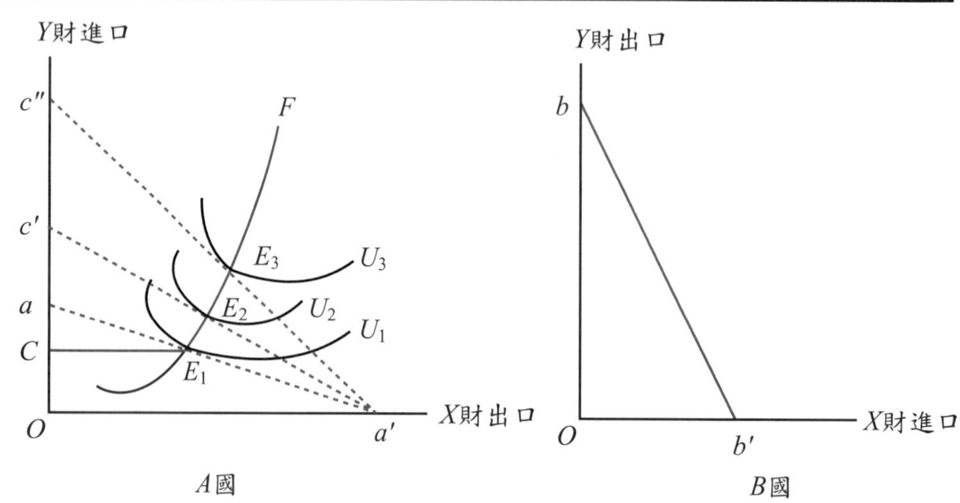

A 國之貿易提供曲線之導出

決定。A 國未進行國際交易前之均衡點為其社會無異曲線 U_1 與生產可能線 aa' 線之切點，即為 E_1 點。此時，E_1 為 A 國在封閉經濟體系時之生產及消費點，由 E_1 向 Y 軸所作垂線之交點為 C，此時尚未展開與 B 國之國際貿易，故 A 國之提供曲線帶有直線 CE_1 之一段。

若國際交易開始，即國際價格高於 A 國 X 財之國內交易價 0.8 時，設為 0.9，此時相對價格線由 aa' 線上升為 $c'a'$ 線，A 國在此一國際價格下，可以與一條較高之社會無異曲線 U_2 相切於 E_2 點，E_2 點為新的消費均衡點；同理，若 X 財之國際價格線再度上升到 $c''a'$ 線時，A 國之消費均衡點成為 E_3 點，為 $c''a'$ 線與更高之社會無異曲線 U_3 之切點；將 A 國之各消費均衡點 C, E_1, E_2, E_3 等連接成一線形成 CE_1F 線，即為 A 國之國際貿易提供曲線。

同理，可得 B 國之國際貿易提供曲線 $C^*E_1^*F^*$ 如圖 5.4 所示。

在圖 5.4 中，B 國原始國內 X 財交換 Y 財之國內價格 $P_X/P_Y = 1.5$，亦即 Y 財交換 X 財之國內相對價格為 $P_Y/P_X = 1/1.5 = 0.667$，此時所對應之提供曲線為 $C^*E_1^*$ 之直線段，當 Y 財之國際價格上升，到 bb'' 之斜率，即 $P_Y/P_X = 1$

圖 5.4

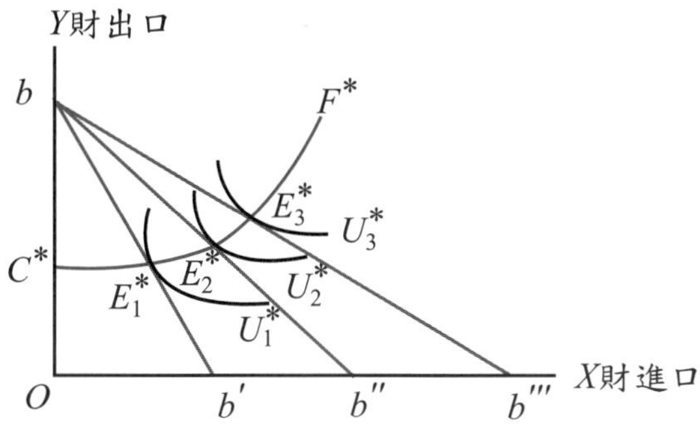

B 國之貿易提供曲線之導出

$/0.9 = 1.11$ 時，B 國之新消費均衡點成為 E_2^* 點；當 Y 財之國際相對價再度上升，成為 bb''' 之斜率，即 $P_Y/P_X = 1/0.85 = 1.18$ 時，B 國新的消費均衡點成為 E_3^*，連接各消費均衡點可得 B 國之貿易提供曲線為 $C^*E_1^*, E_2^*, E_3^*$ 各點之連線，即 $C^*E_1^*F^*$ 線為 B 國之貿易提供曲線。

為求兩國間最後達成的國際交易價格及均衡點，可將兩國開始進行貿易之貿易提供曲線同繪於一圖形上，如圖 5.5 所示。

圖 5.5

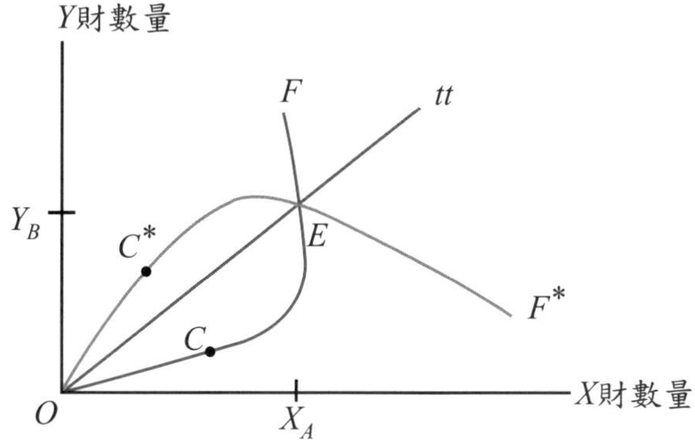

兩國貿易均衡之達成

在圖 5.5 中 OCF 及 OC^*F^* 分別代表 A 國及 B 國之貿易提供曲線，其交點 E 為兩國之貿易均衡點。將貿易均衡點 E 連接原點之 OE 線段之斜率即為國際交易條件 (terms of trade, *tt*)。由 E 點向 X 軸作垂線，其投影點為 X_A，由 E 點向 Y 軸作垂線，其投影點為 Y_B，因此均衡時國際價格為用 OX_A 數量之 X 財，可以交換 OY_B 數量之 Y 財，此為貿易均衡時 A 國的商品交易條件 (commodity terms of trade)。

商品之貿易條件為最常見之貿易條件 (terms of trade, *tt*)，又因一國之出口及進口商品之數量眾多，所以必須先計算出口和進口之價格指數 (price index)，即是以基期年之物價指數作標準而計算出眾多進出口商品價格的加權平均值，相關之定義如下：

$$tt=\frac{\text{出口價格指數}}{\text{進口價格指數}}=\frac{\text{進口商品之數量}}{\text{出口商品之數量}}$$

由上式可以看出，一國之商品之貿易條件也就是該國每一單位之出口財可以換得若干數量之進口財之意。

5.7 貿易提供曲線之彈性

設 A 國出口 X 財而進口 Y 財，當 Y 財之國際相對價格 (P_Y/P_X) 下跌（即 P_X/P_Y 上升）時，A 國對 Y 財之進口需要數量自會發生調整反應，但這種調整反應與進口之 Y 財之價格彈性有關。如圖 5.6 所示，當 Y 財之進口數量較少時，由於市場上 Y 財之總供給量尚嫌不足，此時若 Y 財之國際相對價格下跌，變得較為便宜時，A 國將大幅度增加對 Y 財之購買，此為提供曲線中，A 國對 Y 財進口之價格彈性大 $(\varepsilon>1)$ 之階段，此時 Y 財在 A 國消費者之心目中為正常財。但當 Y 財之國際交易價格持續下跌，到達進口之價格彈性等於 1 時，A 國消費者對 Y 財之購買增加量無法影響 Y 財之總收益；等到消費大眾對進口 Y 財需要之價格彈性小於 1 $(\varepsilon<1)$ 之階段，表示 Y 財之國際價格若再度下跌，而其價格彈性小於 1，則 A 國之消費者對 Y 財之進口需求量增

加之百分比會小於 Y 財國際價格下跌之百分比，因此 Y 財進口商之總收益反因國際價格之下跌而減少；到達彈性 $\varepsilon=0$ 時，若 Y 財之國際價格仍持續下降，A 國將不會增加對 Y 財之進口數量。

圖 5.6

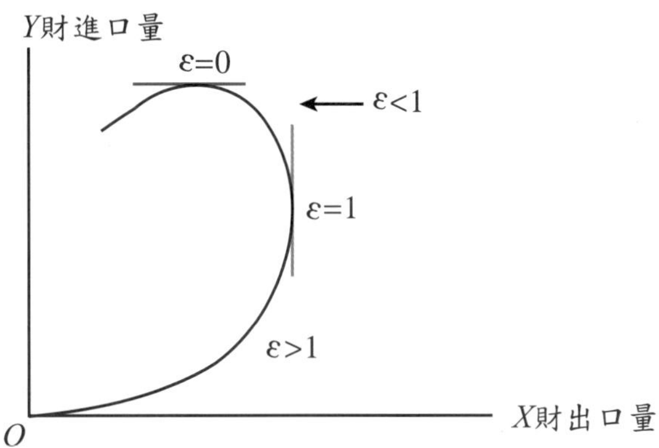

A 國之貿易提供曲線

5.8 相互需求法則

十八世紀末葉，大衛・李嘉圖用比較利益原理說明了商品可依照比較利益在國際間製造分工，也預測兩國各自生產 X 財及 Y 財之國際交易價格將介於兩國國內二財之相對價格之間，但對該項國際貿易最後達到均衡價格條件之決定因素，卻無法解釋。針對此一缺點，約翰・密爾 (John S. Mill) 於 1848 年所著之《政治經濟學原理》(*Principles of Political Economy*) 中以「相互需求法則」(the law of reciprocal demand) 來說明最後均衡貿易條件之決定。約翰・密爾所謂之「相互需求」是指一國產品與他國產品互相貿易時，其出口值必須等於進口值。所以，國際市場商品價格必須常作調整以使供需相等。相互需求法則指出：國際貿易條件之決定須視兩國彼此對於由他國進口貨品之需要強度的大小而定。約翰・密爾認為均衡貿易條件係落在兩國貿易前之國內交換比率之間;而貿易條件之確切位置,端視各國對於對方國家商品需要的強度而定。

圖 5.7

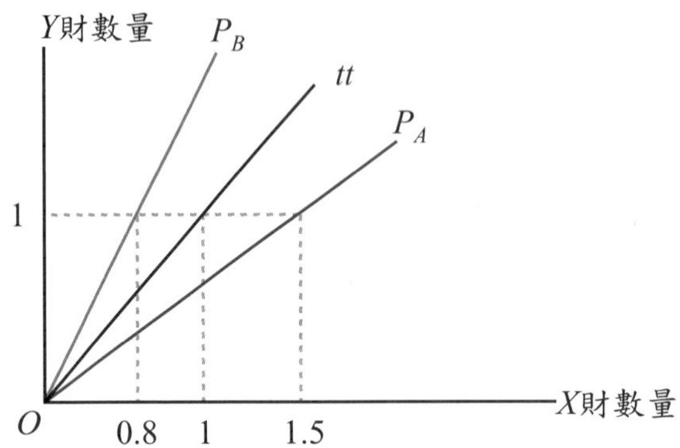

貿易條件之位置

圖 5.7 中,P_A 及 P_B 分別為 A、B 兩國之國內 X 財對 Y 財之相對價格,圖中顯示 A、B 兩國國內之一單位 Y 財交換 X 財之數量分別為 0.8 及 1.5,故 A 國出口 X 財以交換 B 國 Y 財之國際貿易條件 (*tt*) 將介於 0.8 及 1.5 之間。而其確切位置視 A、B 兩國分別對 Y 財及 X 財之相互需求強度的大小而定。若 A 國對 Y 財之需求強度大於 B 國對 X 財之需求強度,則貿易條件 *tt* 將靠近 A 國之國內交換比率 P_A,故 A 國所分配之貿易利得將較小;反之,若 A 國對 Y 財之需求強度小,而 B 國對 X 財之需求強度大,則貿易條件 *tt* 將靠近 B 國之國內交換比率 P_B,則 B 國所獲之貿易利得相對較少。

約翰・密爾之相互需求法則強調為了滿足國際市場之供需均衡,貿易條件會隨國際商品之相對搶手程度而調整,完成了古典學派之理論。

5.9 古典貿易理論之延伸

本章前述有關大衛・李嘉圖之比較利益分析，是局限於兩國之間生產兩種商品時，各國基於比較利益就可以進行國際專業生產分工和貿易。本節將分別將其模型予以延伸，加入工資率及匯率之考慮，並以兩國間多種商品之分工交易作說明。

首先將大衛・李嘉圖之各項基本假設延伸到多種商品之生產，並且加入每單位工時之工資率（wage，以下簡稱 W）以及兩國間貨幣互相兌換之匯率（exchange rate，以下簡稱 e)，而本節所採用之匯率報價是以每一單位本國貨幣應換得若干單位之外國貨幣來表達，因此計算時會將本國商品或工資換算為他國貨幣後之價格再加以比較。

一般而言，一國若想出口某項商品，必須該項商品採用現行之工資率 (W) 和匯率 (e) 所計算之單價低於他國商品之單價才行。因此，假設 A、B 兩國欲進行國際貿易，則 A 國商品出口之必要條件為

$$a_A \times W_A e < a_B \times W_B \quad \cdots\cdots (5\text{–}1)$$

其中

$a_A = A$ 國製造一單位商品所需之勞動量

$W_A = A$ 國之工資率

$e = A$ 國一單位貨幣兌換 B 國貨幣之匯率

$a_B = B$ 國製造一單位商品所需之勞動投入量

$W_B = B$ 國之工資率

因此，(5–1) 式代表 A、B 兩國均使用 B 國之貨幣計值時，必須在 A 國製造一單位商品之價格低於 B 國製造一單位商品之價格時，A 國之商品才有出口之條件。

現將 (5–1) 式整理移項可得下式：

$$\frac{a_A}{a_B} < \frac{W_B}{W_A \times e} \qquad (5\text{–}2)$$

此即為 A 國出口商品到 B 國出口之必要條件。換句話說，(5–2) 式代表當生產一單位之商品，A 國使用之相對（於 B 國）勞動量比率（即 a_A/a_B）必須小於 B 國的（相對於 A 國）工資率（即 $\frac{W_B}{W_A \times e}$）時，A 國之商品才有出口之可能。

因此，出口之必要條件說明了在以貨幣作交易媒介的世界裡，一國之出口能力不僅依賴相對之勞動效率 (a_A/a_B)，也應視相對工資率 (W_B/W_A) 及匯率 (e) 而決定。我們可以用表 5.4 加以說明。

法國、德國在加入歐洲聯盟之前無單一貨幣制度時各有其幣制，假設其匯率為 1 法郎兌換 1.25 德國馬克，而表 5.4 顯示兩國生產布、酒和花茶各一單位時所需之勞動投入工時。

表 5.4

法國及德國生產一單位布、酒和花茶所需工時表

	布	酒	花茶	工資率
德國	20 小時	80 小時	18 小時	3 馬克 / 小時
法國	40 小時	100 小時	10 小時	4 法郎 / 小時

為了找出兩國貿易出口之方向，首先將上表各值化為相對工時之比率，即每生產一單位產品時之勞動量比率，亦即 $\frac{a_A}{a_B} = \frac{\text{德製所需工時}}{\text{法製所需工時}}$，而得到德國工人相對於法國工人而言，製造一單位商品時所需布之勞動量比率為 1/2，酒為 4/5，花茶為 1.8。

依照出口之必要條件所需，再計算兩國之相對工資率如下：

$$\frac{W_B}{W_A \times e} = \frac{\text{法國工資率}}{\text{德國工資率} \times \text{匯率}}$$

因匯率假設為德幣 1.25 馬克兌換法國 1 法郎，欲將德國工資率化為法幣，所用匯率為 $e=\dfrac{\text{法幣交換數量}}{\text{德幣交換數量}}$，即 $e=\dfrac{1}{1.25}=0.8$ 代入表 5.4 中所列兩國之工資率，得到德國商品出口之必要條件為

$$\frac{W_B}{W_A \times e}=\frac{4}{3 \times 0.8}=1.67$$

最後將德國欲出口到法國之三種商品依照勞動量比率由小到大排列，並與上述出口之必要條件作比較，得知

布		酒		出口必要條件		花茶
1/2	<	4/5	<	1.67	<	1.8

因此，在既定之工資率和匯率之下，依據出口之必要條件為標準，德國只有布和酒能出口到法國，而德國產製之花茶不能滿足出口之必要條件，故無法由德國出口；另一方面由法國之角度看，法國欲將花茶出口之條件為

$$\frac{\text{法國工人製花茶所需工時}}{\text{德國工人製花茶所需工時}}<\frac{W_{\text{德國工資}}}{W_{\text{法國工資}} \times e}$$

將表 5.4 中數字代入得 $\dfrac{10}{18}<\dfrac{3}{4 \times 1.25}$，亦即 $\dfrac{5}{9}<\dfrac{3}{5}$，符合出口必要條件，故花茶可由法國出口到德國，而德國則出口布和酒到法國，兩國之消費者均可享受到物美價廉之商品而獲得比貿易更高之效用水準。

本章複習題

㈠重商主義之基本要義為何?在重商主義思潮下,歐洲各國主要之國際貿易政策為何?

㈡請就下列二表,表 A 及表 B,分別找出英國及葡萄牙是否可以進行國際分工及貿易?為什麼?並指出其貿易方向。

表 A

英國及葡萄牙生產一單位布、酒所需之勞動工時表

	布 (c)	酒 (w)
英　國	50 小時/碼	100 小時/桶
葡萄牙	30 小時/碼	60 小時/桶

表 B

英國及葡萄牙生產一單位布、酒所需之勞動工時表

	布 (c)	酒 (w)
英　國	50 小時/碼	80 小時/桶
葡萄牙	30 小時/碼	70 小時/桶

㈢以圖形配合說明大衛・李嘉圖之比較利益原理。

㈣解釋「貿易提供曲線」之意義。

㈤貿易提供曲線之形狀和商品之價格彈性有何關係?

㈥設歐盟未成立前,法幣對德幣之匯率為 1 法郎兌換 1.25 德國馬克。表 C 為兩國生產布、酒和花茶各一單位時所需之勞動投入工時表。

表 C

法國及德國生產一單位布、酒和花茶所需工時表

	布	酒	茶	工資率
德國	10 小時	40 小時	9 小時	4 馬克 / 小時
法國	20 小時	50 小時	5 小時	3 法郎 / 小時

試以出口之必要條件找出兩國是否可以進行國際分工及貿易？其貿易之方向為何？

近代貿易四大理論

十七世紀初，許多英國的清教徒為了追求宗教和政治上的自由，遠赴重洋前往北美洲定居。1620 年 9 月第一批上百名的清教徒搭乘「五月花號」輪船抵達美國新英格蘭海岸，開啟了十七世紀到十八世紀中來自英國、法國、荷蘭、德國等歐洲國家人民紛紛舉家遷居美洲的移民風潮。

為了維持生計，初抵美洲的移民們開始大規模種植菸草、豌豆、小麥、玉米和棉花等作物，並將產品回銷歐洲各國，當時墾殖農地之主要勞力大部分來自受合約束縛的奴隸和傭人，一般機械工業尚未發展，因此十八世紀初期古典學派之貿易理論模型假設生產要素只有一種而採用勞動力價值說，是合乎其時代背景的。

1776 年 7 月 4 日，美國國會由 13 個州的代表簽字，發表了

「獨立宣言」後，又與英軍進行長達五年爭取獨立的戰爭，英國在 1781 年 10 月退出美洲並於 1783 年承認美利堅合眾國之獨立。

自 1800 年至 1850 年間，北美洲革命的影響擴散到整個新大陸。在中美洲和南美洲，原屬於西班牙及葡萄牙之殖民地人民亦紛紛起來革命，反抗歐洲之統治，相繼宣布獨立。

十八世紀中葉，英國興起工業革命，許多從事生產的工廠及礦坑業主逐步累積了大量資本及財富，使得英國產業的生產方式也發生了重大的改變，自從可供大量生產紡織品的機器發明後，具企圖心的實業家紛紛投資建廠，安裝新機器，並招募勞工來廠工作。此外，提供機器製造的原料及啟動機器所需動力的鋼鐵業及煤礦坑等能源供應據點也相繼設立。許多其他民生工業也逐步實施機械化而大量生產，使得商品能以低廉的價格行銷各國，大大地改變了國際貿易的商品內容及運輸成本，因此，國際貿易理論亦從以往僅使用勞動力作生產要素之古典學派轉化為現代貿易四大定理：包括 Heckscher-Ohlin(H-O) 定理，生產要素價格均等化定理，瑞畢斯基 (Rybczynski) 定理與司徒一薩姆生 (Stolper-Samuelson) 定理。

6.1 赫克夏一歐林 (Heckscher-Ohlin) 定理

赫克夏一歐林定理，簡稱為 H-O 定理，係在二十世紀初由兩位瑞典經濟學家 Eli Heckscher 與 Bektil Ohlin 所提出，主張國際貿易發生之原因在於各國之要素稟賦不同，使生產成本產生差異，進而使兩國有進行貿易之可能，因此 H-O 定理又稱為要素稟賦定理 (Factor Endowment Theory)。

為了分析複雜的國際貿易現象，H-O 定理作了以下簡化的假設：

(一)設全世界有兩個國家，使用兩種生產要素——資本及勞動力，生產兩種商品，但每一國家可供使用之天然資源要素稟賦的相對數量不同

(二)兩國有相同之技術水準而生產函數為固定規模報酬

(三)生產兩種商品的生產方式其要素密集度不同，即兩種商品分別以不同之資本／勞動力比率 (K/L) 進行生產，且無要素密集度逆轉之現象

(四)兩國消費大眾對兩種商品之需求型態相同，即兩國之偏好相同

(五)生產要素在國內各產業間可以自由移動，但在國際間要素無法自由移動

(六)商品與生產要素市場均為完全競爭市場

(七)兩國間進行貿易時，沒有運輸成本及貿易障礙

基於以上各假設，H-O 理論指出由於兩國天然資源稟賦——即資本及勞動力之相對數量不同，使得資本豐富的國家將多生產並出口資本密集財，勞動力豐富的國家將多生產並出口勞力密集財；換言之，H-O 定理之結論為：一國應多生產並出口密集使用該國相對豐富生產要素之商品，並且進口密集使用該國相對稀少生產要素之商品。有關 H-O 理論之圖形說明及貿易利得分析詳見圖 6.1 及 6.2。圖 6.1 (a)為本國之箱形圖，而圖 6.1 (b)為外國之箱形圖。其箱形圖形狀之不同，顯示本國及外國之天然稟賦不同，進而導致兩國的生產方式及契約曲線之形狀有別。

如圖 6.1 中，在 H-O 理論各項基本假設下，由於兩國之天然資源稟賦不同，即其擁有之資本及勞動力之相對數量不同，所以本國之箱形圖和外國之箱形圖之形狀不同，本國之 X 軸較長，表示本國為勞動力較豐富，而外國 Y 軸較長表示外國之資本量較豐富。

圖 6.1 也顯示本國及外國等產量曲線各切點所連接成之契約曲線分別為 O_XABO_Y 及 $O_XA^*B^*O_Y$。而圖 6.2 中為各國所對應之生產可能曲線，本國為

圖 6.1

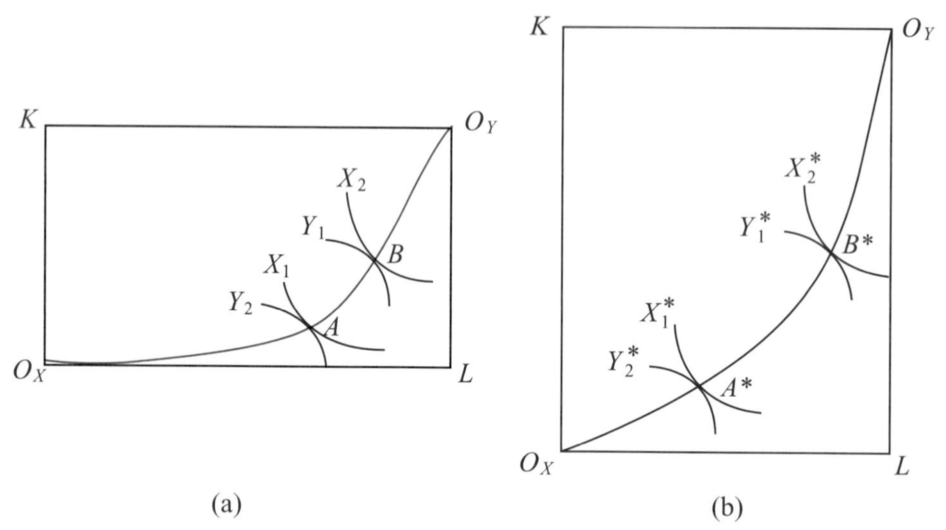

本國之契約曲線（(a) 圖）及外國之契約曲線（(b) 圖）

圖 6.2

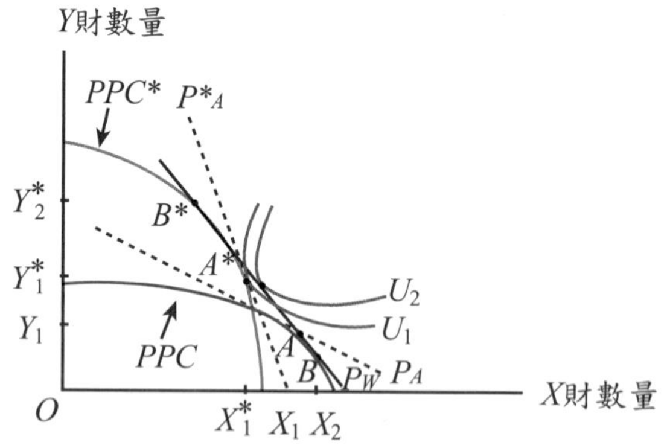

H-O 理論貿易利得之分析

PPC 而外國為 PPC^*。

在未進行國際貿易之前，本國及外國之原始生產點分別為 *A* 及 A^*，各國

國內 X 財及 Y 財之相對價格分別為虛線 P_A 及 P_A^* 之斜率。又兩國因偏好相同，故均能切到社會無異曲線 U_1 之滿意水準。故兩原始生產組合各為 A 點之 (X_1, Y_1) 及 A^* 點之 (X_1^*, Y_1^*)。今透過國際貿易，雙方之進出口貿易商同意以 P_W 國際價格進行交易，而 P_W 分別切本國及外國之生產可能線於 B 及 B^*，即為本國及外國新的生產組合點；由 B 點所對應之 (X_2, Y_2) 組合及 B^* 所對應之 (X_2^*, Y_2^*) 組合顯示：兩者均分別與原始均衡點 A 及 A^* 相比，透過貿易本國生產較多之勞力密集之 X 財（因 $X_2 > X_1$），而外國生產較多的資本密集之 Y 財（因 $Y_2^* > Y_1^*$），而國際價格 P_W 之斜率值介於兩國國內價格線 P_A 與 P_A^* 之間，且 P_W 可以切到一條較高之社會無異曲線 U_2 於 C 點，C 點為新的消費均衡點，而 $U_2 > U_1$，故透過貿易各國均能得到較高之福利水準；而本國因勞力豐富，故增加了勞力密集之 X 財之生產，外國因資本豐富也增加了資本密集之 Y 財之生產，兩國均因貿易而達到較高之社會福利水準 U_2 而互相獲利。

6.2 李昂鐵夫矛盾

自從 H-O 理論說明貿易發生之主因是由於各國有不同之天然資源稟賦，各國利用其豐富之資源生產具有比較利益之商品並將其出口到其他國家，以交換他國具比較利益商品而將其進口，則兩國均可獲利，使國際分工和貿易成為提升總體經濟福利的雙贏局面。

H-O 理論以資源稟賦不同說明貿易之發生，引起俄裔美籍諾貝爾經濟獎 (1973) 得主李昂鐵夫 (W. Leontief) 進行實證研究作驗證之興趣。他利用美國 1947 年投入產出表之資料，針對價值 100 萬美元以上之出口品和進口品之要素密集度 (K/L) 作分析，發覺該年度之資料顯示美國出口品的總資本量與總勞動量之比值較小，而進口替代品之總資本量與總勞動量之比值反而較大，該年度美國有出口勞動密集財，進口資本密集財之現象。這與一般人公認美國是資本豐富國家，若依照 H-O 理論，應出口資本密集財而進口勞力密集財之推論之結果相反，成為有名的「李昂鐵夫矛盾」(Leontief's paradox)。

為什麼會發生李昂鐵夫的矛盾現象呢? 主要原因是在於 H-O 理論之成立必須建立在一些嚴謹的假設下,而生活中這些嚴謹的假設不一定能切合實際,茲分述如下:

㈠ H-O 理論假設兩國對同一產品有相同之生產技術水準

此一假設在現實中很難符合，因為各國之勞動投入之生產力確有差異，例如美國的勞動生產力就比中南美洲各國勞動者之生產效率高，李昂鐵夫認為美國具有較好的企業精神、管理技術、企業組織和生產環境，所以其勞動生產力將近外國勞動生產力的 3 倍，既然美國之勞動者其生產力較高，當然生產技術就不同了。

㈡ H-O 理論假設無要素密集度逆轉之現象

H-O 理論假設要素市場為完全競爭且無要素密集度逆轉現象。但在現實社會中，一旦要素市場之供給或需求發生改變引起要素相對價格改變，則往往引起企業對生產方式 (K/L) 作必要之調整，以減輕生產成本；要素間彼此替代的差異很大，因此在工資上漲時，原本採用勞力密集方式生產者，現在可能改成以資本密集方式來生產，現實生活中製造業可能會發生要密集度逆轉現象。

㈢ H-O 理論假設兩國之偏好相同

事實上，各國消費大眾對商品之需求，因國民所得之差異、教育水準之差異、風俗習慣之差異、地理位置和氣候差異均有不同之需求偏好。

㈣ H-O 理論假設商品及要素市場均為完全競爭

實際上國際交易各國普遍設有各種關稅或非關稅之貿易障礙，不符合完全競爭之假設。

所以 H-O 理論之基本假設只為了簡化分析而獲得一般性之結論, 在理論分析上有其必要性，而「李昂鐵夫矛盾」可視為除了 H-O 理論所提之要素稟賦不同外，應該還有其他不同之因素促使國際間進行貿易。

6.3 生產要素價格均等化定理

在 H-O 理論之假設下，兩國自由地進行國際商品之貿易，最後將導致各國同質商品之價格以及其同質的生產要素在國際上之價格趨於相等，此即為生產要素價格均等化定理 (Factor Price Equalization Theorem)。

在 H-O 理論之基本假設成立之條件下，如圖 6.2 中，在未進行國際交易前，本國國內 X 財與 Y 財之相對價格（即 P_X/P_Y）為 P_A，而在外國之相對價格為 P_A^*，因國際交易價格 P_W 會介於兩國國內價格之間，即 $P_A < P_W < P_A^*$，因此經過商品自由進出口之後，兩國最終商品之國內及國際價格會趨於一致。而根據 H-O 理論，勞動力豐富之國家，其勞動密集財之價格相對便宜，乃是因為使用大量便宜之生產要素來生產之緣故，同理，資本豐富之國家，其資本密集財之價格也相對便宜。若由市場供需之角度來看，由於一國出口的產品是使用到國內豐富的要素來生產，為了因應出口，市場上對這豐富要素之需求就會增加，使得該要素的價格跟著上漲了；反之，因一國進口的產品通常是用該國國內較稀少的要素來生產的，所以大半依進口，自己的產量相對較少。因此，國內對較稀少要素之需求相對就減少，當需求小於供給時，稀有原料之市場價格就會下跌，因此，兩國經過貿易之後，生產要素之國際和國內價格就會趨於一致了。

茲先後以圖 6.3 (a)及圖 6.3 (b)加以說明。假設本國及外國均使用資本及勞動力來生產服裝及汽車兩種財貨。又假設本國為勞動力豐富，而資本量相對稀少的國家，而外國則反之；因此本國在勞力密集財——服裝之生產上具比較利益，而在資本密集財——汽車之生產上無比較利益，而外國則相反，故依照 H-O 理論指出，在進行國際貿易時，本國應多生產服裝並出口一部分以交換外國汽車之進口。

圖 6.3 (a)

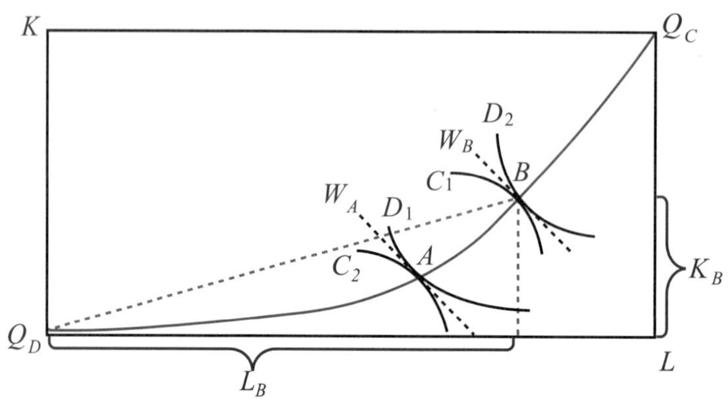

勞動豐富國生產均衡點之移動

在圖 6.3 (a)之箱形圖左下角 O_D 設為勞力密集財服裝之原點，右上角 O_C 設為資本密集財汽車之原點，在進行貿易前本國之生產均衡點為 A 點，即生產 D_1 單位之服裝和 C_2 單位之汽車。在 A 點之生產方式為 O_DA 之斜率，在 A 點之工資率 (W) 與資本報酬率 (r) 之價格比為 W_A，即兩條等產量曲線 C_2 與 D_1 切點之斜率。

若依據 H-O 理論而進行國際貿易時，則本國將增加勞力密集財——服裝之生產並出口一部分，以交換對手國汽車之進口，而減少本國自產的國產車數量，故生產均衡點會由 A 點移向 B 點，即增加了勞力密集財——服裝之生產由 D_1 增加到 D_2，而汽車自產則由 C_2 減少至 C_1。在 B 點服裝生產方式即 O_DB 之斜率，由圖可以看出 O_DA 之斜率大於 O_DB 之斜率，表示使用了相對多的資本取代了勞力來生產服裝，同時 B 點之勞動工資率 (W) 與資本報酬率 (r) 之價格比為 W_B，而 $W_B > W_A$，表示工資上漲而資本報酬價 r 相對便宜了，假設以 P_D 代表服裝價格，而以 P_C 代表汽車價格，現在透過貿易，原來本國豐富而價廉的工資 (w) 會因製造出口服裝的大量需求而工資上漲，長期工資上漲之後仍會反映到出口財服裝之售價，使出口服裝之價格 P_D 上升，直到與世界價格完全相等時為止，即本國出口財服裝之價格 P_D 與國際售價 P_W，以

及他國服裝價格 P_D^* 相等，即 $P_D = P_W = P_D^*$ 時為止。同理可透過貿易，由外國進口之汽車價格 P_C，最後將趨於國際相同之價格 P_W^* 為止，亦即 $P_C = P_W^* = P_C^*$。

至於生產要素之價格方面，也會經由貿易而發生價格均等化之現象。由於在國際市場，貿易發生之後，兩國生產同一種商品所使用之資本勞動比 (K/L) 將會日漸趨於一致，換句話說，兩國貿易發生之後（兩國所生產服裝將趨向同樣之 K/L 比，生產汽車財也使用同樣之 K/L 比）。因此，兩國服裝、汽車各自的邊際勞動生產力也會日益接近相等。那是因為國內的生產要素可以自由移動（要素市場完全競爭之假設），因此兩國生產要素在國內的邊際生產力也會趨於一致。所以經過長期貿易之後，兩國之產品價格與生產要素的報酬均會日漸趨於相等，向國際通行之薪資水準以及資本報酬看齊。

我們可進一步用圖 6.3 (b)來說明生產因素價格均等化定理。

圖 6.3 (b)

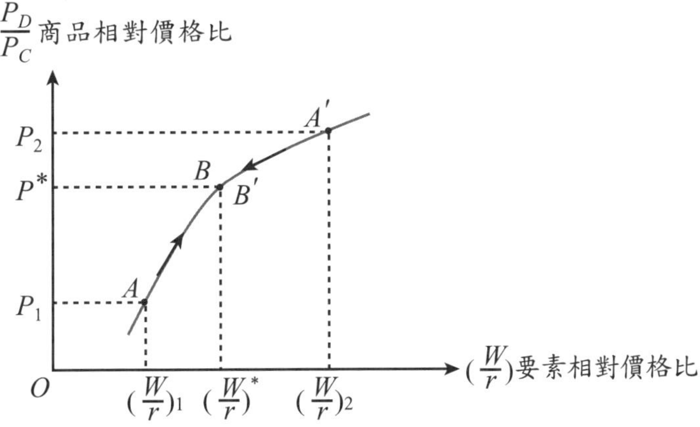

如前例，假設勞力密集財服裝 (dress) 之價格為 P_D，而資本密集財汽車 (car) 之價格為 P_C，勞動工人的工資率為 W，而資本的報酬率為 r，圖 6.3 (b) 中，橫座標為生產要素之相對價格比 $(\frac{W}{r})$，而縱座標為服裝及汽車之相對價

格比 ($\frac{P_D}{P_C}$)。

在尚未進行國際貿易前，本國之生產點為圖 6.3 (b)之 A 點，即對應於圖 6.3 (a)中之 A 點；此時，本國國內服裝對汽車之相對價格比為 P_1，而工資率對資本報酬比為 $(\frac{W}{r})_1$；外國之生產點則為 A' 點，所對應之商品價格比為 P_2，所對應之要素價格比為 $(\frac{W}{r})_2$。

今本國與外國進行貿易後，本國服裝對汽車之商品價格比和要素價格比均逐漸上升，使 A 點往 B 點移動；反之，國外因進口服裝其服裝對自產汽車之相對價格比和要素價格比均逐漸下降，使 A' 點往 B' 點移動，長期貿易持續進行移動，直至 $B = B'$ 兩點合為同一點時為止。

若以經濟學之邊際實物產量 (marginal physical product, MPP) 來分析：設 MPP_{LX} 及 MPP^*_{LX} 分別代表本國勞工和外國勞工在 X 產業（如服裝）之邊際實物產量；而 MPP_{LY} 及 MPP^*_{LY} 分別代表本國及外國勞工在 Y 產業（如汽車）之邊際實物產量，國際商品在完全競爭市場上進行，貿易首先使得兩國最終商品價格趨於一致，即服裝之售價 $P_D = P^*_D$，汽車之售價 $P_C = P^*_C$，再透過長期貿易使得兩國工人邊際實物產量趨於接近，即 $MPP_{LX} = MPP^*_{LX}$，而 $MPP_{LY}= MPP^*_{LY}$。

根據經濟學工人之工資率 (W) 即要素報酬，等於其邊際實物產量乘以產品價格，所以對員工支付之薪水等其邊際生產力之價值，亦即

$$W_X = MPP_{LX} \cdot P_D \quad \text{(6–1)}$$

$$W^*_X = MPP^*_{LX} \cdot P^*_D \quad \text{(6–2)}$$

$$W_Y = MPP_{LY} \cdot P_C \quad \text{(6–3)}$$

$$W^*_Y = MPP^*_{LY} \cdot \mathrm{P}^*_C \quad \text{(6–4)}$$

其中

W_X 為本國生產服裝勞動者之工資

W_Y 為本國生產汽車勞動者之工資

因此，將 $P_X = P^*_X, P_Y = P^*_Y, MPP_{LX} = MPP^*_{LX}, MPP_{LY} = MPP^*_{LY}$ 代入亦可得知

$W_X = W_X^*, W_Y = W_Y^*$。

所以貿易發生以後，使 $W_X = W_X^*, W_Y = W_Y^*$，兩國工資水準將逐漸趨於相等。同理，貿易發生以後，本國與外國之資本報酬 (r) 也會趨於相等，即 $r = r^*$；所以貿易之進行，會使得各種生產要素之邊際生產力在國際間均獲得相等，進一步使生產要素之價格也趨於一致。

6.4 瑞畢斯基 (Rybczynski) 定理

瑞畢斯基定理主要說明：若一國使用資本 (K) 及勞動 (L) 兩要素來生產勞力密集之 X 財，及資本密集之 Y 財時，在產品價格及要素價格均維持不變的情況下，當單獨有一種生產要素（如勞動）之數量增加，而另一種生產要素（如資本）數量不變時，密集使用生產要素增加的產品（如勞力密集財 X），其產量將會增加，另一種密集使用生產要素不變的產品（如資本密集財 Y），其產量將會減少，這就是瑞畢斯基理論之要義。

換句話說，假設財貨之價格得保持一定，而在經濟成長之前後均生產兩種財貨時，生產要素中勞動數量單獨地增加，而資本數量不變時，必使勞動密集財的產量絕對地增加，資本密集財的產量絕對減少；反之，當勞動量固定，而僅僅增加資本的數量時，必使資本密集財的產量會絕對地增加，而勞動密集財的產量卻絕對的減少，意味著生產要素的增長也會透過經濟成長而影響到兩國貿易財貨之數量和貿易方向，如圖 6.4 所示。

圖 6.4 中，假設一國在成長前勞動 (L) 和資本 (K) 數量分別為 ab 與 ad 單位如箱形圖 $abcd$ 所示。該國使用這兩種要素分別生產 X 與 Y 二種財貨，O_X 為 X 財之原點而 O_Y 為 Y 財之原點。其中 X 為勞動密集財，Y 為資本密集財，原始之均衡點為 B 點，為兩財貨之各別產量即 X_1 與 Y_2 等產量曲線之切點。當勞動數量單獨增加 ΔL 單位而資本數量不變，此時箱形圖變為 $ab'c'd$。

假定 X 財與 Y 財之生產方式 (K/L)、要素價格比 (W/r) 以及最終商品 X 及 Y 的財貨價格比 (P_X/P_Y) 均不變，則新的契約曲線必經過 aB 之延長線而

圖 6.4

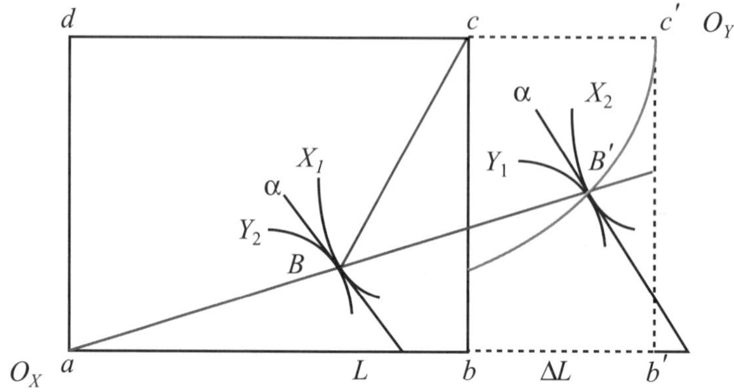

交於 B' 點，B' 點為等產量曲線 X_2 及 Y_1 之切點，亦為新的均衡點。

假定 X 財與 Y 財之生產函數為固定規模報酬 (constant returns to scale)，故在已知之 K/L 下，X 財之產量可直接由 aB、aB' 之長度比較而得。因 $aB' > aB$，故知等產量曲線 $X_2 > X_1$，即勞動密集之 X 財之產量增加，但 $Y_1 < Y_2$，即資本密集之 Y 財之產量減少，因為 X 為勞動密集財，故勞動要素增加 ΔL 對 X 財之生產增加了要素取得之方便性並減少了勞動成本，使業主樂於多生產 X 財。

此外，瑞畢斯基定理亦可利用生產可能曲線加以說明。

如圖 6.5 中，設 X 為勞力密集財，Y 為資本密集財，某國在經濟成長前，AB 曲線為該國之生產可能曲線，而 MN 為該國之 X 財和 Y 財之相對價格線，亦為該國之預算線，其斜率為 X 財和 Y 財之相對價格即 P_X/P_Y，原生產可能曲線切價格線於 Q 點，而 Q 即為該國之生產均衡點。今該國引進外籍勞工，使勞動力數量單獨地增加，而資本要素之數量不變，因此生產可能曲線 AB 向外擴張至 AB'，而勞力密集財 X 之增加數量相對多於資本密集財 Y 之增加量，此時若 X 財與 Y 財之相對價格不變，故可作一條新價格線 $M'N'$ 平行於原價格線 MN，而 $M'N'$ 切新的生產可能線 AB' 於 Q' 點，則 Q' 點位於 Q 之

圖 6.5

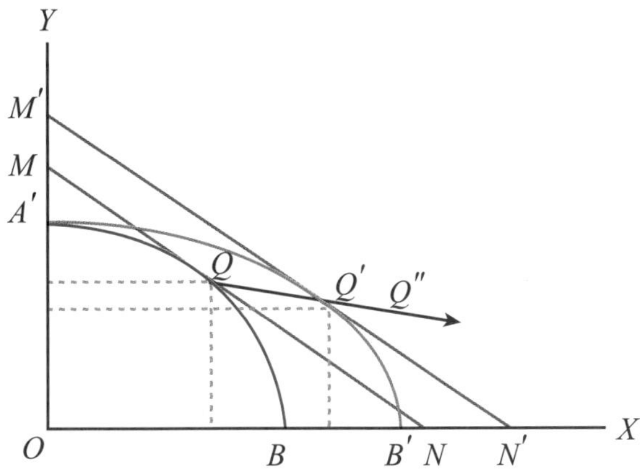

瑞畢斯基線之導出

右下方，為新的生產均衡點。以此類推，我們可以求得其他類似點如 Q'' 等點，將上述各生產均衡點連接之連線 $QQ'Q''$，稱為瑞畢斯基線 (Rybezynski line)，向原生產均衡點 Q 之右下方伸展，顯示在勞動要素單獨增加後，經濟體系將會生產較多勞力密集之 X 財，並生產較少資本密集之 Y 財。若以 Y 軸之截距代表之國民所得原為 OM，現為 OM'，多出 MM' 部分，表示經濟成長率為 MM'/OM。

6.5 司徒—薩姆生 (Stolper-Samuelson) 定理

在本章前述各節之討論中，我們均假設生產要素之價格維持不變，或生產時之生產方式——即要素密集度 (K/L) 維持不變；但在現實生活中，一般生產要素會隨著要素市場供需之改變而變更其單價；當某一生產要素之價格變動時，為求企業生產成本之最低，經營者必須改變其生產方式即改變其要素密集度 (K/L)，而採用較低廉之要素取代較昂貴之要素來生產，所以生產方式必須改變。例如，當勞動者之工資水準 (W) 提高時，為降低生產成本，企業家往往以其他較廉價之生產要素（如資本）來取代勞動力，以降低生產成本，因此在生產要素之相對價格發生變動時，生產時的要素之投入比率——即資本密集度 (K/L) 也可能隨之發生變化，此為司徒一薩姆生 (Stolper-Samuelson Theorem) 定理所要討論之現象。

有關資本密集度 (K/L)，要素價格比 (W/r)，與財貨相對價格比 ($p = P_X/P_Y$) 之間的關係，可以用圖 6.6 及圖 6.7 來加以說明。

圖 6.6

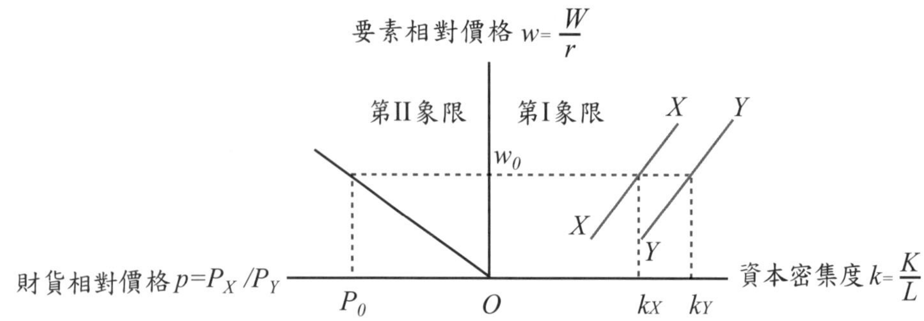

在圖 6.6 中，第 I 象限所顯示為資本密集度 (K/L) 和要素相對價格 ($w = W/r$) 之間的關係，圖中之 XX 線為 X 財之生產方式，YY 為 Y 財之生產方式，W 為工資率，而 r 為利率，是資金向外借貸取得時資本之利息支出。在未貿易之前，要素之相對價格（即工資率 / 利率）為 w_0，因 $k_X < k_Y$，表示 X 財為勞力密集之方式生產，而 Y 財為資本密集方式生產。圖中第 II 象限則顯示要素之相對價格 W/r 與最終財貨之相對價格 P_X/P_Y 之關係，因 X 為勞力密集財，若工資上漲時，即 W/r 之值上升時，則 P_X/P_Y 之值亦將上升，所以二者之間有正方向的變動關係，正如圖中第 II 象限所示。圖 6.6 中顯示出最初 X 財及 Y 財之資本密集度分別為 k_X 及 k_Y，要素價格比為 w_0，而財貨相對價格為 P_0。

今假設要素市場上供需發生變化，使勞動者之工資 (W) 上揚，而資本之

支出計酬 (r) 未發生改變，將促使要素價格比由 w_0 上升至 w_1，如圖 6.7 所示。

圖 6.7

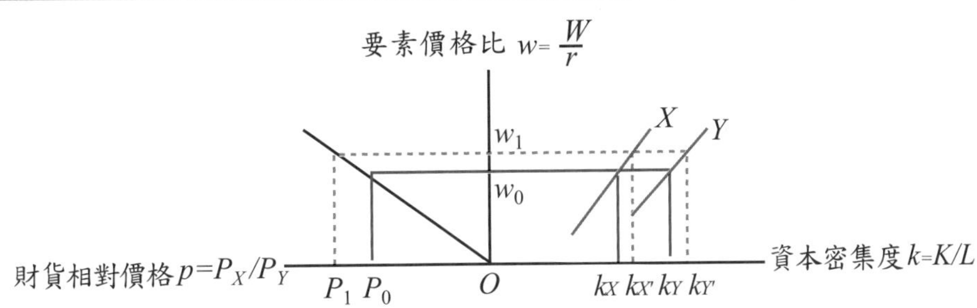

在圖 6.7 中，原要素價格比為 w_0，X 財、Y 財資本密集度分別為 k_X 及 k_Y，兩財之相對價格比為 P_0。當要素價格比由 w_0 上升至 w_1 時，X 財及 Y 財所對應之資本密集度分別成為 k'_X 及 k'_Y，不論是 X 財之生產或 Y 財之生產均將以較多之資本取代部分勞動力來生產，所以兩者之資本 / 勞動比均上升，成為 $k_{X'} > k_X$ 及 $k_{Y'} > k_Y$，但 $k_{Y'}$ 仍然大於 $k_{X'}$ 表示生產 Y 財貨之資本密集度仍大於 X 財之資本密集度。為了反映勞動成本上升，X 財貨之相對價格亦由 P_0 上升至 P_1，即 X 財之價格相對 Y 財價格有上升的趨勢。

司徒一薩姆生定理所強調的是透過國際貿易，將使得一國出口品之國內價格上升，而進口品之國內價格下降，這將進一步導致密集使用於製造出口品之生產要素報酬上升；而密集使用於製造進口品之生產要素的報酬再下降，相對要素之價格變化並有擴大效果存在。

因 Stolper-Samuelson 定理與 H-O 理論不同，不需要假設兩國間之生產函數或消費函數相同，只需要假設二國之生產函數均為線性齊次函數，且無扭曲之現象即可。我們可將其分為二部分來討論：

(一)第一部分是商品相對價格（P_X/P_Y）之變動使不同產業之同一生產因素（如勞動力）報酬間 (W_X/W_Y) 之相對變動關係

(二)第二部分是商品相對價格 (P_X/P_Y) 之變動對個別生產因素間（如勞

動力和資本）之實質報酬間 (W/r) 之關係

圖 6.8

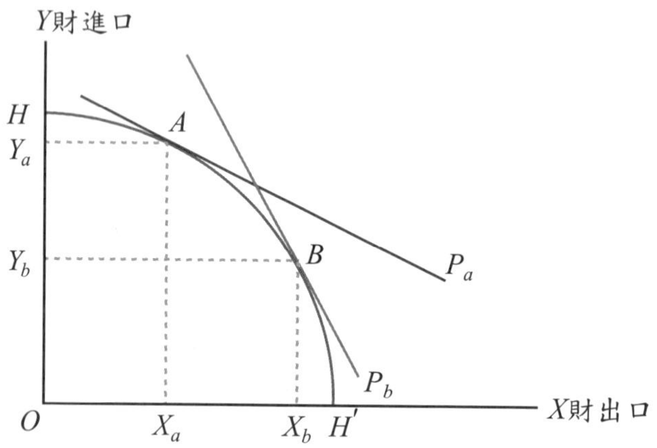

如圖 6.8 中，設本圖為勞動力豐富的國家而出口勞力密集之 X 財，進口資本密集之 Y 財。在貿易前本國國內 X 財和 Y 財之相對價格為 P_a 且 P_a 線條之斜率為 $(P_X/P_Y)_a$，而 P_a 與該國之生產可能曲線 HH′ 相切於原始生產及消費之 A 點。

今透過國際貿易，即國際上 X 財相除以 Y 財之相對價格為 P_b，而 P_b 線條之斜率為 $(P_X/P_Y)_b$，且 $P_b > P_a$，表示國際 X 財之價格高於國內 X 財之價格，使生產點由 A 點移動到 B 點，表示 X 財之產量增加，故在 X 財產業工作者之工資 W_X 上升；B 點對 Y 財之產量減少，所以在 Y 財產業工作者之工資 W_Y 將下降，所以此為司徒一薩姆生定理之第一部分，即當可使用的商品之價格變動（如 $P_b > P_a$）將導致生產因素報酬（$W_X \uparrow$，而 $W_Y \downarrow$）發生變化。

另外，進一步分析司徒一薩姆生定理的第二部分，即商品價格變動，引起不同生產要素間之報酬（w 及 r）的變化，例如出口財之價格 (P_X) 相對上升，而進口財之價格 (P_Y) 相對下跌，對各該生產因素報酬（W 及 r）之衝擊，可用圖 6.9 說明。

圖 6.9

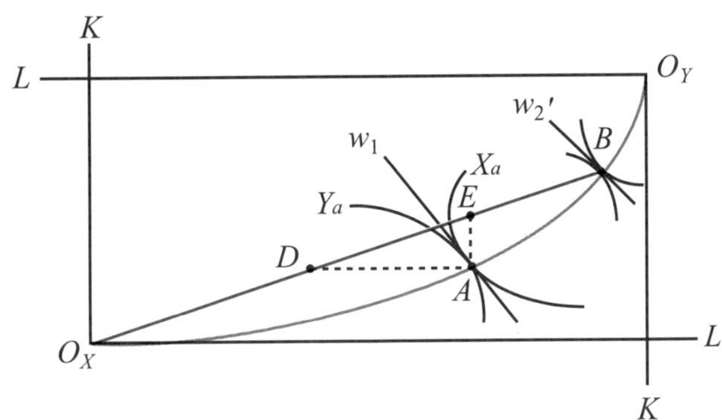

在圖 6.8 生產可能曲線 *HH′* 上之 *A* 點和 *B* 點，分別對應於圖 6.9 中契約線上之 *A* 點和 *B* 點，就圖 6.9 中可以找出經由國際貿易使生產均衡點由 *A* 點移動至 *B* 點時，勞動之邊際生產力變動之情形。

由於生產函數均設為齊次函數，故在已知之生產方式 (*K*/*L*) 下，不論產量之多寡，勞動或資本之邊際生產力得保持一定，即圖中之 O_XDEB 直線之斜率為一已知之 *K*/*L* 比例，其上各點如 *D*、*E*、*B* 點均有相同之勞動邊際生產力，即有相同之工資率 (*W*)。

今由原始之 *A* 點向 O_XDEB 直線分別作垂線，得知 *A* 點與 *D* 點有相同之資本使用量，*A* 點與 *E* 點有相同之勞動使用量。

國際貿易使均衡點由 *A* 點移動至 *B* 點後，因 *B* 點和 *D* 點在同一條 *K*/*L* 上，有相同之勞動邊際生產力，但若將 *D* 點與 *A* 點比較時，*D* 與 *A* 之資本使用量相同，但 *D* 點需使用之勞動數量卻明顯地減少，故 *D* 點之勞動邊際生產力比 *A* 點高。因此，同一條線上之 *B* 點與 *D* 點之勞動者之實質工資均會比 *A* 點高，即 *B* 點工資率上升。

同理可知，*B* 點與 *E* 點因在同一條 *K*/*L* 上，具有相同之資本邊際生產力，即資本報酬率 *r* 相同。若將 *A* 點與 *E* 點相比較，*E* 點雖與 *A* 點使用相同之勞動力，但 E 點之資本使用量大於 A 點，資本效率不彰所以 E 點（同 B 點）之資本邊際生產力下降比 A 點為低，因此 B 點之資本之實質報酬 r 亦會下降。這也說明了司徒一薩姆生定理之第二部分，即在固定規模報酬且沒有扭曲之情況下，出口之 X 財之相對價格 (P_X/P_Y) 提高，必定會使該 X 財財貨密集使用之生產因素（勞動）之實質報酬（工資 W）提高，而使其他因素（如資本）之實質報酬 (r) 減少。

Stolper-Samuelson 定理說明了國際貿易使一國出口品之價格上升，進口品之價格下跌，進一步導致密集使用於製造出口品之生產要素報酬上升；而密集使用於製造進口品之生產要素之報酬下降，相對要素之價格變化並有擴大效果存在，此為司徒一薩姆生定理之要旨。

㈠十八世紀中，亞當・斯密及大衛・李嘉圖採用「勞動力價值說」，以勞動力為唯一的生產要素，而二十世紀初，經濟學者提出近代貿易四大理論，將勞動力及資本兩種生產要素加入生產函數中，為什麼？

㈡ H-O 理論之基本假設有哪些？其理論之要義為何？

㈢以圖形配合說明 H-O 理論之貿易利得。

㈣李昂鐵夫矛盾應如何解釋？

㈤生產要素價格均等化定理之意義為何？

㈥一國若資本量不變而單獨增加勞動數量時，對經濟成長之方向有否影響？是屬於中性成長還是勞力密集財方向之成長？由瑞畢斯基線是否可找出經濟成長率？

㈦當兩種商品之相對價格發生變化時，根據司徒一薩姆生定理會引起要素價格作哪兩種變化？請分別以同一要素在不同產業間及不同要素之間的相對價格作分析。

國際貿易理論的新發展

十九世紀中葉至二十世紀初，人類經歷了工業革命的洗禮，使得商品之生產方式有了突破性的改變，許多物品利用機器大量生產，配合海、陸運輸之便捷，加速了各國之間商品及勞務之流通。另一方面，由於人類在二十世紀之前半世紀，先後歷經 1914～1918 年及 1939～1945 年之兩次世界大戰，各項戰後經濟、社會及政治之重建工作於焉展開，許多企業化之經營風潮，新商品之研發工作，行銷方式之更新，消費者導向之市場策略，創新材質之產生等，都促使國際貿易新理論和新觀點不斷地被提出，許多新理論之內容泰半為補足古典及近代貿易理論所無法解釋或無法涵蓋之部分，本章特別加以彙總介紹。

7.1 研究發展因素理論 (Research & Development Theory)

早在 1930 年代，凱因斯 (J. M. Keynes) 曾指出：由於世界各國互相進行貿易，因此產品之生產技術也間接傳播於各貿易國之間，進一步縮小了各貿易國在成本上之相對差距，這種成本和技術相對差異之縮小也降低了各國完全專業化之可能，因此，技術領先之國家或企業之持續性研究發展新產品或新技術之能力，成為國際貿易得以進行之主因。繼凱因斯之後，亦有羅伯生 (D. H. Robertson) 針對 30 年代纖維製品在國際貿易上之衰退現象加以分析，認為「技術進步」為國際貿易持續進行之主要動力。

1960 年代，經濟學者古伯 (Gruber)，馬他 (Mehta)，范農 (Vernon) 及季辛 (Keesing) 等人以不同產業之資料作實證分析，發現一國輸出比率之大小與各產業之研發專家之人數占全部就業人數之比例大小成正比。其中季辛之研究是以美國、英國、西德、法國、日本、比利時、荷蘭、瑞典、加拿大和義大利等 10 個國家，針對 18 種產業，以美國占 10 國總輸出值之比率與研究發展 (research and development, R&D) 人數占各產業就業人數之比率作比較，發覺這兩個比率之間有高度相關，如表 7.1 所示。

在表 7.1 中，就 10 個工業國家之 18 種產業中，美國之研究發展 (R&D) 之人數占全部產業就業人數以航空機械業所占之比率最高 (7.71%)，其輸出額占 10 國總輸出值之比率亦最高 (59.52%)，其餘各產業大略呈現 R&D 人數比率與美之輸出額占 10 國總輸出值之比率間有正方向之相關，若產業之 R&D 人數占全部就業人數之比率愈高，則輸出之比率也愈高，所以季辛指出在企業投入研究發展之資本量、天然資源稟賦、勞動熟練與規模經濟等四項

表 7.1

美國產業之研究發展 (R&D) 與輸出比率之關係

產　　業	R&D 之人數占全部就業人數之比率 (%) 1961	美國輸出額占 10 國總輸出值之比率 (%) 1962
航空機械	7.71	59.52
專務機械	5.09	35.00
藥品	6.10	33.09
其他機械	1.39	32.27
各種器具	4.58	27.98
化學品	3.63	27.32
電氣機器	4.40	26.75
橡膠	0.95	23.30
汽車	1.14	22.62
石油製品	2.02	20.59
金屬製品	0.51	19.62
非鐵金屬	0.69	18.06
紙及紙製品	0.47	15.79
玻璃	0.60	15.22
運輸工具	0.46	13.71
木材及其製品	0.03	11.68
紡織品	0.29	10.92
鋼鐵	0.43	9.14

資料來源：Keesing, D. B. (1967). The Impact of Research and Development on United States Trade. *Journal of Political Economy*, 75, pp. 38–48.

主要競爭力因素中，以研究發展之資源投入量為提高競爭力的最重要因素。

古伯、馬他及范農等三位學者之研究中也證實美國之輸出比率與 R&D 有密切關係，且 R&D 數額大之企業具有對外直接投資之傾向；因此主張產業加強 R&D 因素成為對外貿易發生之主因，亦為產業由國內產業轉而成為輸出產業之必備條件，此一看法被稱為研究發展因素理論。

7.2 技術差距理論 (Technological Gap Theory)

技術差距理論主張在國際貿易市場上，技術進步的國家，對商品之新技術擁有獨占的優勢，因此可以大量利用新技術製造及出口新的商品到國外，所以在貿易初期新商品之原始製造國即為商品之主要出口國。另一方面，該商品之進口國廠商可以透過進口商品之外觀、品質、原料而加以模仿學習，即為國際貿易之示範效果 (demonstration effect)，去模仿取得進口商品之生產技術；另外，也可以透過專利權之轉讓或由出口國在進口國直接投資的方式，而使原進口國廠商逐漸獲悉商品之生產技術，因此縮小了兩國間之技術差距，漸漸提高進口國國內自製商品之數量而加以輸出，形成國際市場上多國間對同一產業之競爭。但是只要技術原創國與模仿國間兩國的技術差距仍然存在，或進口國自行生產之數量仍不敷其國內之需要總量時，兩國間的貿易就會持續不斷地進行，直至該商品國內外之技術差距完全消除時為止，此即為技術差距理論，認為存有技術差距是兩國貿易之主因。

導致技術差距存在之原因頗多，除了兩國間原有之科技水準不同外，各國對於開發新產品之研究和發展的資源投入量或有差別，各國研究人員之素質不盡相同，各國資金之多寡也不完全相同，促使各國產生技術上之差距。但是透過貿易後，兩國之技術差距將逐漸減少，而在這一段貿易期間內，進口國對該項商品之製造和生產，有著模仿上的延遲落後現象，麥克・波森 (Michael V. Posner) 於 1961 年將其分為兩種落後，一種為時間上之落後 (time lag)，另一種為國內需求上之落後 (demand lag or imitation lag)，一般人稱之為模仿延遲假說 (imitation lag hypothesis)。

模仿延遲假說基本上是將 H-O 理論模型中之兩國技術水準相同的假設予以放寬，認為並非所有的國家能永遠擁有相同的技術，而且生產技術若由一國移轉或者擴散到另一國家時，因會產生時間上之落後和需求之落後而造成模仿延遲 (imitation lag) 的現象。

其中，有關需求之落後係來自於第一國的新產品在本國上市成熟並開始設法向第二國輸出之前，要讓第二國之消費大眾願意接受以該新產品來取代原先使用之舊有產品通常需要一段時間的適應，這種需求落後之程度的大小是取決於新產品之廣告和促銷成功的程度以及消費者對舊有產品之忠誠度、習慣性加上訊息流通之延誤而造成對新產品需求上之延遲等。

其次，有關時間上之落後所指的是該項產品若先由第一國生產並出口後，第二國家生產者學習並取得該項技術需要一段時間，加上設廠購置生產設備，購買原料投入，生產製造加工以及銷售到市場等活動也需要許多的時間才能完成，形成時間上之落後。

雖然由於進口國需求和時間上之落後而產生模仿延遲的現象，使技術原創國和模仿國間仍有國際交易之進行，但是新產品之生產技術若無專利權之保護，遲早會被進口國之生產廠商所取代，所以，一國若要成為長期成功的出口國，必須不斷地創新！

有關技術差距理論亦可用圖 7.1 加以說明。

圖 7.1

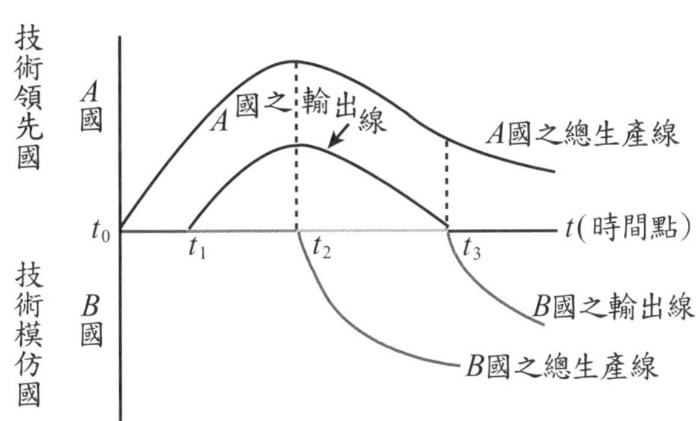

技術差距理論之圖形說明

在圖 7.1 中，假設世界有 A、B 兩國，A 國為技術領先國，而 B 國為技術模仿國，雙方間因技術差距存在而有貿易之可能。在代表時間點之 t 線上方之曲線為 A 國新商品之生產和對 B 國之輸出總量；位於 t 線下方之曲線代表

B 國對該商品之模仿生產和輸出總量，離 t 線愈遠表示數量愈大。由時間原點 t_0 時開始，A 國有了創新商品之生產而其產量逐漸增加，在時間點為 t_1 時，A 國開始輸出該項商品到 B 國，故 A 國之輸出線即為 B 國之商品輸入線。t_0t_1 線段之長度，表示 B 國對該商品之需要落後 (demand lag) 期間。在時間點為 t_2 時，B 國開始模仿該商品而進行生產，其技術逐漸純熟，故 B 國之自製總生產線離 t 線愈遠，產量愈增，到達時間點為 t_3 時，B 國已開始相同商品之輸出，不再由 A 國進口，而 t_0t_3 線段之長度，表示整段模仿落後 (imitation lag) 期間。根據技術差距理論之說法，兩國間進行國際貿易的期間為 t_1t_3 線段所代表之期間，在該段時間內因有兩國技術差距之存在而互有輸出、輸入貿易行為之產生；此理論以兩國之間有技術差距作為國際貿易之原因，所以稱為技術差距理論。

7.3 產品循環理論 (The Product Cycle Theory, PCT)

產品循環理論 (the Product Cycle Theory, PCT) 是由美國經濟學家雷蒙・佛諾 (Raymond Vernon) 於 1966 年所提出，其理論之基礎亦是建立在產品生產技術之擴散會有模仿延遲的假設上，而模仿延遲假說 (imitation lag hypothesis) 則是先前由麥克・波森 (Michael V. Posner) 於 1961 年提出的，已於上一節中加以介紹。

基於波森 (Posner) 所述之模仿延遲的假說，佛諾 (Vernon) 於 1966 年提出產品循環理論 (the product cycle theory, PCT) 針對新產品之生命循環 (life cycle) 與國際貿易的關係作分析。根據佛諾 (Vernon) 之說法，「新產品」在工業化的社會具有二大訴求，亦即新產品須能符合高所得者之需求，不僅新產品之生產過程應符合勞動節省型（即資本密集度高）之生產方式外，且新產品亦須能配合現代人節省勞力和節省時間的消費需求。

佛諾將一項新產品的生命循環分為三個主要階段：即新生產品階段 (new product stage)、成熟產品階段 (maturing product stage)、以及標準化產品階段

(standardized product stage)。而各國在新產品之生命循環之不同階段中，依照各國不同之技術水準和天然稟賦差異以及模仿上之延遲而進行相互間商品的國際貿易現象，此即為產品循環理論。

一般而言，新生產品大半是需求導向並在高等技術水準之國家首先開始研發、生產，並針對產品之特性、依據消費者之反應作修改，因設計及實驗之單位成本高而資本豐富之國家在研發上投入大量資金和人力，故產品原生國具有比較優勢，此時，新產品是以產品原生國之國內交易為主。

在成熟產品階段，產品之規格和特性開始定型，大量生產和規模經濟現象發生，成熟商品為擴張市場而開始向海外行銷，甚至開始嘗試到國外生產製造，此時為新產品達到國際行銷之最高峰時期，產品之原生國家成為產品主要之輸出國。

在標準化產品階段，一般會有產品之原生國到國外設廠以降低生產成本的情形，因此原先位於國外之產品進口國，已逐漸有許多外資進入當地設廠，利用本地較低廉之人工或原料成本等國際相對優勢而發展成為產品之出口國，初期和產品之原生國家在此一時期出口量互有消長，互相競爭。在標準化產品階段，則以具相對優勢（比較利益）之進口國自製產品取代產品之進口貨而模仿國已成為產品主要出口國。

繼佛諾 (R. Vernon) 提出產品循環理論之後，學者威爾斯 (L. J. Wells) 亦於 1968 年提出相近之說法，並將產品之生命循環擴張至 4 個階段：即產品新生期、成長期、成熟期、衰退期，直至最後由市場上消失。

圖 7.2 係根據威爾斯所描述一產品之生命週期中各個不同之階段的生產和輸出之關係而加以說明。

在圖 7.2 中時間由 t_0 到 t_1 為第 I 階段產品之新生期，他採用技術領先的國家如美國為中心，成功研發出新產品，而在產品原生國國內市場製造、生產及消費。

第 II 階段為成長期，時間是由 t_1 點進入 t_2，新產品原生國開始向其他國家輸出該項商品，等新產品之市場擴大後，又立刻引起其他國家製造商之模仿和群起生產。

圖 7.2

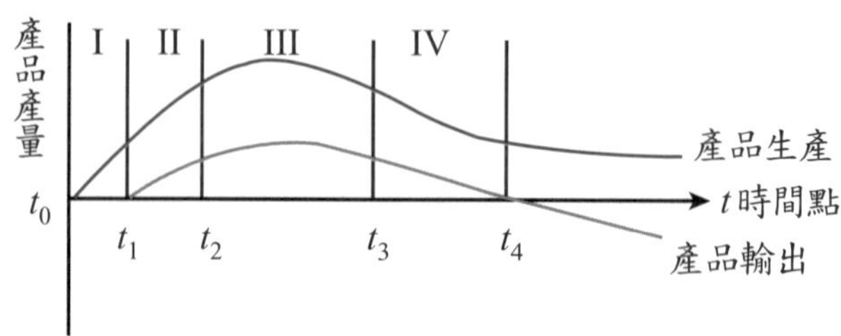

產品生命週期之各階段

第 III 階段為成熟期，時間點由 t_2 進入 t_3，此時期外國之製造商學習到新技術後，因外國之原料或勞動成本低廉，使產品原生國在國外市場之競爭力不敵當地之製造商，故產品原生國之出口成長率降低。

第 IV 階段為衰退期，是由 t_3 時間點進入 t_4，此時期因國外製造商採用低廉之成本就地取材而大量生產，因此產品原生國之絕對輸出量大幅下降，一直到在國際市場上全面消失，而原生國對該商品之輸出量等於零為止。

所以，各種新生產品若無專利權之保護，透過國際貿易之強大競爭，各國在多種新產品之不同階段互相循環扮演著出口國和進口國之不同角色，造成國際貿易之持續進行，此即為產品循環理論。

7.4 偏好相似理論 (Preference Similarity Theory)

偏好相似理論又稱代表性需要理論 (Representative Demand Theory) 或需要重疊理論 (Overlapping Demand Theory)，是由瑞典經濟學家史特夫・林德 (Staffan B. Linden) 於 1961 年提出的。林德由消費大眾之需求面來探討國際貿易發生之原因，主張兩國之間貿易關係之密切程度決定於雙方國家人民之需要結構及所得水準。

根據林德之說法，初級產品（如農、林、漁、牧、民生用品、手工藝品等無需高技術水準的產品）之貿易，可以依照 H-O 理論所述，是以各國之天然資源稟賦不同而各自生產並輸出其相對優勢（比較利益）之商品，而初級產品因屬民生所必需，故可以在所得水準相差很大之國家間互通有無，雙方間之貿易與需求、所得無直接關係。換句話說，初級商品之交易是各國依照天然資源稟賦之不同，各按其比較利益之所在，勞力豐富國可以局部或全部專業化生產勞力密集財，而資本豐富的國家可以局部或全部專業生產資本密集財，兩國間之貿易則是勞力密集財和資本密集財之交換，為一種垂直式之貿易，而非同一產業間商品之平行交換，所以一般而言，初級產品之貿易與兩國之國民所得及需求之關連性不大，而資本豐富國與勞動豐富國之間，因資源稟賦不同，其所得水準相差雖大，但貿易商品互補性強，各盡其材，各取所需，貿易關係卻十分密切。

但工業產品的貿易情況並非如此，工業產品在國際間之貿易情況與初級產品有所不同，林德認為工業產品在國際間之貿易量之大小取決於兩國之國民所得水準所反映的各國人民對商品之品質要求，以及各國代表性之需要是否有需求重疊情形而定。林德發現工業產品之貿易，多半是在資本豐富國之間大量進行，亦即平均國民所得水準相近之國家，其需要結構相似，而生產方式所使用之資本、勞動比 (K/L) 相近，故工業品之需求重疊之範圍較廣，所以雙方之間工業產品的貿易量較大。

我們可以將史特夫・林德所提出之偏好相似理論之要點，說明如下：

㈠任一商品欲輸往國外之前，必須該商品先在本國市場上有銷路

因為企業家投資生產產品之基本考量，首重該項商品是否能獲得利潤，商品必須在國內市場上先能有「有效需求」，即國內消費大眾對該商品有能力且願意購買，才能構成「有效需求」，當國內對商品具有「有效需求」時，貨品才會進一步擴大生產並輸往國外市場。

㈡若兩國之平均每人所得相接近，則兩國之需要結構亦較接近

若兩國之間有相近之平均每人所得水準，則對產品品質上的要求較為接近，使得兩國之需要結構亦較接近，需要結構相近之國家之間，其貿易關係較易建立。

㈢兩國經濟發展程度相近，則彼此間之貿易量愈大

工業國之間在要素稟賦的差異上相當有限，所以 H-O 理論無法解釋工業國之間的貿易行為；而且當兩國經濟發展程度相近，其國民所得水準接近時，需求型態將愈相似，則相互間之貿易量愈大，這種現象可以用偏好相似理論來解釋。詳見圖 7.3。

圖 7.3

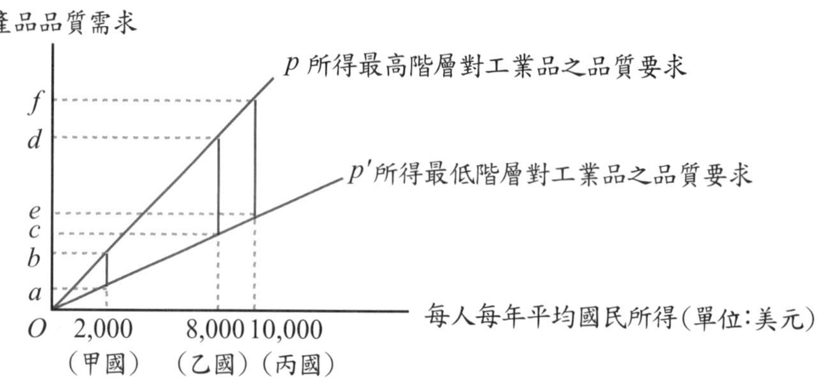

平均每人所得水準與產品品質需求之關係

由圖 7.3 中可以見到甲、乙、丙三國之每人每年之平均國民所得水準不同：甲國平均每人所得水準為 2,000 美元，乙國為 8,000 美元，丙國為 10,000 美元。而各國對工業品之品質需求均分為二組，各國所得最高階層之品質需求較高，以直線 Op 表示其需求，而所得最低階層之品質需求較低則以直線 Op' 表示。今將各國高所得者與低所得者間的有效需求對品質之要求列於表 7.2 中。

由表 7.2 中可看出甲國與乙國之間或甲國與丙國間在產品之有效需求的品質要求上均無交集，故甲國與乙國或甲國與丙國間均無發生貿易的可能。

另一方面乙國與丙國在產品品質要求之有效需求有 $\overline{ed}$ 部分的重疊需求 (overlapping demand)，依據偏好相似理論，兩國就該品質之商品可進行國際貿易，綜上所述，偏好相似理論主張：若兩國之國民所得水準愈接近，其消費

表 7.2

各國有效需求之品質要求

國別＼所得與品質	所得平均水準	品質要求
甲國	2,000	$\overline{ab}$
乙國	8,000	$\overline{cd}$
丙國	10,000	$\overline{ef}$

大眾之品質要求會愈相近，各國就雙方之有效需求之重疊部分，會產生國際貿易，反之亦然。

7.5 產業內貿易理論 (Intraindustry Trade Theory)

產業內貿易是指兩國在同一產業內有同時進口及出口各種功能近似商品之現象。一般而言，國際間同一產業商品之分工可分成以下三大類別：

(一)同一產業間國際商品之垂直分工

(二)同一產業間國際商品之水平分工

(三)同一產業間異質商品之互相進口及出口

因 H-O 理論強調各國間進行貿易是基於天然資源稟賦有別，所以各國依照其具有比較利益之商品進行國際分工，並全部或局部性地專業生產及出口與他國不同種類之產品，可使全球之社會福利增加。然而現代許多工業化國家，其國內之資源稟賦差異不大，卻在同一產業內有互相進口及出口功能相同產品之貿易現象，此一產業內貿易現象並非 H-O 理論所能解釋。

此外，由於近年來消費大眾之偏好有愈來愈多樣化之趨勢，所以許多企業生產一些功能相近但品質訴求不同例如外觀、造型、細項功能有別之異質化商品，可以迎合多種需求，提升消費大眾之滿意水準，這是發生產業內貿易的原因之一，我們可以用該產業有內部規模經濟而導致不完全競爭之現象來解釋，亦即廠商將產業之規模經濟納入生產之考量，設法透過國際貿易市場來擴大其生產規模而降低每單位之生產成本，造成貿易後國內外許多大廠商（如電視、電腦、家庭用品等之製造商）專司製造不同類型、不同品牌之異質消費財之情形，並且在國際間互相流通，這種產品異質化及消費者偏好商品多樣化之趨勢將使消費者透過國際貿易而達到較高之滿意程度，提升社會無異曲線水準，因此同一功能的商品往往在不同的國家之間互相有進口及出口的現象，為同一產業內之貿易。

產業內貿易指數之計算公式如下：

$$\beta_i = 1 - \frac{\sum_{i=1}^{n}(X_i - M_i)}{\sum_{i=1}^{n}(X_i + M_i)}$$

其中

X_i 表示 i 產業中各項商品之出口值

M_i 表示 i 產業中各項商品之進口值

β_i 之值介於 0 與 1 之間

n 代表商品之項目有 n 種。

若 $\beta_i = 0$，表示兩國間 i 產業完全無產業內貿易。

若 $\beta_i = 1$，表示兩國間 i 產業之各項商品的產業內貿易程度極高，達到 100%。

7.6 據有理論 (Availability Theory)

據有理論強調國際貿易之發生是因為某些國家擁有一些特別的經濟資源或特殊的生產要素所致。基本上，據有理論可用來解釋一些特殊商品之貿易事件，如沙烏地阿拉伯之輸出石油、巴西之輸出咖啡、南非之輸出黃金等均是因為這些國家擁有特殊之經濟資源的緣故。

假設農產品之生產需要使用土地、資本及勞動三項要素，而工業產品之生產需要使用資本、勞動及技術知識三項要素。現有 A、B、C、D 四國，各自擁有之生產要素如表 7.3 所示，其中符號 ∨ 代表該國擁有該項經濟資源。

表 7.3

各國據有之生產要素表

資源 國別	土地	資本	勞動	技術	生產之物品種類
A 國	∨	∨	∨		農產品
B 國		∨	∨	∨	工業產品
C 國	∨	∨	∨	∨	農產品及工業產品
D 國	∨	∨	∨	∨	農產品及工業產品

由表 7.3 可以看出 A、B、C 各國之間或 A、B、D 各國之間的貿易可以用各國各自據有不同之生產要素來解釋，但 C、D 兩國之間若進行貿易，則可以用最高之比較利益或最低之比較生產成本來作解釋了。

據有理論與大衛・李嘉圖單一要素（勞動力價值說）模型不同，亦與 H-O 理論引用雙要素（勞動、資本）之模型有別，據有理論中，一國可以擁有二種以上之生產要素，來說明國際貿易之方向；對某些擁有特殊經濟資源之國際貿易行為很容易解釋，但對一般貿易行為仍須採用比較利益或比較成本來說明。

7.7 規模報酬遞增理論 (Theory of Increasing Returns to Scale)

規模報酬遞增是指長期平均成本線隨著生產數量之增加有逐漸下降之趨勢，亦即隨著產出之增加，每單位產品之平均生產成本會下降之現象。

如圖 7.4 中，在規模報酬遞增時，長期平均成本 (long run average cost, *LAC*) 曲線呈負斜率之形狀。當產品之產量為 Q_1 時，每單位產品之平均成本為 C_1，而產量增加到 Q_2 時，每單位產品之平均生產成本下降到 C_2 之水準。

圖 7.4

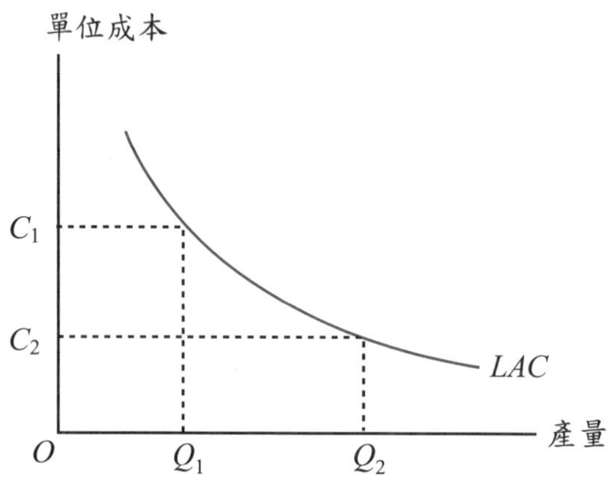

規模報酬遞增之長期平均成本線

造成長期平均成本線下降（即規模報酬遞增）之原因很多，包括：

㈠生產初期固定成本支出之投資金額龐大，故隨著產量之增加，每單位產量平均分攤之固定成本金額隨之下降

㈡生產規模擴大後，大量生產要素之購買可享受折扣之優待

㈢生產設備可以更有效率地使用

㈣勞動者藉由工作中學習 (learning by doing)，累積經驗，增加了生產效能

因此，規模報酬遞增理論是指國際貿易之發生，乃由於生產規模擴大，使生產成本下降、生產效能增加，產生了比較利益而增加了出口競爭能力所致。

國際貿易發生導因於規模報酬遞增之理論，對小國而言更為明顯，因為小國之國內市場狹小，只能藉由國外市場來拓展生產規模、提高生產效能、取得規模報酬遞增之好處。對大國之廠商而言，經由國際貿易市場之擴大，使其生產成本持續降低而規模經濟更形擴張，最後可能形成國際性之獨占或寡占局面。

7.8 剩餘出口理論 (Vent-for-Surplus Theory)

在古典貿易理論模型及 H-O 定理之分析中都假設該國之資源使用均達到充分就業之水準，亦即無資源閒置或失業之現象。然而在現實生活中，絕大部分開發中國家均有資源閒置或失業的情形，而這些國家間進行之國際貿易行為，就可以用剩餘出口理論加以解釋了。

剩餘出口理論之主要論點為：保有大量閒置剩餘資源或低就業水準之開發中國家，其資源使用之機會成本低；若能透過國際貿易，將閒置之剩餘資源有效地使用供作出口貨品之生產，可使產出增加、就業提升、促進社會之福利水準。

在另一方面，大部分開發中國家均以農產品之出口來帶動經濟成長，在短期中可以獲利。但長期而言將會形成專業於農業生產之局面，使經濟體系產業未能多樣化經營且對外貿易之依賴程度日益加深，故本國經濟體系脆弱且易受國際經濟波動之影響。為了避免此種經濟結構脆弱的現象，在經濟發展之過程中仍可採用促進國際貿易之策略，但也應使用貿易所帶來之利益而逐步促進本國產業之多樣化、培養本國具相對利益潛力之工業，建立具自主性之經濟體系。

7.9 經濟成長階段理論 (Theory of Economic Growth Stage)

經濟成長階段理論，主張國際貿易制度應依照各國處於經濟成長之不同階段而作調整；因各國在不同的經濟發展階段，其生產及需要的商品種類、等級和性質有所不同，可以國家的角度，配合經濟發展需要，分階段採行不同之貿易制度，各取所需，發生貿易行為。惟此一理論較適用於經濟成長差異較大之未開發國家和已開發國家間之貿易行為。

德國經濟學家李斯特 (Friedrich List) 於 1844 年提出政治經濟學的國民體系 (Das Nationale System der Politischen Qkonomie)，由國家經濟之角度反駁亞當・斯密之自由經濟思潮。李斯特認為總體經濟體系 (economy) 是以「社會」作為研究對象，即應以「國界」為範圍，而不能從全球整體之角度去分析。當時德國仍為農業國家，而英國工業則已粗具規模，李斯特認為英國提倡自由貿易是藉「大同世界經濟觀」而進行侵略殖民之實，所以提出國際貿易行為應視國家經濟成長之不同階段而作調整。李斯特由人類經濟活動之主要型態將各國之經濟發展分為五個階段，即野蠻時期、漁獵時期、農業時期、農工業時期和農工商業時期。他認為各國既處於不同的經濟成長階段，應就其本身進步的程度，隨時調整制度。在第一階段之國家應師法較先進之國家，採行自由貿易，設法脫離野蠻狀態，並發展農業；在第二階段的國家應採取商業限制制度 (即保護主義)，以促進本國工業、漁業、航業及對外貿易的發展；直至最後的農、工、商業時期，國家已擁有高度財富與國力後，應逐漸在其國內、外市場恢復自由貿易及自由競爭，使農、工、商各業之工作人員不致怠惰，刺激各業保持競爭優勢。

美國經濟學家羅斯托 (W. W. Rostow) 則從動態變化程度之不同，將經濟成長區分為傳統社會、過渡階段、起飛階段、邁向成熟階段及大量消費階段等五時期，而各國處於不同之經濟階段。他強調在經濟成長之低階段時，經濟體系泰半生產並出口初級產品及簡單之工業品；等到進入經濟發展之較高階段時，經濟體系會擴大製造產能使產品多樣化並逐步增加出口耐久消費財及資本密集財等。羅斯托認為國際貿易之發生是由於各國經濟發展之程度不同所致，開發中之國家多生產並出口初級產品及簡單之工業品，以交換已開發國家所生產及出口之耐久消費財及資本密集財，使處於不同階段的國家互相生產並交換所需而互惠。上述二位學者均將經濟體系區分為不同之階段而互相貿易，稱之為經濟成長階段理論。

㈠研究發展因素理論強調國際貿易發生之原因為何?

㈡以圖形配合解釋技術差距理論。

㈢產品生命週期，佛諾 (R. Vernon) 將之分為哪三個主要階段?威爾斯 (L. J. Wells) 將之分為哪四個階段?

㈣工業產品在國際間之貿易情況不同於初級品，根據史特夫・林德 (S. B. Linden)，偏好相似理論之要點有哪些?

㈤國際間同一產業之商品製造分工有哪三大類? 產業內貿易指數如何計算?

㈥沙烏地阿拉伯之出口石油、南非出口黃金、中南美洲出口咖啡之貿易可以用哪一種貿易理論解釋?

㈦為何規模報酬遞增理論解釋小國的貿易行為更明顯?

㈧開發中國家若僅以農產品之出口來帶動經濟成長將面臨何種問題? 應如何解決其困境?

㈨試由李斯特 (F. List) 之角度來看人類經濟活動，可將經濟成長分為哪五個階段?羅斯托 (W. W. Rostow) 由動態變化程度不同，可將經濟成長區分為哪五大階段? 請說明之。

8 經濟成長與國際貿易

8.1 經濟成長的意義

經濟成長是世界各國共同追求的目標，促使經濟成長的主要生產要素為土地、勞動、資本、企業家精神搭配技術的進步。但欲達到經濟持續成長，則除了政治清明、治安良好、社會穩定、人民就業外，更需要有廣大的市場消費，使生產的產品有銷路，才能使產業之產能充分運作、達到經濟規模，而國際貿易就提供了廣大的潛在市場；加上現今世界交通運輸便捷，商品及勞務每天在國際間順暢地流通，促進了各貿易國家之經濟成長；所以英國學者羅勃森 (D. H. Robertson) 指出：「國際貿易是經濟成長的引擎 (engine of growth)」確實合乎實情，既然國際貿易對經濟成長十分重要，本章將討論經濟成長與國際貿易間之關係。

衡量一個國家在某一年度內之經貿活動成就最常用的標竿為國民生產毛額（gross national products，簡稱 GNP），亦即國民總生產，其經濟學上之定義為：某一國之全體國民在一定期間內所生產之全部最終商品及勞務 (final goods and services) 的名目市價總值 (nominal market value)。但因為本國國民有人長年僑居他鄉；而本國領土上又可能常有外國人在本地工作，因此為了資料收集之便利並符合實際生產之狀況，近年亦有以「居民」取代國民來衡量一國之經貿成就，換句話說，即改以「居住於某特定國家或地區境內之全體居民」在該年度所生產出來之所有最終商品和勞務之名目市價總值作為年度經貿成就之衡量標準，一般稱之為國內生產毛額（gross domestic products，簡稱 GDP)。根據經濟學原理，GDP 有以下三種估算方法：

㈠最終財貨法

設某特定國家（或地區）全體居民在某一年度（假設為第 t 年）生產之最終財貨有 n 個，即 $X_1, X_2, X_3, \cdots, X_n$，而各財貨之價格分別為 $P_1, P_2, P_3, \cdots, P_n$，各財貨之數量分別為 $Q_1, Q_2, Q_3, \cdots, Q_n$，則該年度之國民總生產 Y_t 為

$$Y_t = GDP_t = P_1Q_1 + P_2Q_2 + P_3Q_3 + \cdots + P_nQ_n = \sum_{i=1}^{n} P_iQ_i$$

㈡要素所得法

設某特定國家（或地區）在某一年度（假設為第 t 年），全體居民之要素所得總額分別有工資 (W)、土地或房屋之租金 (R)、利息收入 (I)、營業利潤收入 (π)、加上支付政府之企業間接稅 (net indirect tax, IDT_n)，及廠商攤提部分生財器具之折舊 (D)，則該年度之國民總生產 Y_t 為

$$Y_t = GDP_t = W + R + I + \pi + D + IDT_n$$

㈢支出面法

設某特定國家（或地區）全體居民，在某一特定年度（第 t 年）之民間消費支出總值為 C，民間投資總值為 I，政府該年度之總支出額為 G，出口總值為 X，進口總值為 M，則該年度該國（或地區）之國民總生產 (Y_t) 為

$$Y_t = GDP_t = C + I + G + X - M$$

本書為求講解之方便，以下採用支出面法來衡量 GDP 之值。同時我們必

須留意不論是 GNP 或 GDP 均是以當年之名目市價計值，因此若要比較多年 GDP 之表現時，就必須扣除掉不同年度之物價上漲的影響再來比較，才能知道真正各該年度實質生產有否增加。所以先決定以某一年度作為基期年 (base year)，計算得知其他各年度購買同一批商品所須支付之價值，並除以基期年同批商品所須支付之價值，即為計算期之物價水準（一般稱為消費者物價指數或國民生產毛額平減指數）後，將各年度之名目 GDP 分別用各年度以基期年物價為準之物價水準平減後，可以得到各年度之實質國民總生產 (real GDP)，亦即

$$\text{實質 GDP} = \frac{\text{名目 GDP}}{\text{物價水準}}$$

根據上式所得到之實質 GDP，可以用來作為計算經濟成長率之用。至於經濟成長現象又該如何描述呢?

如果依照國民所得之父——即美國經濟學家顧志耐 (Simon Kuznet, 1901～1985) 所描述之經濟成長為：一國之經濟成長，是該國提供人民更多數量或更多種類經濟財貨的能力，且在長期間能夠不斷地持續增長；這種能力之增長，是出於技術的進步和相關制度及觀念上的調整而造成的。根據顧志耐以上的說法，我們可以引伸：經濟成長是源自於勞動（labor，以 L 來代表）或資本（capital，以 K 來代表）生產力之提高，配合技術（technology，以 T 來代表）隨著時間而進步，可以促使經濟成長，若用函數來表達即國民總產出 (Y) 為勞動 (L)、資本 (K) 和技術 (T) 的函數，亦即 $Y = f(L, K, T)$。所以研究經濟成長理論之內容往往由勞動、資本、技術三方面之進步著手。首先說明如何計算經濟成長率。

8.2 經濟成長率之衡量

經濟成長率通常是指一國實質總產出之年增率，或是平均每人實質國民所得 (per capita real GDP) 之年增率。相關之計算方式如下：

㈠一國實質總產出之年增率

如前所述，一國之實質總產出 (real GDP)，是以物價指數作平減後，以基期年固定物價計算的產出值，可用來計算經濟成長率 (g)。

$$g = \frac{Y_t - Y_{t-1}}{Y_{t-1}} \times 100\%$$

其中

Y_t 為第 t 年之實質總產出

Y_{t-1} 為第 t 年之前一年（即 $t-1$ 年）之實質總產出

㈡一國平均每人實質國民所得之年增率

可先將該年度實質總產出 (Y_t) 除以總人口數得到該國該年度之平均每人實質國民所得 (y_t)。

$$y_t = \frac{Y_t}{N_t}\text{，亦即平均每人實質國民所得} = \frac{\text{實質總產出}}{\text{總人口數}}$$

其中

y_t 為第 t 年之平均每人實質國民所得

Y_t 為第 t 年之實質總產出

N_t 為第 t 年之總人口數

以 g 代表第 t 年平均每人實質國民所得之年增率，

$$g = \frac{y_t - y_{t-1}}{y_{t-1}} \times 100\%$$

其中 y_{t-1} 為第 t 年之前一年（即 $t-1$ 年）之平均每人實質國民所得。

每年各國政府均會事先預估該國之經濟成長率且於事後根據實際之經濟成長率作檢討；但我們若欲比較各個不同國家之經濟成長率時，除了將平均每人實質所得之表現不同作直接之比較外，亦必須注意若單單比較成長率數字之大小會導致比較上之偏差。各國前一年（即 $t-1$ 年）賴以作比較基礎的各國 GDP_{t-1} 本身之大、小數值差異甚大，正如同開汽車增加 10% 之速率，與騎自行車增加 10% 之速率其意義是不太一樣的，也就是在經濟成長率相同時，若前一期之 GDP 總值較大的國家，其經濟成長之總數值也較大。

8.3 進出口貿易乘數

既然國際貿易可以擴大本國產業之行銷市場和經濟規模，那麼本國之實質總產出又是如何透過國際貿易而擴大呢？為何各國政府均熱切希望該國對外貿易是順差（出口值 > 進口值）而避免貿易逆差（進口值 > 出口值）呢？我們可以從國民總產出之決定式看出：因為出口增加、投資增加或者政府支出用於基礎建設而增加時，均能使國民總產出增加，並且該項總支出的增加具有乘數效果。根據國民總產出 (Y) 之支出面計算方法：

$$Y = C + I + G + X - M$$

假設其模型的各項支出值如下：

消費支出函數為 $C = c_0 + cY$

投資支出為一常數，即 $I = i_0$

政府支出為一常數，即 $G = g_0$

本年度之出口總值為 $X = x_0$

進口函數為 $M = m_0 + mY$

其中消費函數中 c_0 為自發性消費，為維持生存所必需之消費。而 c = 邊際消費傾向 (marginal propensity to consume) = $\frac{\Delta C}{\Delta Y}$，亦即當國民所得增加一單位 ($\Delta Y$) 的時候，消費者增加消費 ($\Delta C$) 所占之比例，且 $0 \leq c \leq 1$，即邊際消費傾向之值介於 0 與 1 之間。

為了簡化模型，投資及政府支出均假設其為常數值，不會受國民所得之影響，i_o 代表自發性投資、g_o 代表政府支出；而該年度之出口值為一固定值 (x_o)，但進口函數 (M) 除了原料和民生必需品之自發性進口值 (c_o) 外，尚有誘發性進口部分會受國民所得高低之影響，而其中 m = 邊際進口傾向 (marginal propensity to import) = $\frac{\Delta M}{\Delta Y}$，亦即當國民所得增加一單位 ($\Delta Y$) 的時候，進口值增加 ($\Delta M$) 所占之比例，且 $0 \leq m \leq 1$，即邊際進口傾向之值介於

0 與 1 之間。

由模型可見消費函數 C 為自發性消費 c_o 和誘發性消費 cY 之總和；進口函數 M 為自發性進口值 m_o 和誘發性進口 mY 之總和。為了求得貿易之出口乘數和進口乘數，我們先求均衡所得 Y^*，因均衡之 Y^*（即總產出）會等於當年之總支出，即

$$Y^* = C + E + G + X - M$$

將前述假設模型各項支出值代入上式得

$$Y^* = (c_o + cY^*) + i_o + g_o + x_o - (m_o + mY^*)$$

$$= c_o + cY^* + i_o + g_o + x_o - m_o - mY^* \cdots\cdots (8\text{–}1)$$

將 (8–1) 式之 Y^* 置於等號之左邊可得

$$Y^* - cY^* + mY^* = c_o + i_o + g_o + x_o - m_o$$

$$\text{即 } (1 - c + m)Y^* = c_o + i_o + g_o + x_o - m_o \cdots\cdots (8\text{–}2)$$

上式 (8–2) 等號兩邊各除以 $(1 - c + m)$ 可以得到均衡所得之值，即

$$Y^* = \frac{c_o + i_o + g_o + x_o - m_o}{1 - c + m} \cdots\cdots (8\text{–}3)$$

將上式 (8–3) 對 x_o 作偏微分，可以得到出口乘數為

$$\frac{\partial Y}{\partial x_o} = \frac{1}{1 - c + m}$$

將 (8–3) 式對 m_o 作偏微分，可以得到進口乘數為：

$$\frac{\partial Y}{\partial m_o} = \frac{-1}{1 - c + m}$$

一般而言，由於邊際消費傾向 c 之值和邊際進口傾向 m 之值均小於 1，所以出口乘數和進口乘數之絕對值均大於 1(因為各乘數之分母之 $(1 - c + m)$ 值均小於 1 之故)，但其對國民總產出之影響方向兩者是相反的，由於出口乘數為正值所以出口可以增加國民總產出 (Y)，而進口乘數為負值所以進口會減少國民總產出 (Y)，我們可分別以圖 8.1 及圖 8.2 來加以說明。

圖 8.1

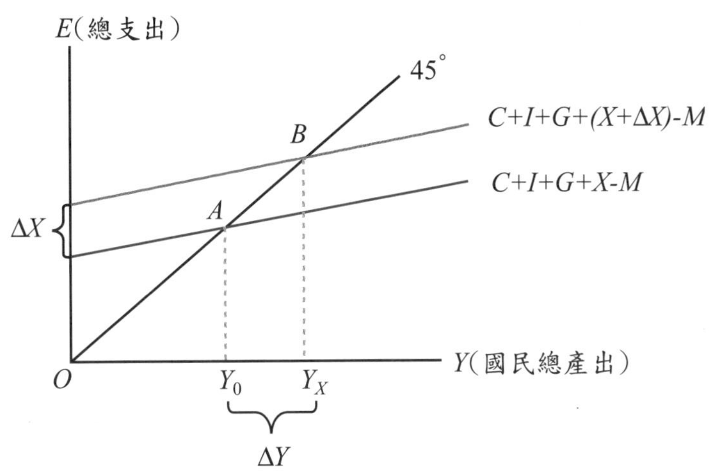

出口值之增加，導致國民總產出增加

在圖 8.1 中，在與國民總產出 (Y) 夾角 45° 之線段和原始總支出 $(C+I+G+X-M)$ 線之交點 A 上所對應之均衡產出值為 Y_o，今若本國之出口值增加 ΔX，將導致總支出線平行上移到 $C+I+G+(X+\Delta X)-M$ 線，而與 45° 線相交於 B 點，B 點所對應之新的均衡產出為 Y_X，而 $Y_X > Y_o$，所增加的國民總產出值為

$$\Delta Y = Y_X - Y_o = \Delta X \cdot \frac{1}{1-c+m} = \Delta X \cdot \text{出口乘數}$$

其中出口乘數為 $\frac{1}{1-c+m} > 1$，故出口量 ΔX 之增加，使得總產出 ΔY 以大於 1 之乘數來倍增，此即為出口之乘數效果；所以各國均希望能增加本國商品之出口，以促進國民總產出之增加。

另一方面，進口值之增加會導致國民總產出之減少，如圖 8.2 所示。

圖 8.2

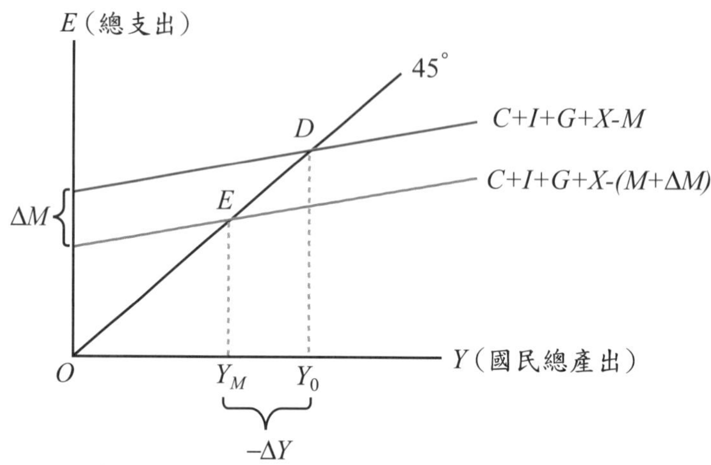

進口值之增加，導致國民總產出減少

在圖 8.2 中，45° 線與原始之總支出線 $C + I + G + X - M$ 之交點為 D，其對應之原均衡產出值為 Y_0。

今若增加自發性進口 ΔM 之進口值，對總產出值 Y_0 發生之變化量為 $\Delta Y = \Delta M \cdot \dfrac{-1}{1 - c + m}$，即總支出線將平行下移至 $C + I + G + X - (M + \Delta M)$ 線，而與 45° 線相交於 E 點，為增加進口後之新均衡點。在 E 點所對應之本國國民總產出則由 Y_0 下降到 Y_M，所以進口值之增加將減少本國之總產出水準。因此各國均對貨品之進口增加不敢掉以輕心，除非是機械設備、生財器具之進口外，對於由國外大量急劇增加之消費財的進口或國外以低於正常價格傾銷貨品到本國，或有受外國政府補貼之進口貨品而影響到本國同質產業之發展者，各國均分別祭之以反傾銷稅或平衡稅之處罰，這也是參加世界貿易組織 (WTO) 各會員國之間宜避免傾銷行為或補貼行為的原因。

8.4 經濟成長之類別

經濟成長是指國民總生產 (Y) 之年增率，或是指平均每人國民所得 (y) 之年增率，其與經濟發展 (economic development) 之觀念有所不同，因為經濟發展是針對全面性之制度、觀念、經濟結構之變化而言，但經濟成長是指該年度所生產出來供使用之最終商品和勞務之總值比去年度總值之增加（或減少）之比率。因此經濟成長為經濟發展之部分結果。有關經濟成長之類型我們可以用生產可能曲線加以說明。

生產可能曲線之定義是指一個經濟體系在一特定之時間內、既有之技術水準下，使用其總數量固定且可互相替代使用之資源（如勞動與資本）來生產兩種財貨（如 X 財及 Y 財）所能生產之最大數量之組合點所形成之軌跡。

圖 8.3

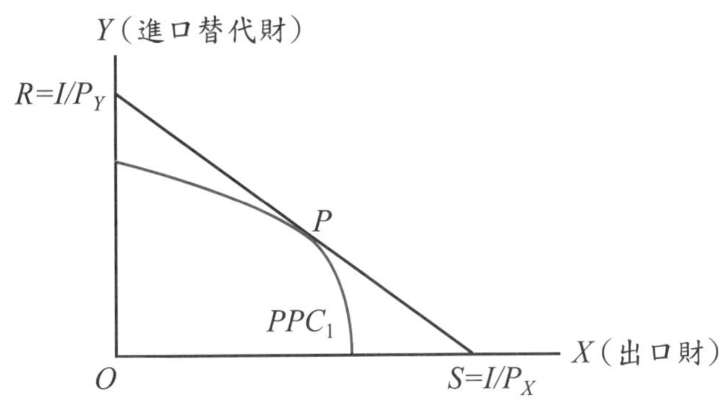

生產可能曲線

如圖 8.3 中，在既定之技術水準下，設本國所有資源 (I) 用來生產出口財 (X) 及進口替代財 (Y) 兩種財貨所能生產之最大數量組合點連接成生產可能曲線為 PPC_1，在 PPC_1 上任何一點均代表：

(一)現有之技術水準 (T)

(二)既定之資源數量（即本國現有之資本 K 和勞動量 L 之數量固定）

只要㈠或㈡相關條件發生改變，就會引起生產可能線發生改變而向外移或內移。

既然生產可能曲線上任何一財貨勞務組合點均是生產效率最高的財貨生產點，到底取哪一點作為實際生產點，則要視生產可能曲線和該國之所得限制線 $I = P_X \cdot X + P_Y \cdot Y$ 相切之切點，才是真正的生產點。正如圖 8.3 中 PPC_1 與所得限制線 RS 相切於 P 點，P 點即為該國之生產點，而此時 X 財對 Y 財之相對價格即為 RS 線之斜率，亦即 $\frac{P_X}{P_Y}$。

此外，當現有之技術水準 (T) 效率增加、或既定之資源 (L, K) 數量增加時，可能會引起生產可能曲線向外移動，即發生經濟成長，其類型有下列三種:

㈠中性成長 (neutral growth)

在圖 8.4 中，設本國資源可以用來生產出口財 X 及進口替代財 (import-substitutes) Y。當兩種財貨之生產均以相同之速度成長時，則生產可能曲線會平行向外移動，由 PPC_1 平行向外移至 PPC_2，稱為中性成長。

圖 8.4

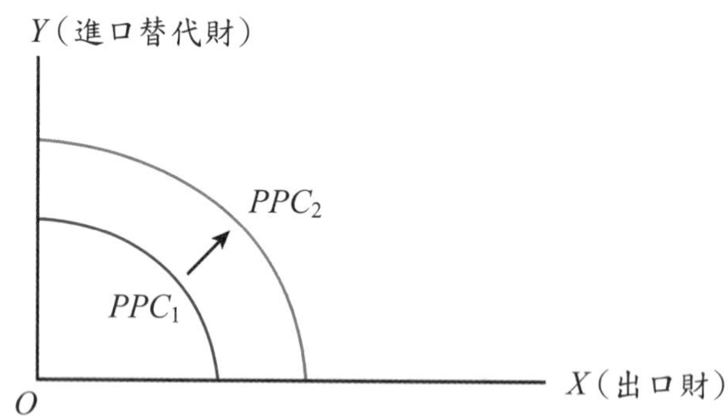

中性之經濟成長

㈡出口財偏向之成長 (export-biased growth)

當出口財（X 財）生產之增加速度超過進口替代財（Y 財）之增加速度

時，則生產可能曲線是以偏向出口財之方向向外移動，如圖 8.5 所示，為出口財偏向之成長。

圖 8.5

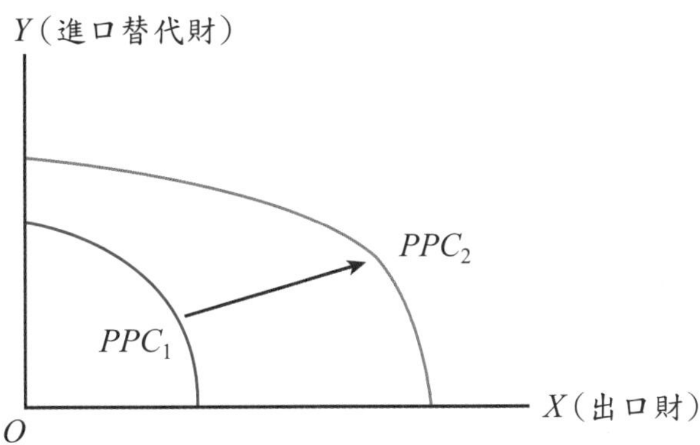

出口財偏向之成長

㈢進口替代財偏向之成長 (import-substitutes-biased growth)

當進口替代財（Y 財）生產增加之速度超過出口財（X 財）增加之速度時，則生產可能曲線是以偏向進口替代財之方向向外移動，如圖 8.6 所示，為進口替代財偏向之成長。

圖 8.6

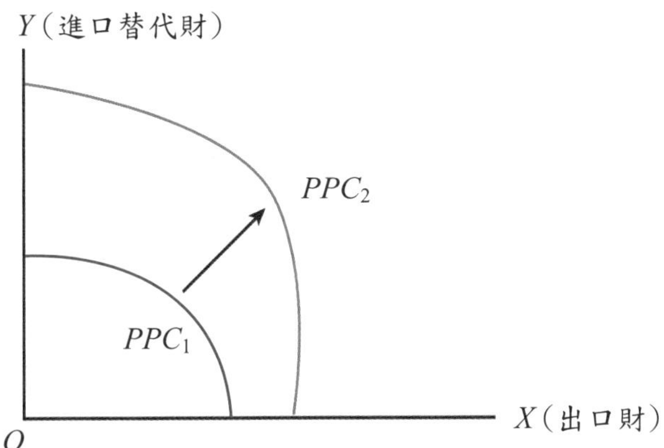

進口替代財偏向成長

8.5 經濟成長之效果

一國之國際貿易餘額 (balance of trade，以下簡稱 BOT) 為該特定年度之出口總值減掉進口總值後之淨額，亦即 BOT = $P_X \cdot X - P_Y \cdot Y$。

其中 P_X、P_Y 分別為出口財、進口財之平均單價，X、Y 則分別為出口財及進口財之數量，而交易條件 $tt = \frac{P_X}{P_Y} = \frac{\text{出口財之單價}}{\text{進口財之單價}}$。

若 BOT > 0，表示出口總值 > 進口總值，即該年度有貿易順差 (trade surplus)；反之，若 BOT < 0，表示出口總值 < 進口總值，即該年度有貿易逆差 (trade deficit)。

㈠經濟成長之生產及貿易餘額效果

經濟成長既可促使產出增加，生產之結構也發生改變，使貿易餘額 (BOT) 亦產生變化，因此我們亦可根據生產結構和貿易餘額之變化，將經濟成長區分為以下五種生產及貿易餘額 (BOT) 效果類型，並以圖 8.7 加以說明。

圖 8.7

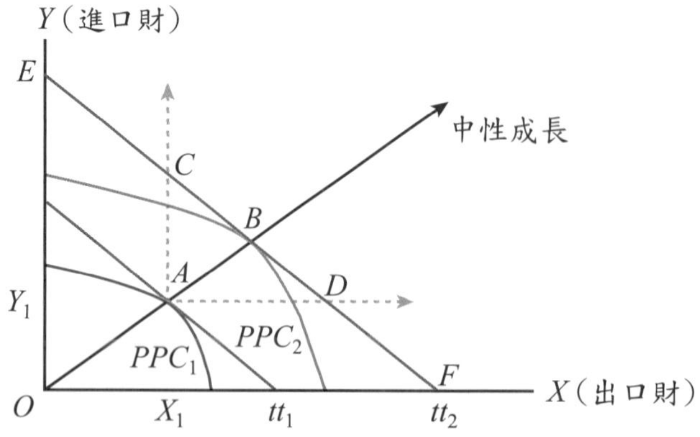

經濟成長對貿易餘額之生產效果

在圖 8.7 中，本國原始之生產可能曲線為 PPC_1，因 X 軸代表出口財之數量，Y 軸代表進口財之數量，所以 tt_1 為原始交易條件，即 $\frac{P_X}{P_Y}=\frac{\Delta Y}{\Delta X}$ 代表每一單位出口財 X 要以 $\frac{\Delta Y}{\Delta X}$ 單位來交換，tt_1 代表本國所得限制線之斜率亦為 X 財之相對價格。

在 tt_1 之交易條件下，tt_1 與原始生產可能曲線 PPC_1 相切於切點 A，A 點即為原來之實際生產點，在 A 點可生產 OX_1 數量之 X 財（出口財）以及 OY_1 數量之 Y 財（進口財）。

假設經濟成長使生產可能線由 PPC_1 外移增加到 PPC_2，此時畫一條平行於原始交易條件 tt_1 之 X 財相對價格線 tt_2，且 $tt_2 \,//\, tt_1$，而 tt_2 與新生產可能曲線 PPC_2 相切於 B 點，B 點即為新生產點；並由 A 為原點分別向 Y 軸及 X 軸作平行線，各平行於 Y 軸及平行於 X 軸之線分別交 tt_2 於 C 點及 D 點，而 tt_2 則分別與 Y 軸及 X 軸相交於 E 及 F 點。就各不同之生產情形，可將經濟成長分為以下五大類型：

(1)中性成長：原生產均衡點由 PPC_1 上之 A 點移到 PPC_2 上之 B 點，此時因 $tt_2 \,//\, tt_1$ 貿易條件不變，表 X 財及 Y 財均以同比例增加數量，此種經濟成長對生產進出口商品之數量產生中性影響。

(2)順貿易偏向成長：若新生產點落在 B 與 D 之間，表示出口之 X 財增加之速度超過進口之 Y 財增加之速度，使 BOT 呈現貿易順差，為順貿易偏向成長。

(3)超順貿易偏向成長：若新生產點落在 D 與 F 之間，表示出口財 X 數量大幅增加，但進口財之生產量少於原始之 OY_1 數量，使 BOT 有極大幅度之順差，為超順貿易偏向成長。

(4)逆貿易偏向成長：若新生產點落在 B 與 C 之間，表示進口之 Y 財增加之速度超過出口之 X 財增加之速度，使 BOT 呈現逆差，此種成長稱為逆貿易偏向成長。

(5)超逆貿易偏向成長：若新生產點落在 C 與 E 之間，表示進口 Y 財數量大幅增加，但出口之 X 財之生產量小於原始之 OX_1 數量，使 BOT 發生較大幅度之貿易逆差，稱為超逆貿易偏向成長。

㈡經濟成長的消費效果

經濟成長不僅可透過生產出口之 X 財和進口之 Y 財數量之變化而對生產結構及國際貿易餘額發生影響；經濟成長亦可透過國民所得之增加、對進口財需求之變化而產生消費效果。其效果端視本國人民對進口財需求之所得彈性 (η) 而定。

根據經濟學，需求之所得彈性之定義為

$$\eta = \frac{\text{數量變化之百分比}}{\text{所得變化之百分比}} = \frac{\Delta Q / Q}{\Delta I / I} = \frac{I}{Q} \times \frac{\Delta Q}{\Delta I}$$

其中

Q 為財貨之數量

ΔQ為數量之增加量

I 為國民所得

ΔI 為國民所得之增加量

⑴若本國人民對進口財之所得彈性 $\eta > 1$ 時，則當經濟成長使所得增加時，對進口之需求量增加之幅度大，會增加對 Y 財之進口量，進口財之消費增加對 BOT 不利，為逆貿易偏向成長。

⑵若本國人民對進口財之所得彈性 $\eta = 1$ 時，則當經濟成長時所得增加之幅度與對 Y 財進口增加之幅度一樣大，為消費之中性成長。

⑶若本國人民對進口財之所得彈性 $\eta < 1$ 時，則當經濟成長使所得增加時，對進口財增加消費之幅度小，對 BOT 有利，為順貿易偏向成長。

綜上所述，經濟成長均能透過所得之增加而增加對進口貨品之消費，其對貿易餘額 (BOT) 之影響則視本國人民對進口財之所得彈性 (η) 之大小而定。

8.6 經濟成長之主因——技術進步

技術進步為經濟成長的主因，對經濟成長有直接的關係：技術進步將使我們能夠以較少的生產要素來生產同等數量之商品，或使用原來相同數量之生產要素可以製造比原先更多數量之商品。我們可以用等產量曲線和等成本線來說明技術進步之三大類型如下：

㈠中性技術進步 (neutral technical progress)

假設 X 產品使用勞力 (L) 及資本 (K) 來生產；在要素價格不變之假設下，中性技術進步指的是在製造時使用之資本和勞動作同比例之減少而可生產原數量之商品。

圖 8.8

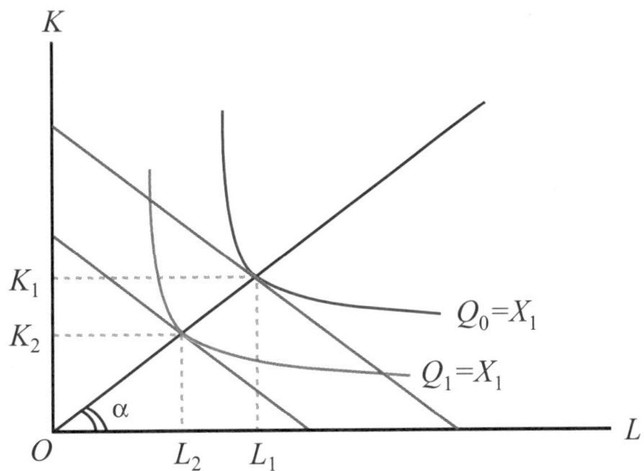

中性技術進步

在圖 8.8 中，原等產量為 $Q_0 = X_1$ 時使用 (K_1, L_1) 數量之資本、勞動組合而製造。今因技術進步，為生產 $Q_1 = X_1$ 同等產量時，等產量曲線往內移，表示使用較少之資本量 K_2 和勞動量 L_2，但要素使用比率 $(\frac{K}{L})$ 維持相同比率，

即 $\tan\alpha = \frac{K_2}{L_2} = \frac{K_1}{L_1}$。

㈡勞動節省型技術進步 (labor-saving technical progress)

是指在要素價格不變之假設下，若使用相同之資本搭配較少之勞動力即能生產相同數量之產品。

圖 8.9

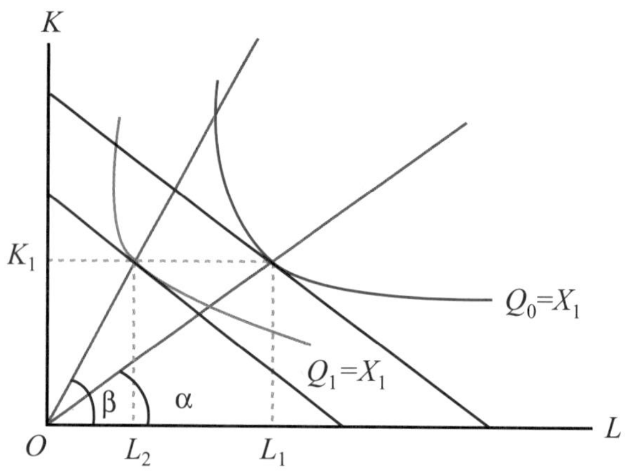

勞動節省型技術進步

在圖 8.9 中，原產量為 $Q_0 = X_1$ 時，採用 $\tan\alpha = \frac{K_1}{L_1}$ 之方式生產，現因技術進步、生產同樣數量 $Q_1 = X_1$ 時，採用較少之勞動力 L_2 搭配原資本量 K_1 生產，即 $\tan\beta = \frac{K_1}{L_2}$，因 $L_2 < L_1$，即節省了勞動力，而生產方式 $\frac{K_1}{L_2} > \frac{K_1}{L_1}$，因勞動之邊際生產力之提高超過了資本，所以只須較少之勞動力搭配可得同等數量之商品，為勞動節省型之技術進步。

㈢資本節省型技術進步 (capital-saving technical progress)

是指在要素價格不變之假設下，若使用相同之勞動力只須搭配較少之資本，即能生產相同數量之產品。

圖 8.10

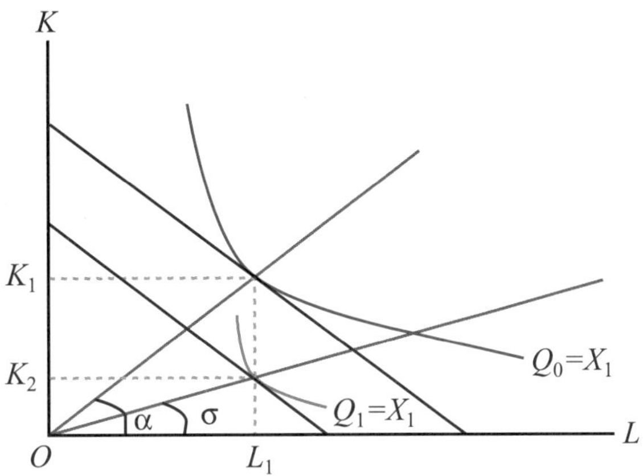

資本節省型技術進步

在圖 8.10 中，原產量為 $Q_0 = X_1$ 時，原採用 $\frac{K_1}{L_1}$ 之方式生產，現因技術進步、生產同樣數量 $Q_1 = X_1$ 時，採用較少之資本 K_2 搭配原數量之 L_1 生產，即以 $\frac{K_2}{L_1}$ 方式生產，而 $\frac{K_2}{L_1} < \frac{K_1}{L_1}$，故資本之邊際生產力之提高超過勞動，所以只須較少之資本來搭配原勞動量來生產，可得到相同之產量，為資本節省型之技術進步。

8.7 貿易條件惡化——不利成長 (immiserizing growth)

大部分之經濟成長可增進一國之福利，但是若該國之經濟成長造成其貿易條件極度惡化 (例如低於成本的流血外銷)，亦有可能會使其社會福利水準降低，稱之為不利成長。

貿易條件通常是指輸出財和輸入財之相對價格，若本國輸出 X 財、數量為 X_1，而平均 X 財之出口單價為 P_X，本國輸入 Y 財、數量為 Y_1，其平均進

口單價為 P_Y，則貿易條件為 $tt = \frac{P_X}{P_Y} = \frac{Y_1}{X_1}$，換成口語之說法：即本國交易條件即為輸出財（相對於輸入財）之相對價格，也可用來表示每單位輸出財 (X_1) 可以交換輸入財 (Y_1) 多少單位；若交易條件愈高，表示本國輸出財之相對價格愈高，本國出口廠商之利潤也愈高，使本國社會福利水準增加；反之亦然。

至於財貨之價格對社會福利之影響，主要是透過總收益之變化而來；而外國對本國輸出財需求的價格彈性之大小，又會影響總收益。

圖 8.11

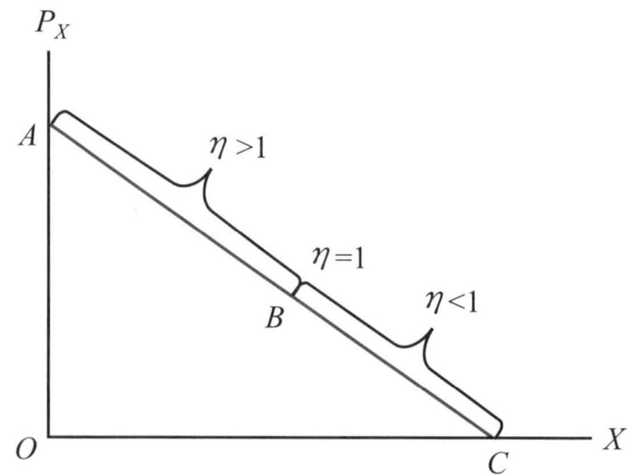

外國對本國輸出財之需求曲線

在圖 8.11 中，ABC 線係為外國對本國輸出財 (X) 之需求曲線，其中 $\overline{AB}$ 代表高價位時 X 財需求之價格彈性大 ($\eta > 1$)；在 B 點時 $\eta = 1$；而 $\overline{BC}$ 線段代表 X 財在低價位時，外國對 X 財需求之價格彈性小 ($\eta < 1$)。而總收益（total revenue，用 TR 代表）為輸出財之單價 (P_X) 乘以輸出財之輸出量 (X)，即 $TR = P_X \cdot X$。

在需求之價格彈性大 ($\eta > 1$) 的階段，若 X 財之相對價格降低 $r\%$，則會引起輸出財數量增加超過 $r\%$，使輸出之總收益上升，即所得增加，社會福利水準上升。

在需求之價格彈性等於 1 ($\eta = 1$) 時，若 X 財之相對價格降低 $r\%$，會引起輸出財數量正好也增加 $r\%$，故總收益不變，社會福利不變。

但是，在需求之價格彈性小，如在 $\overline{BC}$ $(\eta < 1)$ 的階段，若 X 財之相對價格降低 $r\%$，只會引起輸出財數量小幅度增加，輸出數量增加率低於 $r\%$，此時低價出口反而減少總收益，即總所得反而減少，使社會福利水準下降，此為不利成長之原因。

至於國際交易之價格條件之決定則視兩國之提供曲線之位置而定。本國出口 X 財，由外國進口 Y 財，X 財之相對價格取決於兩國之提供曲線之交點和原點之連線之斜率，如圖 8.12 所示。

圖 8.12

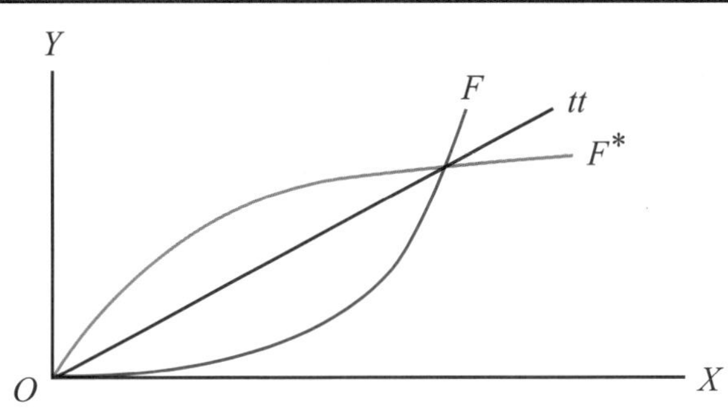

兩國提供曲線和交易條件之關係

在圖 8.12 中，本國貿易之提供曲線為 OF，而外國貿易提供曲線為 OF^*，兩國提供曲線之交點和原點之連線 tt 即為兩國之交易條件，對本國出口 X 財而言，tt 線之斜率代表 X 財之相對價格，斜率愈陡，表示出口財 X 之價格高，即 P_X 相對價格愈高，貿易條件對本國出口愈有利；反之亦然。

如前所述，經濟成長會使本國產出持續增加，使本國提供曲線向外移動。

圖 8.13 中，外國之提供曲線為 OF^*，本國之提供曲線 OF 會隨著經濟成長而增加出口 X 財或增加進口替代財 Y 財而有超逆、逆、中性、順、超順時之不同之貿易提供曲線，其各自與外國提供曲線 OF^* 之交點（如 A、B、C、D、E、F 點）和原點作連線，可以求得不同之交易條件，在超逆貿易偏向成長時之交易條件 tt_1（即 OA 之連線）為斜率最大，即出口財 P_X 相對價格最高

圖 8.13

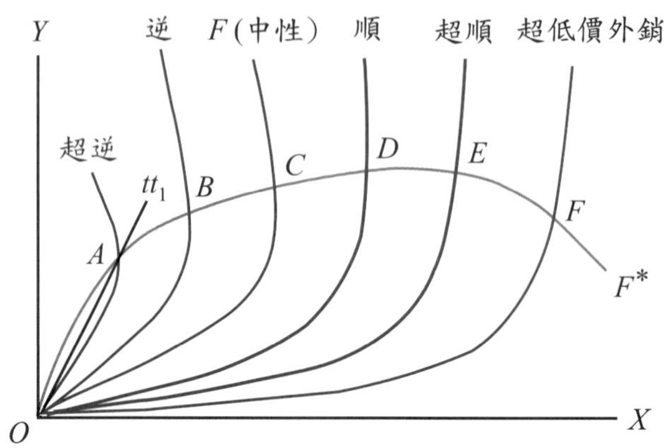

不利成長時（F 點）本國交易條件惡化

時，交易條件最高；但隨著經濟不斷成長，出口持續擴大，貿易餘額也逐漸增加時，交易條件即由 $OA \to OB \to OC \to OD \to OE$ 逐漸惡化，但因在外國對本國輸出財需求之價格彈性大於 1 或等於 1 之階段，雖 X 財降價，貿易餘額 BOT 尚可有增加，但經濟成長若使貿易條件過度惡化，而到達輸出財需求之價格彈性小於 1 的階段，這種超低價外銷，反而對貿易餘額 (BOT) 有損，雖產出增加但低價卻使總收益下降，所得減少，本國之福利水準反而較成長前下降，而產生「不利成長」，如圖 8.13 中之 F 點，因 OF 之連線斜率小，表示交易條件過度惡化，產出增加但以超低價外銷、出口廠商大量製造出口，卻無利潤可圖、甚至賠本出售，使本國福利水準下降，此種經濟成長為不利成長。

㈠有關「經濟成長現象」，請以美國經濟學家顧志耐 (Simon Kuznet) 之一句話作重點描述。

㈡如何衡量經濟成長率？其公式為何？

㈢以出口乘數和進口乘數說明為何增加出口對經濟成長有利？又增加進口對經濟成長一定不利嗎？何種商品或原料之進口有利於經濟成長？

㈣以生產可能曲線配合解釋：一國因技術進步所引起的三種經濟成長類型。

㈤經濟成長可增加對進口財之消費數量，請說明經濟成長之三種消費效果。

㈥以等產量線配合解釋哪三種技術進步類型會引起經濟成長？

㈦解釋「不利成長」之意義。

第四篇

貿易政策及效果

9 國際貿易之價格政策

各國原有其不同之天然稟賦和技術水準，在自由貿易之前提下，各自依照經濟發展之不同階段，配合市場之特性和消費大眾之偏好，分別從事新產品、新技術之研發，輸出本地有剩餘而他國有需要之商品，以充分利用產能，擴大運用經濟規模，將使世界經濟福利達到柏拉圖最適境界，符合充分就業時人盡其才、地盡其利、物盡其用、貨暢其流之極致要求。

然而在現實生活中，由於地理位置、環境因素、種族、語言、文化、民族性、和偏好程度等差異，自由貿易只是各國追求的理想，並非唾手可得，因為當今世界上任何一個國家對於本國之貿易政策都有或多或少的政治干預，而政府對外貿易之干預，通常是為了達到各種不同的目的，有的是為了保護本國之產業和提升人民之就業水準；有的是為了矯正市場機能之不完全性；有的是為了維護國際貿易之公平性；有的是為了尋求國防之安全或關稅之收入等，不論是基於何種目的，世界貿易的現況是許多國家在世界貿易組織 (World Trade Organization, WTO) 所倡導之自由、公平、互惠、透明化之原則下，紛紛努力地依照入會 WTO 時之雙邊或多邊談判所達成之協議及承諾，逐步減除各項關稅或非關稅之貿易障礙，朝向自由化之道路邁進中，只是受限於人口之膨脹、資源之有限、地理位置不同、歷史文化之差異、種族之習性等，自由貿易的理想和現實間仍有很大的差距。

在全球性貿易自由化尚屬遙遠、區域性經濟整合風潮方興未艾之際，我們宜就各項既存之貿易政策進行瞭解，才能洞燭機先。本章是以商品市場處於完全競爭的情況下討論國際貿易政策中影響價格的各種政策，下一章則是探討影響數量的貿易政策，以便知曉各項政策之良窳和效果，進一步得悉世界貿易之全貌。

在完全競爭市場之情況下，商品具有同質性，國內、國外廠商之數目眾多、市場資訊靈活，廠商進入或退出市場均十分容易，因此由產業整體的供給和需求決定了市場之價格後，個別廠商是價格之接受者，無法影響市場價格。如果由國際整體市場之角度來看，國際市場有大國和小國之分，雖然在完全競爭市場之情況下，小國廠商及產業完全無法影響國際市價，所以小國廠商及產業均是國際價格之接受者；但是大國廠商及產業挾其買方龐大的購買力或賣方驚人的供應力，具有討價還價的議價空間，所以大國可以影響國際商品之價格。因此，本章以下之分析，是從小國和大國的角度分別說明之。

9.1 關　稅

關稅 (tariffs, customs duties) 為影響商品價格中最具代表性的貿易政策。關稅本為早期封建時代統治者和王公貴戚或封建諸侯以取得財政收入為目的而徵收之稅目之一，通稱為財政關稅。若以關稅之課徵方式不同，可以分為下列三種類型：

⑴從價關稅 (advalorem tariff)

是按所進口商品之總價值課徵某一百分比之稅率，例如 10% 稅率。

⑵從量關稅 (specific tariff)

對所進口商品之每一單位數量課徵一固定金額（如 t 元）之關稅。

⑶混合關稅 (the combined tariff)

將從價關稅及從量關稅混合使用之稅制。

9.2 關稅之經濟效果

一般而言，課徵關稅會產生保護效果、消費效果、國際收支效果、財稅收入效果以及交易條件效果等五種。

我們可利用部分均衡及一般均衡法按照小國及大國之情形分別討論之。

㈠小國徵收關稅之經濟效果

小國是指該國在國際市場上無法影響商品之價格，所以該國在國際市場上為價格之接受者 (price taker) 而非訂價者 (price maker)。因此對小國而言，國際價格是固定於一定水準，並且以部分均衡分析時，該價格線即為外國之出口供給曲線，是一條與橫軸相平行之直線，正如圖 9.1 中之 P_0F_0 直線，表示國際價格為 P_0，本國接受該價格。

⑴小國關稅之部分均衡分析

部分均衡分析法通常採用一種財貨來作分析，縱座標（Y 軸）為財貨之單價，橫座標（X 軸）表該財貨之數量，如圖 9.1 所示。

圖 9.1

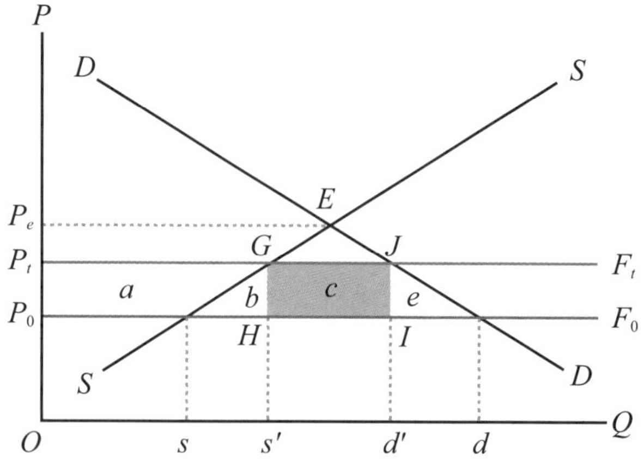

小國關稅之部分均衡分析

在圖 9.1 中，P_0F_0 線表示外國之出口供給曲線，其離原點之距離高度表示一固定之國際價格 P_0。DD 線表示本國對該財貨之總需要曲線；SS 線代表本國國內生產者自行生產的供給曲線。

貿易前，本國之總需要曲線 DD 與本國供給曲線 SS 之交點 E 即為國內均衡點，該點所對應之國內均衡價格為 P_e。今假設國際市場價格為 P_0，而 $P_0 < P_e$，則由於國際價格較本國低廉，可予進口，故 P_0F_0 線係成為外國之出口供給曲線，此時若本國採取自由貿易政策而不課徵任何進口關稅時，貨品進口後因為完全競爭的緣故，使得原國內價格下降成為與進口價相同之 P_0。在售價為 P_0 時，該商品之國內生產量為 Os 單位，國內消費量為 Od 單位，進

口量則為 $Od - Os = sd$ 單位。

但若現在本國對此商品之進口課徵從價稅而稅率為 t% 時，使原國內價格 P_0 加稅後上升變成 $P_t = P_0(1 + t\%)$，由於本國為小國而小國不能影響國際價格，故國際市場價格仍為 P_0，但國內含稅價格則為 P_t，其關稅由本國進口商和消費者共同負擔。

由國內之含稅價格為 P_t，而 P_t 線條與本國供給線之交點得知本國之自製量，由 P_t 線條與需求線之交點得知本國消費之總量，而小國課徵進口關稅之效果如下：

①價格效果：對本國而言，課稅後之國外供給曲線向上移動，成為 F_t，由於關稅全部由本國進口商負擔，故商品之價格上升為 P_t。

②保護效果：課稅後國內自製之生產量由 Os 增加到 Os'，增加了 ss' 單位。此種國內生產量因課徵進口關稅而增加者，稱之為保護效果。

③消費效果：國內之消費量則由 Od 單位減少為 Od' 單位，課稅減少了進口財之消費量共計 dd' 單位，這種國內消費量之減少我們稱之為消費效果。

④國際收支效果：又因國際價格不因關稅之課徵而改變，所以輸入量減少，即由原來之 sd 減為稅後之 $s'd'$，使其輸入總價值減少，表示國際收支餘額獲得改善，此乃國際收支效果。

⑤財政收入效果：關稅總收入恰好等於每單位關稅額乘以進口量，即 $t \times s'd'$，即為矩形 $GHIJ$ 之面積，此乃財政收入效果。

⑥社會福利效果：課徵關稅以後，外國之輸出供給曲線上移動為 F_t，消費者剩餘減少了 $(a + b + c + e)$ 之面積，但生產者剩餘卻增加了 a，又其中 c 為政府部門之關稅收入，故實際課徵關稅之結果淨損失為 $(b + e)$ 之面積，其中 e 之部分代表消費者因價格提高，減少了 dd' 單位之消費所造成之損失，而 b 的部分可視為生產效率之損失，因原由國外生產的成本較低，現改由本國增多生產而多出 b 的部分，即意味著生產效率之損失，所以社會福利總損失為 $(b + e)$，稱之為無謂損失 (dead weight loss)。

此外，又因本國為小國，以致課徵關稅無法影響交易條件，所以沒有交易條件效果。

如果關稅稅率過高，高到使進口量等於零時，則該關稅稅率我們稱之為禁止性關稅稅率 (prohibitive tariff rate)。例如圖 9.1 中，國內原始均衡價為 P_e。現若有一稅率 $W\%$，使得 $P_e = P_0(1 + W\%)$ 時，即課徵 $W\%$ 之稅使售價等於未出口前之原始均衡價 (P_e) 的話，則此稅率 $W\%$ 即為禁止性關稅稅率，因為若關稅高到 $W\%$ 時，將使國內之自給自足之均衡物價 (P_e) 與進口之價格 $P_0(1 + W\%)$ 完全相等，本國就可單獨生產而自給自足，沒有進口之必要了。

⑵小國關稅之一般均衡分析

假設本國為小國，出口 X 財，進口 Y 財，而圖 9.2 中 TT 為本國之生產可能曲線，而 P_0^* 為本國無進口稅時 X 財對 Y 財之國際價格線，即 $P_0^* = (\frac{P_X}{P_Y})^*$。$P_0^*$ 切本國之生產可能線於 P 點，故本國之生產點為 P，本國之消費點為 C，因國際價格線 P_0^* 在點 C 可切到一條社會無異曲線 U_0，而原無稅時貿易三角形為 $\triangle PCR$，即本國以 PR 數量之 X 財出口來交換 CR 數量之 Y 財進口。

圖 9.2

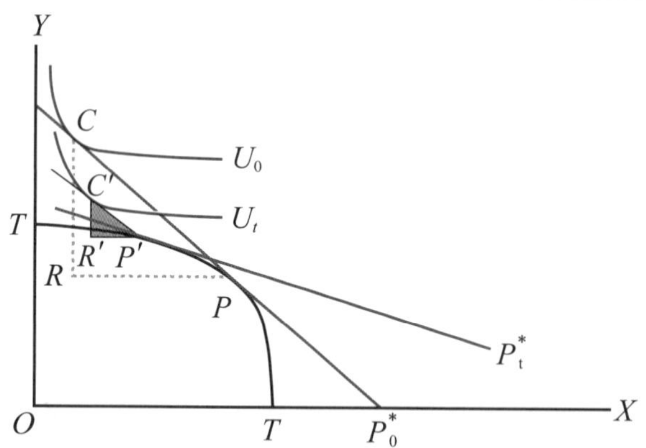

小國關稅之一般均衡分析

設 X 財及 Y 財之國內價格分別為 P_X，P_Y；而國際價格分別為 P_X^* 及 P_Y^*。今本國對 Y 財之進口課稅 $t\%$，而本國為小國無法影響 Y 財之國際價格，對國內消費者而言，對 Y 財課徵進口稅使得 X 財、Y 財之相對價格發生了改變，

即 Y 財因有課稅而相對昂貴了，使 X 財對 Y 財之相對價格線變為 P_t^*。

至於 X 財對 Y 財之相對價格則因 Y 財須付稅而改變斜率，可以用數學式分析如下：

在自由貿易而無關稅時，X 財及 Y 財之國內價格分別等於其國際價格，國際價格均以 " * " 標示。

所以可知未對 Y 財課徵進口稅前，

$$P_X = P_X^* \cdots\cdots (9\text{–}1)$$

$$P_Y = P_Y^* \cdots\cdots (9\text{–}2)$$

兩財之相對價格比也相等，即 $P_0^* = (\frac{P_X}{P_Y}) = (\frac{P_X^*}{P_Y^*})$，代表未課進口稅前，原國內 X 財對 Y 財之相對價格與國際相對價格相等。現對 Y 財進口課徵 $t\%$ 之稅，而形成 Y 財之新國內價格為 P'_Y。

$$P_X = P_X^* \cdots\cdots (9\text{–}3)$$

$$P'_Y = P_Y^*(1 + t\%) \cdots\cdots (9\text{–}4)$$

因小國雖對 Y 財進口課稅，但仍無法改變 Y 財之國際價 P_Y^*，所以 (9–4) 式可化為

$$\frac{P'_Y}{(1 + t\%)} = P_Y^* \cdots\cdots (9\text{–}5)$$

將 (9–3)/(9–5) 得

$$\frac{P_X}{P'_Y}(1 + t\%) = (\frac{P_X^*}{P_Y^*}) \cdots\cdots (9\text{–}6)$$

（因 $\frac{P_X^*}{P_Y^*} = \frac{P_X}{P_Y}$ 稅前原兩財之國際價格比和國內價格比相等，代入 (9–6) 式中）

可得 $\frac{P_X}{P'_Y}(1 + t\%) = \frac{P_X}{P_Y}$

上式兩邊各除以 $(1 + t\%)$ 得

$$\frac{P_X}{P'_Y} = \frac{P_X}{P_Y}/(1 + t\%) \cdots\cdots (9\text{–}7)$$

由 (9–7) 式中，$t\% > 0$，得悉該式之分母 $(1 + t\%) > 0$，所以

$$\frac{P_X}{P'_Y} < \frac{P_X}{P_Y} \quad \cdots\cdots (9\text{–}8)$$

(9–8) 式代表 Y 財課徵進口稅後，國內 X 財之相對價格 $(\frac{P_X}{P'_Y})$ 比稅前原相對價格 $(\frac{P_X}{P_Y})$ 來得低廉，也就是在國內市場上，X 財之相對價格比自由貿易時下跌。故圖 9.2 中對 Y 財課稅後，X 財之新相對價格線 (P_t^*) 之斜率應比對 Y 財課稅前之相對價格線 (P_0^*) 來得平坦（因 X 財相對價格下跌了），而新相對價格線 P_t^* 會切本國生產可能線 TT 於 P' 點，此 P' 點為新的生產點。過 P' 點作一與原國際相對價 P_0^* 相平行之平行線 $P'C' \mathbin{//} P_0^*$（因國際價未變），而 $P'C'$ 切於一條較低之社會無異曲線 U_t 於 C' 點，此 C' 點即為新消費點，而新的貿易三角形縮小成為 $\triangle P'C'R'$。

經由小國關稅一般均衡之分析，得到關稅之效果如下：

①福利效果：社會整體之福利水準下降，由社會無差異水準 U_0 下降到 U_t。

②保護效果：Y 財因被課稅，故進口量由原自由貿易時之 CR 單位減少為 $C'R'$ 單位，而國內自製之 Y 財增加。

③消費效果：消費點由 C 點下降到 C' 點，Y 財之消費量減少。

④所得重分配效果：X 財和 Y 財之相對價格改變，課稅使進口財 Y 之國內相對價格上升，而出口財 X 之相對價格下跌，所得將重分配。

㈡大國關稅之經濟分析

大國對國際價格有獨占或有相當之影響力量，使得其需求曲線不再為水平線，而成為由左向右斜向下方傾斜之需求曲線，正如圖 9.3 中的 DD 線，這種需求曲線代表在商品價格上升時，需求量將減少；而商品價格下跌時，需求量將增加。

同理，在供給曲線方面，國際市場之供給是隨著國際價格上升而增加，反之亦然，故由外國進口到本國之供給曲線成為由左向右隨著價格上升而正方向變動之供給線。以下將分別以部分均衡分析及一般均衡分析來解說大國

課徵關稅之經濟效果。

(1)大國關稅之部分均衡分析

圖 9.3

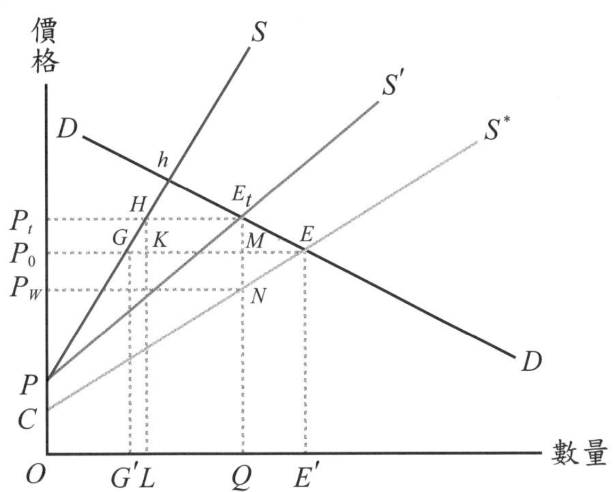

大國關稅之部分均衡分析

如圖 9.3 中 DD 線代表對某一商品之國內需要曲線，PS 線為國內對該財之國內供給曲線，而另一方面 CS^* 線乃是國內供給與外國供給相加所得之總供給曲線。

當實行自由貿易，允許該商品自由地由國外免稅進口國內時，該商品在國內市場之均衡點為需要曲線 DD 與總供給曲線 CS^* 之交點 E，此時國內價格水準為 P_0，消費量為 OE' 單位，國內生產為 OG' 單位，而輸入量為 $G'E'$ 單位。此時消費者剩餘為 $\triangle P_0DE$，國內生產者剩餘為 $\triangle P_0GP$。

現在政府對該商品之進口課徵從價稅 $t\%$ 時，國內價格與國外價格之間發生差異，而有以下之關係：

即國內價等於國際價乘上 $(1+t\%)$，亦即 $P=P^*+t\%P^*=(1+t\%)P^*$，其中 P 為國內價而 P^* 為國外價。新的含稅之總供給曲線變為 PS' 曲線，而該商品之國內市場均衡點由 E 點上升變為 E_t 點使國內價格由 P_0 上升為 P_t 水準，

在 E_t 點之國際價格由原自由貿易時之 P_0 水準下降為 P_W 水準。

在國內價上漲到 P_t 以後，消費者剩餘變為 $\triangle DP_tE_t$，比原自由貿易時少了⏢$P_tE_tEP_0$ 之區域。

另一方面，生產者剩餘由 $\triangle P_0GP$ 擴大為 $\triangle P_tHP$，淨減少之消費者剩餘為 △HGK 及 $\triangle E_t$ME。但因大國之本國交易條件改善，故最後視實際二方面作用力大小而決定社會福利是否增加，若本國交易條件改善後能彌補消費者剩餘之無謂損失，則對社會福利有增加，反之亦然。

⑵大國關稅之一般均衡分析

圖 9.4 中，設大國出口 *X* 財，進口 *Y* 財。*OH* 為大國之貿易提供曲線，*OF* 為外國之貿易提供曲線，二提供曲線之交點 *E* 為均衡點，此時國際交易條件為 *Ot* 線之斜率。課徵進口關稅使原交易條件下，貿易量減少，故大國對 *Y* 財課稅，提供曲線 *OH* 向原點收縮成 *OH′*。對進口 *Y* 財課稅結果，若在對方國家不報復之情況下，交易條件可獲改善至 *Ot′*，而新貿易提供曲線為 *OH′* 時，*OH′* 與 *OF* 之均衡交點為 *G* 點。所以課徵 *Y* 財進口稅後本國出口條件也由 *Ot* 改善為 *Ot′*，雖然貿易條件改善，但貿易量卻比以前減少。一般而言，貿易量減少通常會使該國之福利減少，所以小國課徵關稅必使其福利減少，但對大國而言，雖貿易量減少會使得該國之福利水準降低，但交易條件之改善卻使該國之福利水準提高，因此，大國課徵關稅之結果，福利水準是否增加，端視此二力量之淨效果而定。

㈢莫斯勒矛盾 (Metzler's paradox)：

課徵關稅之目的之一是為了保護本國國內之輸入品之替代（競爭）產業。但是輸入財之國內價格必須透過關稅提高，才能達到保護本國產業之效果。

但因課徵進口稅會使大國之交易條件改善，故不保證國內售價一定會提高。如果課稅之結果，輸入財之國內價格反比以前下降，則不但沒有保護到本國產業，本國產業反而受害。

至於大國課徵進口稅是否能保護本國產業，其關鍵在於國外提供曲線彈性值之大小而定。如果國外提供曲線之價格彈性值大於 1 時，可以提高輸入財之國內價格，才能達到保護本國產業之效果，但如果國外提供曲線之價格

圖 9.4

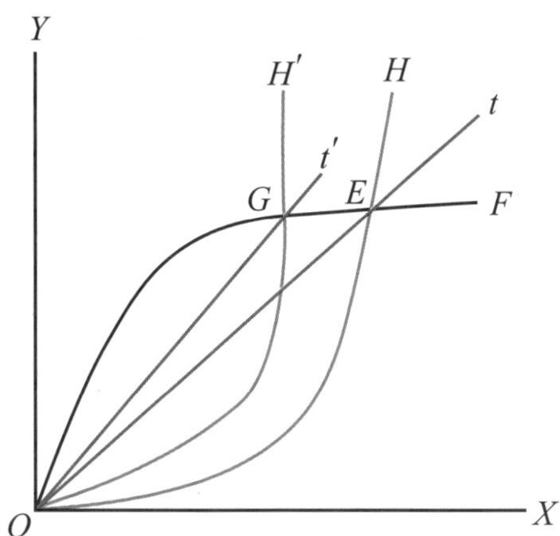

大國關稅之一般均衡分析

彈性值小於 1 時，會產生 Metzler's paradox 的矛盾現象，此時課稅反使輸入財之國內價格反而下降。為保護本國產業、對進口課稅，在國外之提供曲線價格彈性小於 1 時，對進口課稅反而使國內產業因市價下跌而受害，此即為莫斯勒矛盾現象。

9.3 關稅之保護效果

一個國家對進口商品課徵關稅會提高該進口商品之國內售價，有助於國內生產者增加這類商品之生產，達到保護本國產業之目的。但是影響生產者的因素除了商品之價格外，還有原料、人工、半製成品等中間投入品之成本因素，若本國生產廠商須向國外購買原料、半製成品等從事生產或加工，而若政府對某商品以及其原料及半製成品等中間投入品同時課徵關稅時，中間投入品之價格也會上漲，成本上漲，從而抵消了關稅對該產品之保護效果。因此關稅之保護效果不應單純地考慮最終商品之關稅率，同時也應顧及中間投入品進口時之關稅率，才可達到有效的保護政策。

所以我們若僅僅知道名目關稅率之高低，無法衡量出關稅對該產業之保護效果，必須一併考慮課徵於中間投入品關稅率之高低。因此一般學者認為關稅之真正保護效果應由關稅課徵前後進口競爭財附加價值變化之程度來衡量該產業受保護之程度，而稱之為有效保護稅率。

若某一進口競爭產業之有效保護率相對地高，表示其課徵關稅結果，該產業附加價值增加程度相對也高，故產業之生產規模會擴大，而使其所使用之勞動、資本等生產因素之使用量會增加。反之，則生產規模會縮小。其中附加價值指的是該項活動所創造之淨價值，一般以銷售額減去中間投入之價值。

有效保護率之計算公式為

$$r = \frac{t'_i - t_i}{t_i}$$

其中

t_i = 關稅課徵前 i 產業進口競爭財之淨附加價值

t'_i = 關稅課徵後 i 產業進口競爭財之淨附加價值

r = 有效保護率，為關稅所導致附加價值之變化程度。

另一方面，為了減少中間投入成本，在實際世界中，一般國家對於原料品或中間財之關稅率均盡量壓低，但對於一些加工層次較高之成品則盡量提高其關稅率，以保護國內有關產業。這種隨加工層次提高而關稅率也跟著提高之現象，我們稱之為「傾斜關稅」(tariff escalation)。

9.4 最適關稅稅率 (optimum tariff rate)

若關稅稅率太高，使得進口量大減或甚至無貿易時，稱為禁止性關稅，在完全免稅之自由貿易與稅率太高之禁止性關稅兩個極端之間，必有一關稅率能使本國實質所得達到最大，這種關稅稅率，我們稱為最適關稅稅率。

圖 9.5 中設本國出口 X 財、進口 Y 財而外國則反之，OH 為本國之貿易

提供曲線，OF 為外國之貿易提供曲線，當兩國之貿易提供曲線相交於 E_1 點時，表示國際均衡之達成，通過 E_1 點，連接原點之 Ot_1 直線為在 E_1 時之國際交易條件。對本國而言，在此貿易條件下有一貿易無差異曲線 I_1 與之相切，此貿易無異曲線 I_1 代表本國在自由貿易下之實質所得水準。

今若對 Y 財課徵進口關稅，將使本國之貿易提供曲線 OH 向原點收縮，如 OH'，若能找出本國唯一的一組貿易無差異曲線，如 I_1，I_2，I_3 中，I_3 與外國之提供曲線 OF 相切於 E_2 點，而 $I_3 > I_2 > I_1$，此時連接原點與 E_2 點之本國貿易提供曲線為 OH'，則 E_2 均衡點隱含在外國不採關稅報復行動時（因外國提供曲線仍為 OF），本國提高關稅後之貿易提供曲線所能達到的最高實質所得水準 I_3，因此在 OH' 所課徵之進口稅稅率，為最適關稅稅率。

圖 9.5

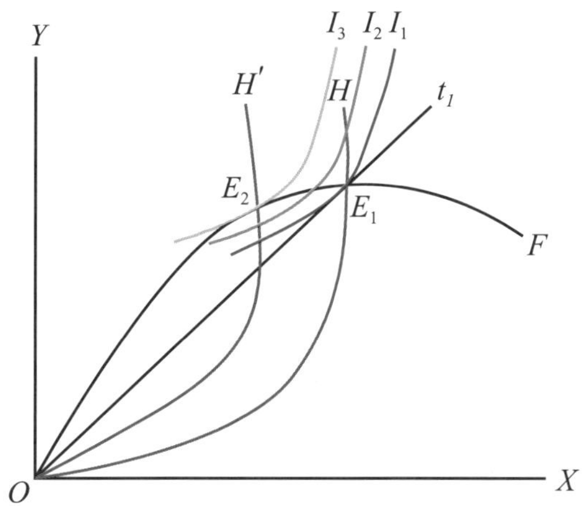

最適關稅稅率之求得

最適關稅稅率之求法用圖 9.6 說明之。

在圖 9.6 中，OH' 為最適關稅時之本國貿易提供曲線，I_3 為本國貿易無異曲線切外國提供曲線於 A 點，過 A 點作切線 AC，則 AC 為本國國內之價格線，其斜率為 $\frac{BC}{AB}$ 表 X 財之國內相對價格。OA 線為國際交易條件，其斜率 $\frac{OB}{AB}$

圖 9.6

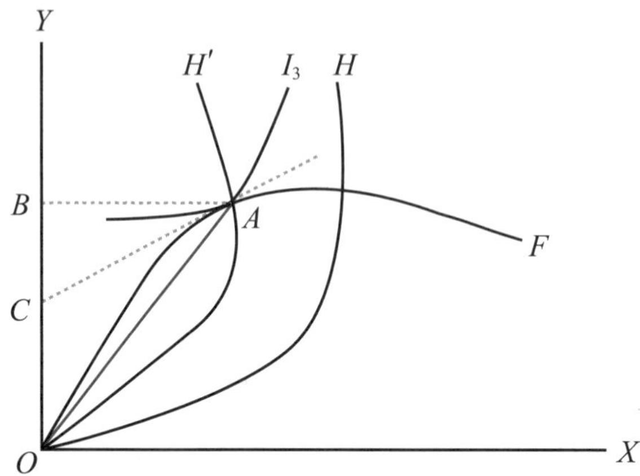

最適關稅稅率之求法

表 X 財之國際相對價格，此時最適關稅之稅率為

$$t^* = \frac{OC}{BC} = \frac{OC}{OB - OC} = \frac{1}{\frac{OB}{OC} - 1} = \frac{1}{e^* - 1}$$

上式代表最適關稅之稅率為外國對我國商品需要之價格彈性 (e^*) 減 1 之後的倒數。

9.5 關稅報復與關稅循環

在前述各節之分析中，我們均假設本國提高關稅時，外國不會採取報復行為。然而在現實的國際社會中，大家均對關稅之徵收十分敏感，若 A 國對 B 國某些進口貨品徵收或提高關稅時，勢必引起 B 國對來自 A 國之部分進口貨品也採取徵收或提高關稅的行動，一般稱之為關稅報復 (tariff revenge)。關稅報復之情形，可以用圖 9.7 加以說明。

在圖 9.7 中，設本國出口 X 財，進口 Y 財，而 OH 及 OF 分別為本國及

圖 9.7

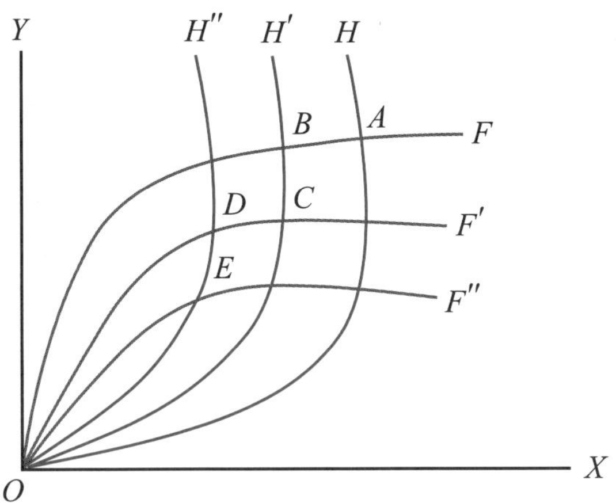

關稅報復將使貿易量縮減

外國之貿易提供曲線，在自由貿易時之貿易均衡點為兩國貿易提供曲線之交點，即 A 點。

現本國對外國進口之 Y 財課稅，將使本國之貿易提供曲線 OH 向原點收縮至 OH' 後，均衡點成為 B 點，本國交易條件獲得改善，但兩國貿易量縮減。外國不久也開始報復，對我國進口至該國之貨品徵收關稅，因此外國之提供曲線由 OF 向原點收縮至 OF'，使新的均衡點由 B 點移到 C 點，雙方之貿易量又再次縮減；因此我方若再行報復，則均衡點又將移動，由點 $A \rightarrow B \rightarrow C \rightarrow D \rightarrow E \rightarrow \cdots \rightarrow O$ 直至兩國間貿易量完全消失為止。

此外，互徵關稅結果能引起關稅循環 (tariff cycle)。即當本國提高關稅時，外國也跟著提高關稅；於是本國關稅下降，外國關稅也跟著下降，接著本國又提高關稅，外國也提高關稅，如此循環反覆，稱為「關稅循環」。

9.6 出口補貼

在影響商品價格之貿易政策中，除了關稅以外，最常見的是出口補貼，尤以開發中之國家為了扶持本國產業、鼓勵外銷，由政府出面，直接或間接對某些產業所出口之每一計量單位給予補助金，稱為出口補貼。

出口補貼最常見的產業是農產品和策略性之工業，許多國家的政府單位為了主導國家之產業發展方向、擴大欲扶持之產業的生產規模、增加出口取得外匯收入、改善國際收支，對某些產業實施出口補貼的貿易政策。有關出口補貼的經濟效果，可用圖 9.8 說明之。

圖 9.8

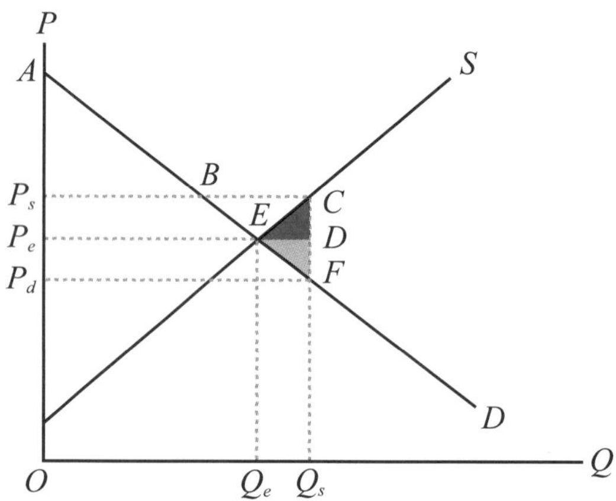

出口補貼使產業之供應量超過市場機制

在圖 9.8 中本國供給和需求曲線分別為 S 與 D，在完全自由之市場機制下，本國均衡價格為 P_e，均衡數量為 Q_e，現在政府欲鼓勵本產業之外銷，對生產的每一單位，實施出口補貼金額 g 元，使市價由 P_e 上漲至 P_s，且 $P_s = P_e + g$，生產量由 Q_e 增加到 Q_s，其相關之經濟效果如下：

㈠消費者剩餘減少並局部移轉給生產者

原市價為 P_e 時，消者剩餘為 $\triangle AEP_e$，今因物價上升至 P_s，使消費者剩餘減少為 $\triangle ABP_s$。故消費者剩餘減少總額為 □P_sCDP_e。其中▱P_sCEP_e 部分移轉為生產者剩餘，但 $\triangle CDE$ 部分為無謂損失 (dead weight loss)，為社會福利之損失。

㈡生產者剩餘增加▱P_sCEP_e 部分是由消費者剩餘轉來，但因多生產而無法收取 $\triangle DEF$ 則為社會福利之損失

所以補貼後出口量雖提高，但政府之補貼金額大於本國生產者之獲利金額，而淨損失為 $\triangle CDE + \triangle DEF$。因此補貼付出之社會成本極高，施行時應謹慎考量。

9.7 進口補助金

政府為了政治、經濟或社會因素之考量，有時對於某些重要物資或產品之進口，給予補助金之鼓勵，期能增加進口量，一般稱為進口補貼。

圖 9.9

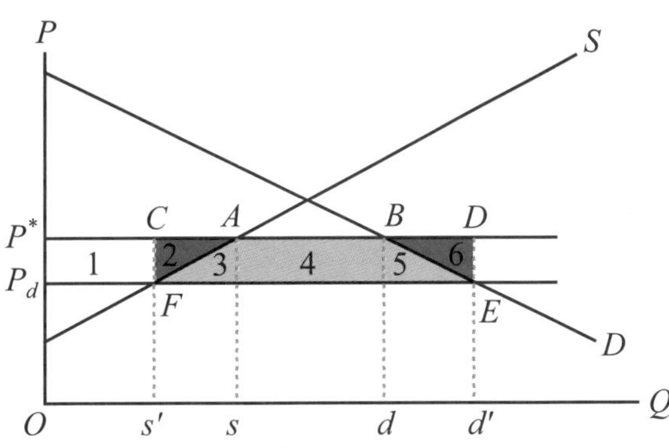

進口補助金之效果

圖 9.9 中自由貿易之狀況下，國際價格為 P^* 時，本國之進口量為 $AB = sd$ 單位。現因政府鼓勵進口而給予每單位產品 $t\%$ 之進口補助金，導致國內之物

價 P_d 下跌，與國際物價 P^* 相比，$P^*(1-t\%)=P_d$，故進口補助金之經濟效果如下：

㈠保護效果

使本國自行生產之數量減少，由 Os 單位減少到 Os' 單位，國內自產減少 $s's$ 單位，為負的保護效果，增加使用來自國外成本較低之產品。

㈡消費效果

使本國之消費量增加，由 Od 增加到 Od'，增加量為 dd' 單位。

㈢國際收支效果

若輸出額不變，而進口增加了 $(s's+dd')$ 部分，將使國際收支惡化。

㈣財政效果

進口每單位均有補助，所以財政支出總額為 □CDEF。

㈤福利效果

國內價格下跌，消費者剩餘增加了 (1 + 2 + 3 + 4 + 5) 之面積，但生產者剩餘減少了 (1 + 2) 之部分，所以消費者剩餘之淨增加只是 (3 + 4 + 5) 部分，而政府補助金支出為 (2 + 3 + 4 + 5 + 6)，政府支出亦來自消費大眾之稅收，二者相抵消之後，社會福利之淨損失為 (2 + 6) 部分，亦為社會之無謂損失 (dead weight loss)。

9.8 出口稅

政府為限制一些具有特別技術之產品出口或抑制較為稀有物質之出口，有時對這些物品之輸出策略性地徵收出口稅。相關物品有了出口稅之徵收後，必定會使其國內價格與國際價格之間產生差異，茲以圖 9.10 說明之。

設本國為大國，為了限制某特別技術產品之出口，而對其課徵每單位 t 元之出口稅。圖 9.10 中 S 為本國產品之供給線，D_f 為外國對本國產品之出口需求曲線，在未課稅時國內價及國際價均為 P_e，即供給需求之均衡點 E 所對應之價格，而出口量為 Q_1。現今政府對每單位課徵 t 元之出口稅，使國內價 P_d

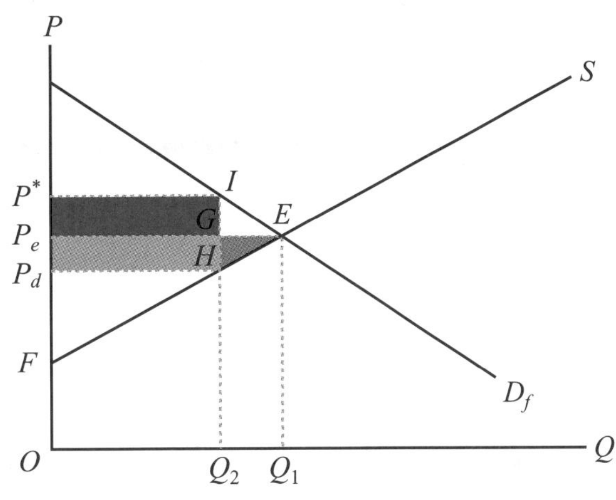

出口稅之效果

與國際價 P^* 間發生了以下之差距，即 $P^* = P_d + t$，即國內價由 P_e 下跌到 P_d，而出口量減少，由 Q_1 減少到 Q_2。

此時，原國內生產者剩餘 $\triangle P_eEF$ 減為 $\triangle P_dHF$，其中 $\square P_eGHP_d$ 部分為交給政府之稅款，而 $\triangle GEH$ 為無謂損失。

大國可以影響國際價格，因大國之出口量減少，導致國際市場上供不應求，使國際價格上揚，由 P_e 上升到 P^*，每單位價格平均上升 $(P^* - P_e)$ 的水準，乘以出口量 OQ_2，即為 $\square P^*IGP_e$，為大國因價格上揚而收益增加之部分，所以出口稅之淨效果為 $\square P^*IGP_e - \triangle GEH$，對大國而言是有利的，可以改善國際交易條件。但小國因無法影響交易條件，若一旦課徵出口稅，必使小國之社會福利降低，而且小國之出口量也會因課稅而下降，但不會影響國際價格，所以全部稅負由出口商自行吸收。

9.9 進口替代性產業之補貼

補貼的方式有很多種，除了前述之出口補貼、進口補助金以外，政府也可能為了減少對國外廠商供貨之依賴程度，並鼓勵本國進口替代性產業增加其生產數量，而對其每單位自產商品給予補貼之政策。

圖 9.11

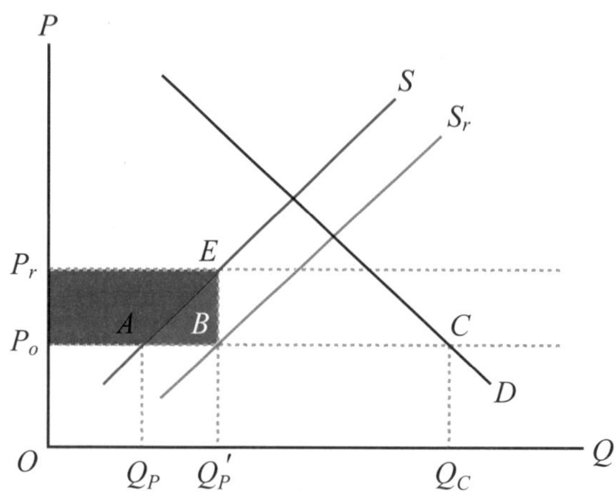

政府補貼進口替代產業之效果

在圖 9.11 中，D 為本國對某一進口商品之需求曲線，S 為本國自產與進口商品同質之替代性產業的本國供給曲線，在政府未採行補貼本國產業之前，國內市場之售價為 P_o，在 P_o 之價格水準時，本國對該商品之消費量為 Q_C，其中 Q_P 數量由本國產業自產，而 $(Q_C - Q_P) = AC$ 數量係由國外進口。

今政府實行對國內自產之每單位商品的生產給予 r 元之補貼，會使原自產之供給增加，即每單位產量之成本均垂直向下移動 r 元，故原國內供給線 S 向右移動到 S_r，此時新的含補貼之價格成為 $P_r = P_o + r$，但 r 元由政府補貼；故消費者仍只支付原國際價 P_o，而仍享受 Q_C 數量之總消費量，但是新的國內自產量則由 Q_P 增加到 Q_P'。

補貼進口替代性產業之福利效果如下：

㈠消費者剩餘沒有減少

政府對進口替代產業每單位產量補貼 r 元，相當於每單位價格由 P_o 上升

到 $P_r = P_o + r$，但因 r 元補貼額由政府支付，所以消費者仍然只支付國際價格 P_o 元，而仍然消費 Q_C 數量之商品，消費者剩餘沒有減少。

㈡生產者剩餘增加

國內生產者之產量由 Q_P 增加到 Q_P'，但生產者取得由政府移轉過來的補貼總額為 P_rEBP_o 面積，其中 P_rEAP_o 成為生產者剩餘。

㈢社會有無謂損失

政府補貼總額 P_rEBP_o 是由納稅人因補貼而產生之成本，即補貼移轉量，其中只有 P_rEAP_o 轉為生產者剩餘，故 △ABE 是社會之無謂損失。

㈠關稅依課徵方式之不同，分為哪三種類型?

㈡小國課徵進口關稅之部分均衡分析中，對下列各項之效果如何?請以圖形配合說明。

(1)進口品之價格

(2)本國進口替代性產業之自產數量

(3)本國消費大眾對進口品之消費數量

(4)本國之國際收支餘額

(5)政府之財政收入

(6)社會福利水準

㈢大國課徵進口關稅之一般均衡分析中，其社會福利不一定減少的主要原因為何?

㈣解釋「有效保護稅率」。

㈤何謂「關稅報復」?

㈥出口補貼之社會成本高，請說明之。

㈦政府在何種情況下會徵收出口稅?

10 國際貿易之數量政策

在政府採行之貿易政策中，除了前章所述各節如關稅、出口補貼、進口補貼及出口稅等為影響價格之貿易政策外，另有一些貿易政策是以干涉貿易之進出口數量為主。例如出口限額和進口限額等，這些數量政策是由政府在一定期間內，對於某種商品規定其最大之輸出量或輸入量之限額，通稱為非關稅之貿易障礙。近年來許多工業先進國家之關稅率隨著世界貿易組織會員國之入會要求，正在日益下降之中，但數量限制之方案卻仍然大行其道。仔細觀察，不難發現自第二次世界大戰結束之後，各國為了保護其國內之產業，採行數量限制之貿易政策之重要性逐漸凌駕於價格政策之上，至於戰後各國紛紛採用數量限制來取代關稅之原因如下：

(1)如果將數量政策與關稅政策加以比較，政府實施關稅政策後之保護相關產業的效果通常需要較長期間才能透過對市場價格之影響力而顯現；但數量限制政策的經濟效果不但較為容易控制，而且成效在短期內立即可以見到。換句話說，當我們提高關稅後，完稅價格通常會在市場上透過消費者對進口含稅高價位之商品的需要情況和本地自產之廉價商品互相競爭後，才會影響佔有率，所以保護本國自製產業效果並不能立刻呈現，往往需經數月或一年以後，才會顯示出來。但是若政府利用對商品作進口數量之限制，可以立即減少市場之供給量，使本國自製商品之市場佔有率迅速提升，保護效果立竿見影。因此，為了保護本國產業，關稅可用作長期採行之政策，不能作為臨時應變之用，但採行進口數量限制可以在短期間內立即奏效，迅速提高本國產業之市場佔有率，所以可作為臨時應急之用。

(2)國際間商品及勞務之交易，通常必須以國際流通之貨幣來計值，因此各國貨幣兌換外幣之匯率，往往影響到商品之報價和利潤，由於關稅之高低影響進口商品的完稅價格，其關稅政策之效果容易被匯率之變動因素抵消或增強，不易控制；而數量政策則直接影響數量，比較不受匯率變動之影響，效果較易掌握。

(3)施行關稅和數量限制之行政效率不同，一般關稅之施行必須依照立法程序所通過的關稅法來辦理，施行時會有時間上、決策上和執行上落後的限制；但數量限制只須根據行政部門之職權範圍視經濟情勢之需要訂定之，而且可機動調整其數量，因此採用數量限制之行政效率較為快速便捷。

(4)某些貿易大國對市場掌有主控權，如美國或歐洲聯盟所實施的數量限制政策，往往不必由該國本身來規定進口量，只需要求對方輸出國自行約束其出口數量而訂定一套逐年減少輸出量之辦法，稱之為出口自動設限；如此一來，出口國自己按年代之先後依照既定之數量目標每年自動限制其出口量時，則進口國可以不必顧慮被其他國家批評採保護政策而達到限制進口量之目的，使得數量限制較為方便易行。

基於以上各項理由，不難理解戰後各國喜歡採用數量政策來保護該國產業的原因。本章以下之分析，是基於商品為完全競爭市場之假設，分別從小國及大國之角度來解釋國際貿易各種數量政策。

10.1 進口配額 (import quota)

數量限制政策最常見者為進口配額。進口配額是指由政府之貿易管理機構（如我國經濟部國際貿易局、美國之商務部）針對某一種商品之進口數量或進口總值，在某一定期間內，限制於某一絕對數量或價值之內者方能准其進口。進口配額之實施主要是為了保護本國製造進口替代財之產業、或改善本國之國際收支、防止外匯之流出、或為了其他政治上或經濟上之報復手段等。進口配額，如不分國家而是以整個世界為對象時，我們可稱之為全球性配額 (global quota)；若只以某一國家或若干國家為限額對象時，則稱之為選擇性配額 (selective quota)。綜合而言，我們可以依照進口配額之不同分配方式而將其區分如下：

(一)全球性配額 (global quota)

進口國規定在一定期間內，對於某一貨品之進口數量訂有一限定之進口總額度，在累積進口量未超過總額度之時，不論任何國家、任何數量均准其自由輸入，一旦累積進口量達到所限定之總額度時，則立即停止進口。

㈡區域性配額 (regional quota)

為選擇性配額之一種，由進口國在一定期間內將某一進口貨品之進口限額，分配給各個指定國家或地區。

㈢關稅配額 (tariff quota)

為優惠關稅之一種，是由提供優惠關稅的國家根據本國以往之消費量或是預定之需求量而將所欲進口貨品之數量設立一個配額，凡是在此限定之配額內進口之貨物，可以適用較低之關稅或免稅，但若超過此一配額後，則採用一般之關稅或較高之關稅。

至於以上三種配額，政府將如何分配給許多相關商品之進口商，一般有下列三種分配方式：

㈠公開性配額 (open quota)

政府只限制某一段時間之進口總量，而任何進口商均能提出申請。

㈡公開拍賣「輸入許可證」(import licenses)

政府將限定進口數量範圍內之輸入許可證在市場上以公開方式拍賣，由進口商自由公平競價取得。

㈢以申請分配取得配額

由政府依照進口商申請時間之先後或依照生產能量之大小來分配發給輸入許可證。

有關進口配額之經濟效果，我們可以分別從小國及大國之立場加以說明。

在圖 10.1 中，設本國為小國，D 與 S 分別為小國對進口財之國內需求線與國內自產之供給線，在國際市場上，小國因無法影響國際價格，所以面對國際價格 P_o 時，進口每單位之購買價格均為 P_o，所以國際之供給曲線為一條平行於數量軸之直線 P_oM。自由進口時，國內價格也會與進口價 P_o 相同，此時國內之消費總量為 Q_e，國內之自製供給量為 Q_s，由國外進口數量為 $\overline{Q_sQ_e}$，此時，由於商品為同質性很高之完全競爭市場，所以國內價和國際價均為 P_o。

若現今小國採行進口配額，准許國外進口 $\overline{Q}$ 之數量，所以國內自製供給之 S 線加上配額後之總供給量成為 $S+\overline{Q}$，此時 $S+\overline{Q}$ 總供給線與需求線 D 之

圖 10.1

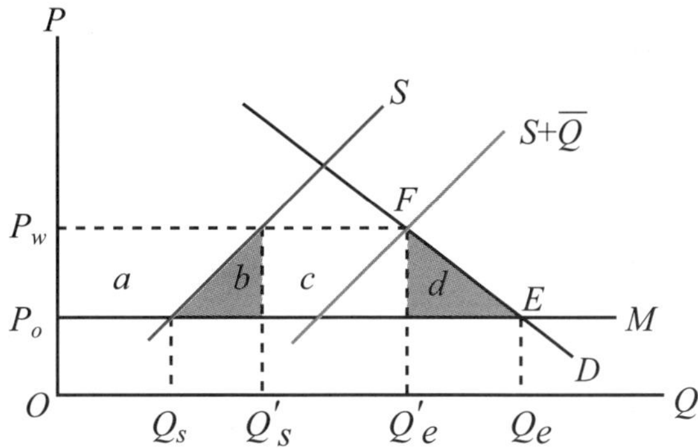

小國實施進口配額之經濟效果

交點 F 決定了新的國內價由 P_o 上漲為 P_w，新的國內消費量為 Q'_e，新的國內自製量為 Q'_s。所以小國採用進口配額政策之經濟效果如下：

(1)生產效果，小國國內自製量由 Q_s 增加為 Q'_s，生產者剩餘增加區域為 a 所占之面積。

(2)消費效果，國內消費量由 Q_e 減少為 Q'_e，消費者剩餘減少 $a + b + c + d$ 所占之面積。

(3)國內價格上升，由 P_o 上升到 P_w，其中區域 c 的面積為配額租，若由政府出售或拍賣配額，則配額租由政府獲得；若政府無條件將配額租分配給進口廠商，則配額租由進口商取得。

(4)國內社會福利之淨損失為 $b + d$ 之面積，稱為無謂損失 (dead weight loss)。

另一方面，設某國為大國，則大國實施進口配額數量限制之經濟效果，我們可以用圖 10.2 說明之。

由於本國為大國，可以影響商品之市場價格，所以對外國進口品之需求曲線為一條由左向右，向下傾斜之需求曲線。同理，國外市場之供給線不再是一條水平線，而是價格與數量形成正方向變動之進口供給線，如圖 10.2 中所示，大國對外國進口品之需求曲線為 D，貨品由國外進口之總供給線為 S_M，

圖 10.2

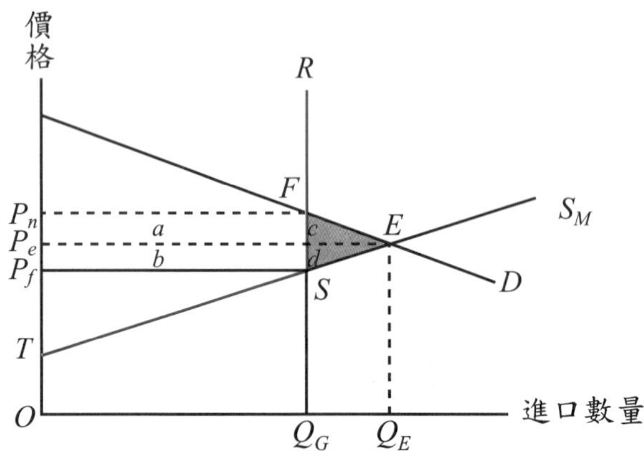

大國實施進口配額之經濟效果

國際上自由貿易在未施行進口配額前，進口貨品之需求線 (D) 與總供給線 (S_M) 之交點即為本國原始均衡點 E，均衡之價格原為 P_e，均衡之總進口量原為 Q_E 單位。

若基於改善國際收支的理由，今政府限定國外進口總量為 Q_G，則由國外進口之總供給線成為 TSR，新的 TSR 總供給線與需求曲線相交於 F 點，F 點即為新均衡點，其效果如下：

(一)國內價格上升

進口限額後之國內均衡價格及進口價格上升到 P_n，而國外供給成本價格則下跌為 P_f。所以限制進口配額之結果和關稅相似，將使國內進口量減少後，導致進口貨品價格及國內物價上漲。

(二)國際價格下跌

國際供給成本因有多餘貨品而下跌，獲得進口配額而准許進口之廠商每單位商品可獲得 $P_n - P_f$ 之利潤即為配額租。

(三)社會福利改變

大國採進口配額後由原始均衡點 E，變動到新均衡點 F 之社會福利方面的變化如下：消費者剩餘減少 $a + c$ 之面積，而 $a + b$ 為增加之由政府控制的配額租，兩者相抵之後 $b-c$ 為大國之社會福利變化，視增加之配額租之大小 b 和消費者剩餘之減少程度 c 而定。

㈣引起無謂損失

就整個世界之福利變化而言，$c+d$ 之面積為原來可以生產和消費之數量，卻因配額減少到數量 Q_G，使 $c+d$ 成為無謂損失。

10.2 出口自動設限政策 (voluntary export restraints)

出口自動設限政策（以下簡稱為 V.E.R.）往往由某些進口大國向出口國提出，當出口國為小國，為了因應進口國政府或業者之要求，礙於國際之現實而不得不對出口數量設限，絕非出口國之自願。而且此種設限，基本上並非由進口國對所有出口國同時提出的，而只是針對短期間出口數量激增特別快或有傾銷嫌疑的某些特定國家為對象，在施行時往往二國事前均有派員交涉或談判而成立 V.E.R. 之協議，在許多情形下，V.E.R. 乃係進口國為避免本身直接實施進口限額等政策而採用之代替手段，而且這些進口國往往為經濟大國，對國際市場有控制能力，否則出口國沒有自行限制其出口量之理由。

出口自動設限政策與進口數量限制政策，其經濟效果十分相似，均會造成商品之國內物價攀升，而國外物價下跌現象。唯一不同的是：國內、國外之物價差額乘上進口數量即相當於關稅收入的部分，會由輸出國生產者以配額租或出售手頭所分到之配額餘額之方式所占有，產生所得重分配，不利於輸入國之消費者、卻有利於輸出國之生產者；也就是說：誰取得該項配額誰就有特權獲得高價格之出口利潤，因進口國之消費者搶購舶來品，所以進口國國內將會以較高之售價購買進口之限量物品；在國際市場則相反，由於在進口大國限量之外，多餘的產品將流入國際市場上，國際供給增加，致使該商品之國際價格下跌。所以進口國之高價格減去國際價格之價差，就成了出口國製造商或出口商之高額利潤。相關經濟理論之分析詳列於圖 10.3 中。

圖 10.3

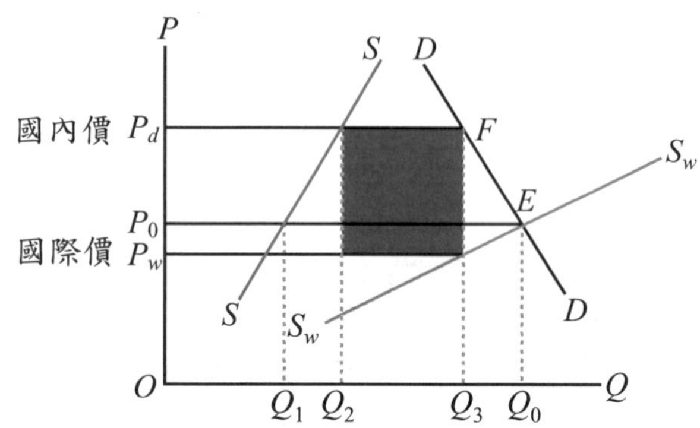

出口自動設限之經濟效果

在圖 10.3 中，假設 *SS* 代表輸入國本身之供給曲線，而世界之供給曲線則以 S_wS_w 來代表，*DD* 線代表輸入國的需要曲線。在自由貿易下，*DD* 需要線及 S_wS_w 供給線之交點 *E* 為均衡點，均衡時世界價格及國內價格均為 P_0，進口國國內總消費量為 OQ_0 單位，其中本國自產 OQ_1 單位，而由外國進口 Q_1Q_0 單位。今兩國經談判後達成出口自動設限協議，將大國進口量限制（亦即小國出口自動設限量）為 Q_2Q_3 單位，所以總供給量成為 OQ_3 單位，與國內需求 *DD* 交於 *F* 點，其效果為：

㈠進口國國內商品價格提高，而國際價格下跌

使國內商品價格由 P_0 提高到 P_d。就整個世界而言，由於國內購入之需要量減少，所以國際供給量有剩餘，世界價格只好由 P_0 降到 P_w；此時進口國內價格 P_d 較國際價格高。

㈡增加進口國國內自產數量，有貿易創造效果

進口國家的國內自產之供給量由 OQ_1 單位增加到 OQ_2 單位，增加了 Q_1Q_2 之自產量，為進口國之貿易創造效果，保護了本國產業。

㈢大國進口商利潤高

實施 V.E.R. 後，有關商品在國際市場價格由 P_0 降到 P_w，在輸入國國內則提高到 P_d，此亦為國內進口商將商品進口到本國之價格，使每單位產生

P_dP_w 之超額利潤乘上進口量 Q_2Q_3 後，使得大國國內進口商總共可獲得陰影部分的利潤。

㈣大國的進口商轉向其他不受配額限制之國家採購，產生貿易轉向效果

V.E.R. 基本上並非對所有出口國家同時設限，而只是選擇某些特定國家為其對象。若有關稅同盟國之組織時，進口國對於非加盟國之出口往往設限，但對加盟國之出口則仍允許其自由出口，所以 V.E.R. 為選擇性之配額，將使進口商轉向其他未遭限量進口之國家或地區採購，稱為貿易轉向效果，這種貿易轉向效果改變了原自由貿易時可向最高生產效率的國家購貨之情形。至於其貿易轉向效果是否會大於貿易創造效果，端視實際個案情況而定，因此對社會福利之影響是因個別 V.E.R. 之商品對象及反應而不同的。

10.3 出口配額 (export quota)

出口配額是指某一國對其本國之出口商品或勞務，在一定期間內限定其准予出口之最高數量或價值。出口配額之實施往往為了達成抑制國內物價上漲之壓力、提高出口品之國際價格、防止稀有資源之過度使用、避免與對手國間之貿易摩擦或糾正某些具有外部不經濟（如污染土地、河川、空氣）商品之過度生產製造及出口等目的。今分別以小國與大國之立場來區分出口配額之影響力。

在圖 10.4 ⒜中，小國對某商品之國內市場供給線 s 與需求線 d，此兩條線之交點 E 為小國國內市場均衡點，所對應國內商品之均衡價為 P_e。

而圖 10.4 ⒝為小國所面對之國際市場，國際市場價格為 P_w 時，只要國際市場價格 P_w 高於國內均衡價格 P_e，小國就願意出口；因小國無法影響國際價格，所以面對一條需求彈性無限大之外國對小國貨品之進口需要曲線 D，此時 $P_w > P_e$，小國本身之出口供給曲線則為其國內供給量超過國內需求量之超額供給 (excess supply)，亦即圖⒝中的 P_eRJ 線，為自價格高於國內 P_e 價格

圖 10.4

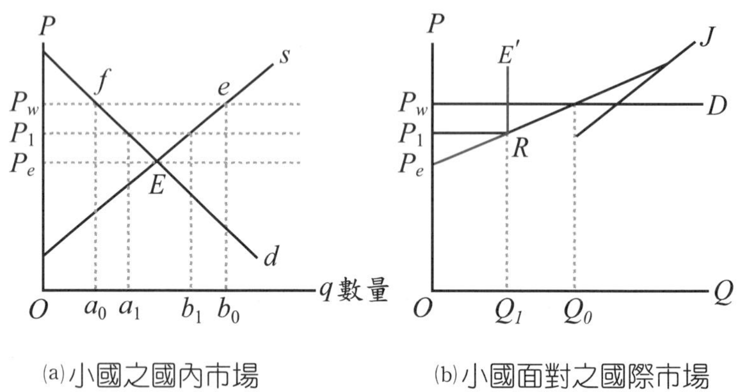

(a)小國之國內市場　(b)小國面對之國際市場

小國採行出口配額政策之效果

以上之超額供給量之各點之連線。在無出口配額限制時，當國際價格為 P_w 時，國內生產總量為 Ob_o，國內消費量為 Oa_o，出口之總量為 $a_ob_o = OQ_o$。外匯收入為出口數量 a_ob_o 之價值，也就是 a_ob_oef 之面積。

今小國採行出口配額、限定出口量為 $OQ_1 = a_1b_1$ 時，有出口配額之外銷供給線成為 P_eRE'，其相關之效果為：

㈠本國國內價格降低

國際價格仍然維持 P_w，但因限定出口，使一部分原可出口之貨品回流本國市場，使本國之國內價格降低為 P_1，而 P_1 仍高於本國原均衡價格 P_e。

㈡本國生產量減少，消費量增加

生產量由 Ob_o 減少為 Ob_1，國內消費量由 Oa_o 增加為 Oa_1，出口量由 a_ob_o 縮減為 a_1b_1。而小國之國際出口供給線則成為 P_1RE'，所以出口配額之實施確實可以達到抑制國內物價上漲的壓力。

㈢社會福利效果視個案不同

出口配額可以防止本國稀有資源過度使用，避免與貿易對手國間因出口量大而引起之貿易摩擦，或糾正一些無法計值之外部不經濟（如外銷具污染性商品）對環境之破壞程度等；其社會福利之效果視個案之內容有所不同，不能一概而論。

出口配額之實施，對大國之影響又是如何呢? 有關大國採行出口配額之效果，可由圖 10.5 說明之。

圖 10.5

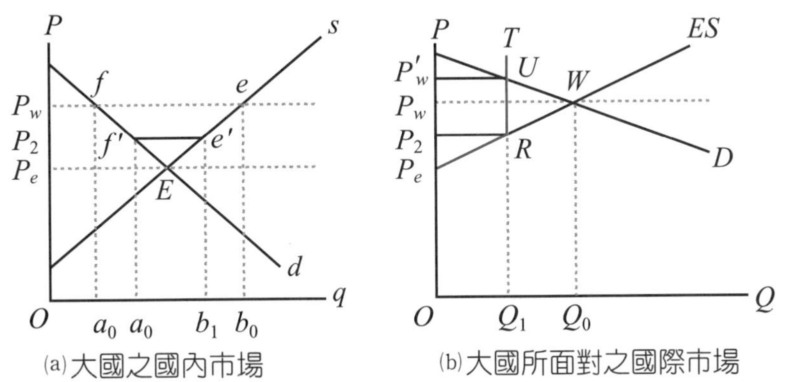

(a)大國之國內市場　(b)大國所面對之國際市場

大國採出口配額政策之效果分析

在圖 10.5 (a)中，大國之國內市場之原始均衡點為其國內供給線 s 與國內需求線 d 之交點 E，所對應之國內均衡價格為 P_e，而 10.5 (b)中之 ES 線為大國之超額供給線，亦為國際價格高過國內均衡價格 P_e 以上時，大國願意提供到國際市場之出口供給線，例如在國際價格為 P_2 時，本國之供給量為 Ob_1 而需求量為 Oa_1，所以國內之超額供給量為 $Ob_1 - Oa_1 = \overline{a_1b_1}$ 線段，因 $\overline{a_1b_1} = \overline{e'f'}$ 而 $\overline{e'f'}$ 相等於(b)圖中之 $\overline{P_2R}$，以此類推，可以繪出大國之超額供給線 ES。D 為外國對大國產品之進口需求曲線，因大國對價格有影響力，所以需求曲線 D 為由左向右向下傾斜之線條。在未實施出口配額時，國際市場對大國該項產品之均衡點為 W，而對應之國際市場均衡價為 P_w 時，大國自己生產之總量為 Ob_0，國內消費量 Oa_0，故大國之出口總量為 $OQ_0 = a_0b_0$，大國之外匯總收入為出口價格乘上出口數量，即 $P_w \times a_0b_0$，等於 a_0b_0ef 之總面積。

今大國對出口總量設限，假設其出口總配額限定為 $a_1b_1 = OQ_1$，如此一來，大國在實施配額後之出口供給曲線變成 P_eRT，因 P_eRT 與國際需求曲線

交於 U 點，為實施出口配額後之新均衡點。其效果為：

㈠國際價格上漲，國內價格下跌

使國際價格由 P_w 上漲至 P'_w，國內價格由 P_w 下降為 P_2，由於大國可影響國際價格，故外國對大國進口產品之需求曲線為由左向右向下傾斜之需求線 D，所以採出口配額後，國際價格上漲之程度比圖 10.4 ⒝之小國引起漲價之程度高，即 $P'_w > P_w$。

㈡大國生產量減少，國內消費量增加

大國生產量由原 Ob_o 減少為 Ob_1，大國國內消費量由 Oa_o 增加為 Oa_1，外匯收入由 $a_ob_o$ef 減少為 a_1b_1e′f′。

㈢社會福利效果視不同之個案而定

相關之福利效果如前節所述可抑制國內物價上漲壓力，減少大量出口引起之貿易摩擦及減少部分高污染外銷產業之外部不經濟等，視不同之個案而有所不同。

㈠戰後各國為了保護本國產業，紛紛以數量限制政策取代關稅之原因何在？

㈡進口配額依照分配方式之不同可區分為哪三種？

㈢小國實施進口配額有哪些經濟效果？

㈣大國實施進口配額有哪些效果？

㈤出口自動設限可以使大國之進口商獲得極大利潤，試以圖形配合說明之。

㈥解釋貿易創造效果和貿易轉向效果。

㈦政府在何種情況下會採行出口配額？

㈧大國和小國若實施出口配額，其效果如何？通常大國實施出口配額對國際價格之衝擊會高過小國，為什麼？

11 不完全競爭市場之貿易政策

本章討論不完全競爭狀態下之貿易政策問題。並分別以國內廠商為不完全競爭、國外廠商為不完全競爭時之貿易政策加以說明。一般而言，不完全競爭市場類型主要包括有獨占 (monopoly) 市場、寡占 (oligopoly) 市場和獨占性競爭 (monopolistic competition) 市場三大類型。其中獨占市場上只有一家供應廠商，因此獨占廠商對於商品之國內價格有完全控制之力量；寡占市場中廠商之數目甚少，彼此之間之市場佔有率、價格和品質之相互依存度和競爭性高；獨占性競爭市場中，廠商之數目雖多，但因產品之品質上有差異性，所以廠商對商品價格有自行訂價的空間。因此，不論是上述何種類型，不完全競爭市場共同之特色為：廠商均有自行決定價格之力量，其中以獨占廠商對價格之影響力最大，本章為了便於講解，採用獨占廠商為分析對象。當國內某一種產業處於不完全競爭時，該產業之市場價格不等於邊際成本，而是以邊際收益 (*MR*) 等於邊際成本 (*MC*) 時之產量所對應需求線上之高價格來訂價，而其供給量往往比完全競爭市場所供應的最適產量為少；因此，從國外進口該同質產品有助於抑制國內的獨占力量，減少生產資源扭曲之程度，對消費大眾本是有利的，但政府基於國防或其他重要經濟安全，或保護策略性工業等理由，亦有可能採行各種貿易政策而加以保護或開放進口等。

11.1 國內為獨占廠商時之價格政策

為了便於比較，本節先說明獨占廠商面對自由開放貿易政策以及有關稅保護政策下之不同效果。

(一)小國國內有獨占廠商，而政府自由開放商品之進口

根據經濟學原理，獨占廠商若在沒有市場競爭對手之情況下，為了追求獨占利潤最大，往往以邊際收益 (*MR*) 與邊際成本 (*MC*) 之交點來訂定價格。相關說明詳見圖 11.1。

在圖 11.1 中，小國國內獨占廠商所面對之商品需求曲線為 D，在開放進口之前，獨占廠商將以廠商自己之邊際收益 MR 和邊際成本 MC 線之交點 E 作為獨占利潤最大或損失最小的產量對應點，即由 E 點向需求曲線延伸之對應點 E' 時對應之價格 P_m 為其獨占利潤最大化之價格，而產量 Q_m 為其所對應最有利之生產量。

此時政府若採行完全自由開放進口政策，而國際同質商品之價格為 P_c 時，小國因無法影響國際價格，所以面對之國際價格即成為貿易後之國內價格，也就是平行於數量軸之 P_c 直線。而 P_c 價格線與需求線 D 之交點 C 決定

圖 11.1

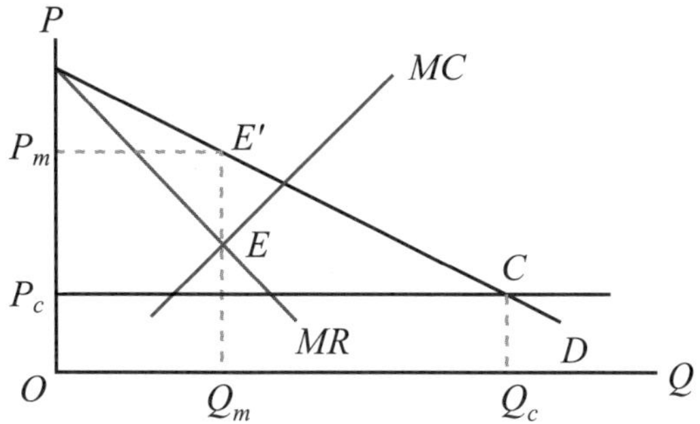

小國之獨占廠商面對自由進口之貿易政策

了國內開放進口後之總消費量為 Q_c。因本國為小國而國內只有一家廠商生產該種商品，其商品與由外國進口商品之間品質並無差別，可完全代替，所以自由進口政策，會使得國內價格由開放進口前之獨占價格 P_m 下降到 P_c 價格出售，使國內獨占者無從發揮其獨占力量，但消費大眾卻能以 P_c 之低廉價格，享受到較多之產品數量（因 $Q_c > Q_m$），增加了社會福利。

㈡小國國內有獨占廠商，政府雖開放商品進口，但亦同時採用關稅保護本國獨占廠商

圖 11.2 中，假設小國國內有獨占廠商，政府雖開放同質商品之進口，但為保護國內獨占廠商，對每單位進口商品課徵 t 元之從量稅，使商品之進口含稅價格變成 $P_p = P_c + t$，至於該關稅之效果則視課稅額 t 之金額大小而定。

若關稅課稅額 t 之金額太高，如圖 11.2 中之 t^* 使得 $P_p = P_c + t^*$ 時，因 P_p 為邊際成本 MC 和需求曲線 D 之交點 G 所對應之售價，即代表此時國內進口商之邊際成本 (MC) 等於售價 P_p，完全沒有利潤可言，因此沒有人願意進口，所以 P_p 為禁止性關稅 t^* 所對應之含稅價。而一般關稅之徵收，其含稅價格應介於 P_c 與 P_p 之間，才會有商品之進口，因此不完全競爭時之關稅政策，對國內獨占廠商生產量之影響會出現下列二種不同之供給線的可能。今分別以圖 11.3 及圖 11.4 加以說明之。

圖 11.2

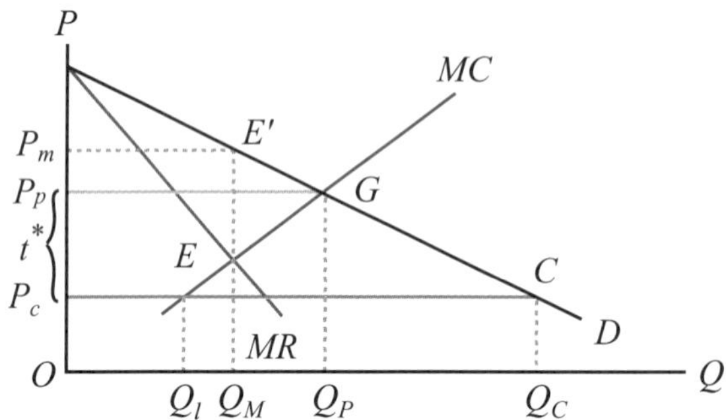

小國獨占廠商面對禁止性關稅之貿易（價格）政策

⑴關稅低於禁止性關稅時：

關稅 t' 低於禁止性關稅 t^* 時，會使得 $(P_c+t')<P_p$，亦即商品進口之含稅價 (P_c+t') 低於禁止性關稅之含稅價 $(P_p=P_c+t^*)$ 時，則同質貨品仍可由國外進口，國內獨占廠商感受到競爭壓力，即受到國外廠商之價格限制。因此，本國獨占者對國內售價沒有決定之力量，市場價格完全由國外廠商來決定。而獨占者之本國供給為其邊際成本 (MC) 線低於含稅之進口價 (P_c+t') 之部分。

如圖 11.3 中，進口之關稅 t' 若低於圖 11.2 中之禁止性關稅 (t^*) 時，則本國獨占廠商以 MC 為其供給線，如進口關稅為 t' 時，含稅價格為 (P_c+t')，由完稅價格與 MC 之交點 U 向數量軸 OQ 作垂線之交點，即為該含稅價格下本國獨占廠商之供給量 Q_t'，以此類推，對於每一個低於禁止性關稅之含稅價均可求得其本國獨占廠商之供給量會介於 O 與 Q_p 之間，因此，只要含稅價低於 P_p 時，本國獨占者之供給線為 $\overline{MC}$ 上之 $\overline{SUV}$。

⑵關稅高於禁止性關稅時：

若關稅 t'' 高於禁止性關稅 t^*，但含稅價小於原始之獨占價格 P_m 時，會使得 $P_p<(P_c+t'')<P_m$，亦即商品進口之含稅價高於禁止性關稅之含稅價 P_p，但低於國內原始獨占價 P_m 時，獨占廠商將會依照含稅價格 (P_c+t'') 與需求

圖 11.3

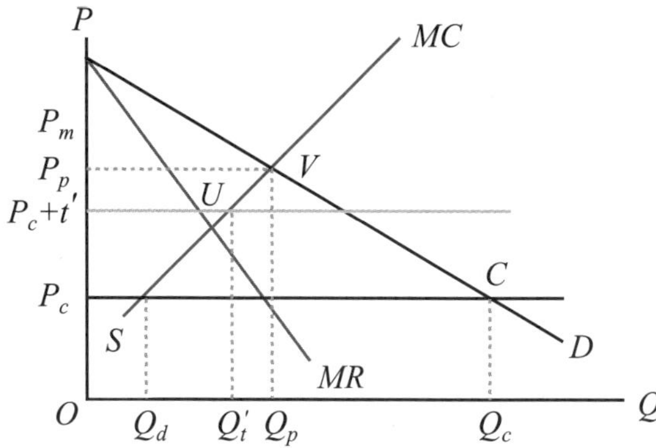

小國獨占廠商面對有關稅保護之貿易（價格）政策

圖 11.4

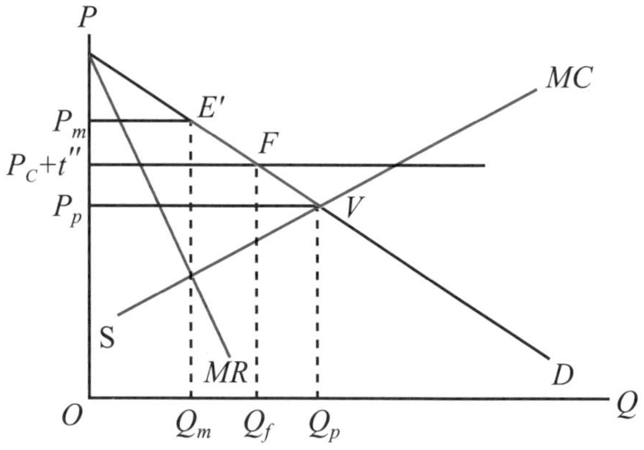

小國獨占廠商面對進口稅高於禁止性關稅之保護政策

曲線 (*D*) 之交點來決定其生產量。

正如圖 11.4 中，小國國內之需求曲線為 *D*，獨占者原始之售價為 P_m，原始供應量為 Q_m，禁止性關稅之含稅價為 P_p。

今政府課徵進口稅之稅額為 t''，使含稅價 $(P_c + t'')$ 低於國內原獨占價

P_m，但高於禁止性關稅之含稅價 P_p 時，理論上已經完全沒有外國商品之進口，國內之需求完全由國內之獨占廠商所供應，但獨占廠商仍擔心隨時可能開放進口之政策，所以獨占廠商不再用 MC 作供給線，反而用 $P_c + t''$ 與需求曲線 D 相交之 F 點決定其產量，可求得不錯的利潤。依此類推，對每一個高於禁止性關稅、但含稅價低於原始獨占價 P_m 之關稅，均將以需求曲線與含稅價格之交點來生產。也就是含稅價為 $P_c + t''$ 時交需求曲線 D 於 F 點所對應之產量為 Q_F，因此在含稅價低於獨占價 (P_m) 但高於禁止性關稅價 (P_p) 時，獨占者之供給線成為 $E'FV$ 線段。綜上所述，獨占者在本國課徵國外廠商進口從量稅將導致本國獨占者產量之變動，其不同稅額下之供給線如圖 11.5 所示。

圖 11.5

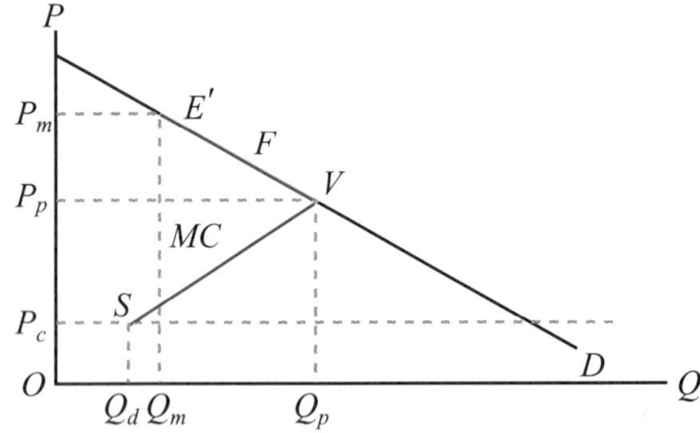

小國獨占廠商面對不同之進口稅額保護時之供給線

在圖 11.5 中，當含稅價低於禁止性關稅之含稅價 (P_p) 時，獨占廠商是以 MC 在 P_p 以下部分（即 SV 線段）作供給線，但若含稅價高於 P_p 而低於 P_m 時，獨占廠商將以需求曲線與含稅價格線之交點連線 $E'FV$ 線段作供給線，在供給線上各點向縱座標所作之垂點為其價格，向橫座標所作之垂點為其對應之本國生產數量。

11.2 國內為獨占廠商時之數量政策

前述各節以價格（關稅）政策說明若國內廠商為獨一無二的製造商，則本國國內市場對該商品之市場需求曲線即為該獨占廠商本身之產品需求曲線，但若政府自由開放國外同質商品之進口，則國內商品之價格會等於國際商品之價格，使國內獨占者無法發揮獨占者之力量，但消費大眾卻因商品之開放進口而充分享受到價廉物美之商品。但從另一方面數量政策來看，政府為了減少對該進口商品之依賴程度或扶植本國產業等理由，亦可能採用進口限額之數量政策來兼顧本國獨占廠商和消費大眾之利益。

施行進口限額初期只會影響本國市場上可供消費商品之數量，並未直接衝擊到產品的價格，所以採用限（配）額之數量政策初期效果對小國或大國的影響並無差別，茲就進口限額政策之效果說明如下。

圖 11.6

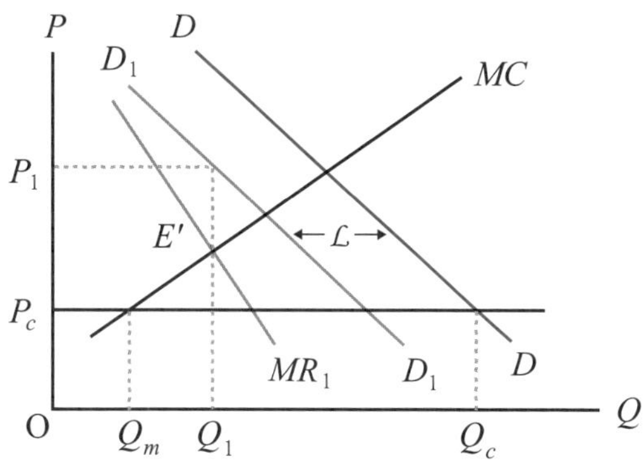

本國獨占廠商面對政府保護並採行限量進口政策之效果

在圖 11.6 中，若本國國內某商品由一獨占廠商所生產，而 *DD* 線為國內獨占者面對市場之需求曲線，MC 為其邊際成本線。如前所述當政府對該商品採行自由開放之進口政策時，獨占廠商面對國外進口之競爭，故世界價格 P_c 即成為本國之國內價格，在 P_c 之價格下，本國總消費為 Q_c，而由本國獨占者自行生產之數量為 Q_m，其中 $(Q_c - Q_m)$ 數量，即為自由貿易由國外輸入之進口量。

今政府採行進口配額之限量政策，將進口數量限制為 $\mathcal{L}$ 數量，此時等於市場需求曲線 DD 向左平行移動 $\mathcal{L}$ 數量而成為 D_1D_1 線條，而該需求線 D_1D_1 將由本國國內獨占廠商製造提供。而在本國獨占者之需求曲線為 D_1D_1 線時，可找出獨占者所對應之邊際收益線為 MR_1 線，此時獨占者將在 MC 和新 MR_1 相交之交點 E' 從事生產，其對應之國內價格為 P_1，即在政府採行限量進口政策時獨占者之生產量由完全開放進口時之 Q_m 增加到 Q_1 數量，此為限量進口時對本國獨占者產生之保護效果，且消費大眾所支付之價格會低於完全無進口時之獨占價格 P_m；但高於完全自由進口時之國際價格 P_c。

11.3 國內為獨占廠商時關稅和進口限額政策之比較

在不完全競爭時，關稅和進口限制之效果不同，可用圖 11.7 說明。

⑴如果採用進口數量限制政策時，國內獨占廠商可利用其獨占地位，按其政府限額政策後之需要曲線 D_1D_1，求出 MR_1，並與 MC 相交之交點 E，來決定生產量 Q_1 以及價格 P_1。

⑵採用關稅政策時，獨占者只好在含稅價 $(P_c + t)$ 與 MC 之交點即 T 點決定價格為 P_t 以及生產數量 Q_t。所以進口限額政策與關稅政策之同等性，在不完全競爭狀態下，無法成立，因為限額售價 P_1 大於關稅售價 P_t，且限額時獨占者之供給量 Q_1 小於關稅時獨占者之供給量 Q_t，所以進口限額政策比起關稅政策使國內價格更加提高，且獨占者願意提供之產量更為減少。所以不完全競爭時實施進口限額政策，比起採用關稅政策之社會福利損失更大。

圖 11.7

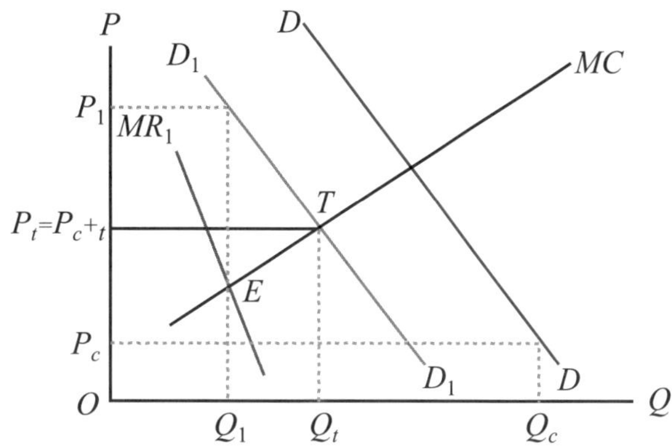

獨占市場採關稅和進口限額之效果比較

11.4 國外為獨占廠商時之貿易政策

當本國國內某商品之生產量不足，必須由國外進口，但國外為獨占廠商時，為了取回一部分國外廠商之獨占利潤，本國可以採取限價政策，說明如下：

㈠國外獨占廠商之邊際成本線 (MC) 為一平行於 X 軸之直線時的限價政策

如圖 11.8 中，D^* 為本國對國外商品之進口需求曲線，其對應之邊際收益線為 MR^*，若國外獨占廠商之邊際成本線 MC^* 為一條平行於 X 軸之直線時，國外獨占廠商為追求利潤最大或損失最小，必須根據 MR^* 與 MC^* 之交點 π 來訂定價格，所以本國購置該外國商品之進口價格為 π 所對應之 P_m^*，而銷售量為 Q_m 單位，因外國廠商為獨占廠商，所以它有斜影部分之獨占利潤，即 $(P_m^* - P_c^*) \cdot Q_m$ 之總面積。

為了取回國外獨占廠商一部分的利潤，本國政府可以採行限價政策，限

圖 11.8

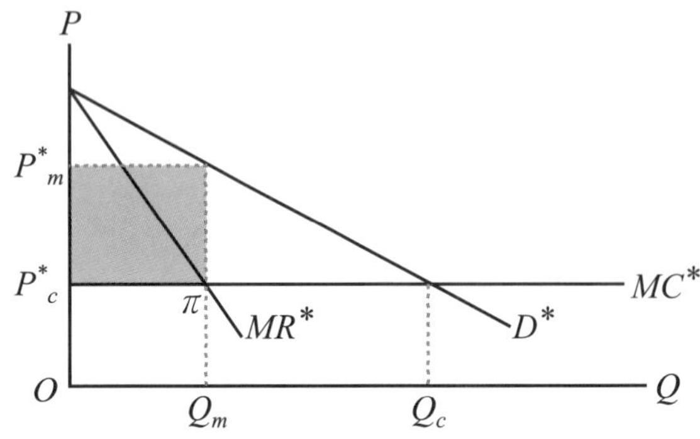

國外獨占廠商 *MC* 為一平行 *X* 軸之直線時之利潤

定市場售價必須低於 P^*_m 以下，最低可到 P^*_c 之價格水準，以便促使國外獨占者之供應量由 Q_m 逐漸增加到 Q_c 單位。

㈡國外獨占廠商之邊際成本線 (*MC*) 為正斜率時之限價政策

圖 11.9

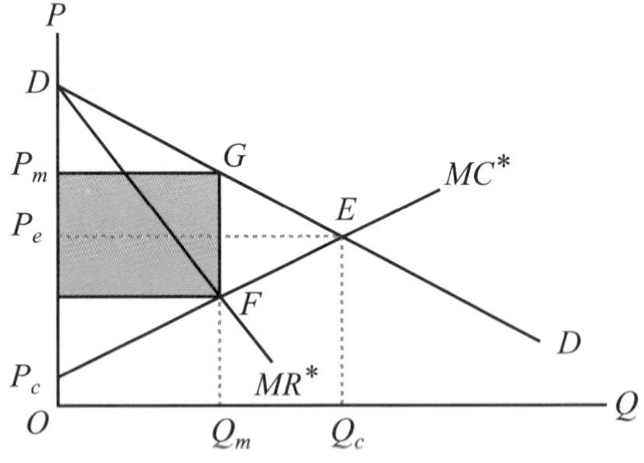

國外獨占廠商 (*MC*) 為正斜率時之限價政策

如果國外獨占廠商之邊際成本線 (*MC*) 為正斜率，如圖 11.9 中之 MC^* 所示，國外廠商為使利潤最大，將於 MR^* 與 MC^* 之交點 F 所對應之價格來訂價，此時由國外生產而進口到本國 Q_m 單位之產品數量，獨占者將以 P_m 之獨占價格出售給本地市場，而陰影部分即為國外獨占廠商之利潤。

此時本國政府之最佳政策為雙管齊下，即一方面採取限價，限定本地市場售價最多只能到達價格 P_e 之水準，以便使國外供應量逐漸達到 Q_c 單位之水準。在 P_e 售價下，國外廠商可取得△P_eEP_c 之生產者剩餘，而本國之消費者剩餘可增加梯形 P_mGEP_e 之面積。另一方面，若本國政府索取將該國外生產者剩餘△P_eEP_c 作為進口之權利金或特許證所收費用，將使本國社會福利極大化。

㈠若政府採自由進口之貿易政策，使小國國內獨占廠商無法發揮獨占力量，對小國消費者有何益處?

㈡若小國國內有獨占廠商，政府開放商品進口也同時採取關稅保護獨占廠商，則小國獨占廠商面對不同之稅額保護時之供給線之形狀為何?請解釋之。

㈢本國獨占廠商面對進口配額之限量進口政策之效果為何?

㈣不完全競爭市場，政府若採取進口數量限制政策比採用關稅政策之社會福利損失更大，請以圖形配合說明。

㈤國外獨占廠商之邊際成本 (MC) 為正斜率時，採行限價政策會有哪些效果?

第五篇

新時代之貿易趨勢

12 世界貿易之現況與趨勢

12.1 世界貿易組織之成立

根據貿易理論，世界各國若能採行自由貿易之原則，除去國與國之間各種關稅和非關稅之貿易障礙，必能提高世界總體之福利水準。為了達到此一目標，需要一超國家之組織來運作。1947 年各國在日內瓦成立關稅暨貿易總協定 (The General Agreement on Tariffs and Trade, GATT) 之後，在與會各國之共同努力下，歷經五十餘年之演進和多邊貿易談判，參照各加盟國之實情，於 1994 年 4 月 15 日，由與會之 117 個加盟國代表簽字，達成烏拉圭回合談判之最終協議，於 1995 年 1 月成立世界貿易組織 (World Trade Organization, WTO)，中國大陸於 2001 年 12 月 11 日入會，臺灣亦於 2002 年 1 月 1 日正式入會，使得貿易自由化之目標，在世界貿易組織之架構下，更向前邁進一步。

世界貿易組織成立之目的，根據馬爾喀什設立世界貿易組織協定 (Marrakesh Agreement Establishing The World Trade Organization) 開宗明義所揭櫫，乃係「鑑於彼此間於貿易及經濟方面之關係，應以提升生活水準、確保充分就業、擴大並穩定實質所得與有效需求之成長、擴張商品與服務貿易之產出為目標。並在永續發展之目標下，達成世界資源之最適運用，尋求環境之保護與保存，並兼顧各會員經濟發展程度相異下之需求及關切。」由此可見世界貿易組織為了達成世界資源之有效應用、兼顧環保且兼顧低度開發國家及開發中國家之經濟發展及國際貿易成長，藉會員國間採用互惠及互利之規範，大幅削減關稅、其他各種貿易障礙及歧視待遇等，該組織之各項施行方案也涵蓋關稅暨貿易總協定 (GATT) 過去所達成貿易自由化之各項協議及所有烏拉圭回合多邊貿易談判之成果。

根據「馬爾喀什設立世界貿易組織協定」第八條第一項「世界貿易組織應具法人人格，各會員應對其職能之行使授予必要之法律能力。」可知該組織之地位超然。其所訂立之規範廣泛，不僅包含以往關稅暨貿易總協定對傳統商品之交易，也論及投資、智慧財產權、服務業及農產品市場開放等事項。

烏拉圭回合談判協定決議所列之條款，除若干有關手續之規定外，對各加盟會員國所約定之經貿活動規範，一般是基於以下六大原則：

㈠最惠國待遇原則

㈡國民待遇原則

㈢關稅減讓原則

㈣消除數量限制原則

㈤減少非關稅障礙原則

㈥諮商原則

雖然有上述六大原則為前提，WTO 為了兼顧國際政經情況之現實，又不得不就「最惠國待遇原則」准予一些例外，即容許各國在下列特殊情況且不違背 WTO 條文時，得以不適用「最惠國待遇原則」：

㈠關稅同盟及自由貿易協定

WTO 對區域貿易協定之相關規定包括原 GATT (1994) 第二十四條及第二十四條釋義瞭解書等，同意 WTO 會員得依上述條款成立關稅同盟及自由貿易區或依照授權條款 (enabling clause) 簽署開發中國家間之區域貿易協定，或依照服務貿易總協定第五條「經濟整合」簽署以促進服務貿易自由化為目的之經濟整合協定。

㈡普通化優惠關稅制度 (generalized special preference, GSP)

普通化優惠關稅制度容許 WTO 會員國對一些特別需要國際協助之開發中的國家適用優惠關稅；此一制度可使低度開發國家或開發中國家在其經濟發展遇到困難時，得以免除若干債務，並獲得其他會員國予以關稅減讓。

㈢基於國家安全理由

依據 GATT 第二十條規定，會員國基於國家安全理由，得不適用「最惠國待遇」。

㈣依 WTO 爭端解決機制授權而施行之貿易報復

按照 GATT 第二十三條規定，一國被授權得以暫停減讓，以報復某對手締約國未履行「最惠國待遇」義務而使其受損。

㈤排除條款

GATT 第三十五條規定各會員國有一次機會對擬加入 WTO 之國家主張不適用 GATT 義務（含最惠國待遇），反之亦然。

由上述各項可見：因世界貿易組織會員國數目眾多，且基於多邊協定，必須斟酌各國既存之特殊情況，兼顧整體與各別盟員國之利益，難免有上列各項折衷妥協之部分例外規定，但整體而言，會員國彼此之間應採行之最惠國待遇、國民待遇、關稅減讓、消除數量限制、減少非關稅障礙及諮商等六大原則所涵蓋之規定，確將 GATT 追求自由、公平貿易之理想，表露無遺。

因此，二十世紀後半個世紀，對世界自由貿易而言，算是一段承先啟後、進展快速、成果豐碩的時代。一方面美蘇冷戰結束，整個地球村之間藩籬漸除，意識型態對峙之局面已日益消彌，各國間經貿、文化、商品之交流往來熱絡，促使全球之貿易總額每年平均增長 6%。因此，透過世界各國天然資源、財貨、勞務、資訊之互通有無，使得各國人民之生活水準、就業狀況和社會福祉都日漸提升。

另一方面，30 年代曾經嚴重破壞全球經濟發展之貿易保護主義，自 1947

年起，已由參與關稅暨貿易總協定之各加盟國共同努力排除下，前後歷經五十餘年，並以世界各國間自由貿易為標竿，進行 8 個回合之多邊貿易談判，逐步建立了全球國際經貿規範，並於 1995 年 1 月間成立世界貿易組織，正式於 1996 年 12 月中舉行了首次全球性部長級會議，相關重要紀事如表 12.1 所示。世界貿易組織之成立可以說是為當今二十一世紀全球貿易自由化鋪下了康莊大道。世界貿易組織成立至今，已有超過 148 個會員國加入，透過該世界貿易組織之運作，未來各會員國間之貿易制度將更為自由化和透明化，能提升全球性總體經濟福利。

但是近十年來，區域性經濟整合之風潮也方興未艾。繼歐洲共同體 (European Community, EC) 1992 年組成了歐洲聯盟 (European Union) 之後，美國、加拿大、墨西哥三國亦於 1994 年 1 月 1 日簽署北美自由貿易協定 (North America Free Trade Agreement, NAFTA)，形成了另一個龐大的區域經濟體系。因此，為了概括了解國際貿易現今情勢之全貌，我們首先由客觀的角度，檢測現今國際貿易之趨勢和概況，以加強大家對國際貿易理論和政策之瞭解。首先我們將世界貿易組織之重要紀事列於表 12.1 中，使我們據以得知世界貿易組織成立之經過和重要成果。

表 12.1

世界貿易組織 (WTO) 重要紀事

會議名稱	時間	成員國數	主要內容
日內瓦 回合談判	1947	23	●正式成立 GATT ●45, 000 多項產品達成關稅減讓協議；平均削減關稅 21%
阿尼亞 回合談判	1949	29	●9 個新成員完成入關 ●達成多項關稅減讓協議；平均削減關稅 2%
多圭 回合談判	1950～1951	32	●4 個新成員完成入關 ●達成 7,800 項目關稅減讓協議；平均削減關稅 3%
日內瓦 回合談判	1955～1956	33	●日本完成入關 ●達成多項關稅減讓協議；平均削減關稅 4%

狄倫 回合談判	1960～1961	39	●達成 4,400 多項關稅減讓協議；平均削減關稅 2%
甘迺迪 回合談判	1963～1967	74	●達成 30,000 多項關稅減讓協議 ●針對反傾銷與關稅估價問題達成協議 ●針對開發中國家的貿易與發展政策納入規範之中
東京 回合談判	1973～1979	99	●例行的關稅議題 ●針對補貼、技術性貿易障礙、關稅評價、政府採購、進口認證、產品標準等非關稅性議題納入討論
烏拉圭 回合談判	1986～1994	117	●例行的關稅議題與東京回合談判的非關稅性議題 ●貿易與服務業、智慧財產權、爭端解決機制、貿易政策透明化與監督等新議題 ●GATT 宣告走入歷史；決議成立 WTO
	1995	128	●1995 年 1 月 1 日正式成立 WTO
新加坡 部長會議	1996	128	●檢討 WTO 協定執行情形及繼續推動既有工作計畫 ●討論投資、競爭政策、政府採購、勞工標準、貿易與環保、貿易便捷等議題 ●服務業談判，包括金融服務業、自然人移動、海運服務業與基本電信業之談判
日內瓦 部長會議	1998	133	●主要討論議題在於電子商務、貿易與環境、貿易與核心勞工標準、貿易便捷化、未來自由化之工作方案、新秘書長改選問題、組織透明化等新議題 ●第二屆部長會議係在紀念多邊貿易體制成立五十週年
西雅圖 部長會議	1999	135	●延續烏拉圭回合談判成果，持續加強貿易自由化之推展 ●鼓勵開發中國家開放市場，強化全球經貿體系的整合 ●加速中國大陸與俄羅斯的入會進程
杜哈 部長會議	2001	143	●通過「杜哈發展議程」(Doha Development Agenda)，正式展開多邊貿易談判之工作，並設立「貿易談判委員會」負責推動談判工作之進行，包括農業、服務業、非農產品市場進入、智慧財產權、貿易規則、爭端解決、貿易與發展、以及貿易與環境等八項議題 ●就「新加坡議題」(投資、競爭、貿易便捷化與政府採購透明化)、電子商務、小型經濟體、外債與融資、技術移轉、技術合作與能力建

			構、低度開發國家、對開發中國家之特殊與差別待遇、以及談判規劃之組織與管理等十二項議題進行檢討，並於第五屆部長會議中提出報告 ●討論兩岸入會的議題 ●2001 年 12 月 11 日中國大陸入會
	2002	144	●2002 年 1 月 1 日臺灣正式入會
坎昆 部長會議	2003	148	●最重要的議題為農業、服務業、非農產品市場進入、智慧財產權、貿易規則、爭端解決、貿易與發展、以及貿易與環境等八項議題以及投資、競爭、貿易便捷化與政府採購透明化等四項新加坡議題 ●有關「貿易談判委員會」談判議題的推動，依據杜哈部長宣言第 45 段之指示，除智慧財產權與爭端解決兩項談判另有時程規劃之外，原則上均應於 2005 年 1 月 1 日以前結束談判，其間並應於第五屆（坎昆）部長會議中進行盤點，供部長們視情形作成政策指示或相關決議

資料來源：整理自世界貿易組織 (2004) http://cwto.trade.gov.tw

12.2 各國近年貿易概況

臺灣自 1971 年起，對外貿易持續出超，尤以電子、資訊、紡織、運動器材等工業迅速發展，致使外匯存底激增，使我國成為知名之貿易出超國家之一；80 年代為國際經濟秩序步入相互依存性大且多元化之時代，世界各國間之經貿往來日益頻繁，當時我國雖非 GATT 會員國，卻因美國強力要求，逐步接受 GATT 各種關稅及非關稅之規範約束。政府為維護國家長遠之經貿利益，於 1990 年 1 月 1 日正式向 GATT 秘書處提出入會申請，且於 1992 年 9 月獲准以觀察員身分，列席 GATT 理事會議。後因 GATT 另成立為 WTO，政府遂於 1995 年 12 月 1 日依照「馬爾喀什設立世界貿易組織協定」第十二條之規定，申請加入 WTO。在申請入會過程，約有五十餘會員國參與臺灣貿易體制之審查工作，其中有 25 個會員國與我進行雙邊關稅減讓談判，經過多方面之努力及配合，臺灣於 2002 年初完成入會手續，成為 WTO 第 144 個會員國。以臺灣天然資源匱乏，卻能在全球貿易之競爭中脫穎而出，自有其發展之經貿政策和歷史背景加以配合，值得我們在前人所奠定之基礎下，作進一步的發揮，維持經貿之永續成長。

其他各開發中國家，也在國際貿易市場上急起直追，蔚為風潮。首先，我們可由表 12.2 中看出在 1990 年代中，越南、烏干達、南韓、黎巴嫩、墨西哥、尼泊爾等國每年出口之平均成長率均超過 14% 以上，這種表現大部分應可歸功於各國政府及民間致力於出口製造和擴張之努力；其中成長原因比較特別的是墨西哥，因為墨西哥之出口成長，主要是由於 1994 年與美、加兩國簽定了「北美自由貿易協定」後，受到區域內關稅減免之優惠，其產業結構和進出口產品項目，已逐漸出現變化，例如由墨西哥出口至美、加兩國之產品已漸漸集中於電子、電氣設備、車輛及運輸設備等。有許多美加車輛組裝及製造工廠紛紛遷至墨國投資，就近利用墨國之低廉勞工組裝或製造，完工後再回銷美加市場，使得墨國車輛及運輸設備工業蓬勃發展，而且墨國之電子、家電業的發展也在加入北美自由貿易區之後大有斬獲。此外，紡織業亦成為墨國出口之重要產業，僅美墨邊境之加工出口區內，紡織業已有 915 家，到 2001 年底墨西哥全國已超過 4,500 家，成長快速。自 1997 年起墨西哥已躍升為美國最大之紡織品供應國，基於以上原因，使得墨西哥出口貿易在 1990 年代後期成長快速，可見加入區域性之世界貿易組織，對開發中之國家十分有利。至於其他各國之出口成長迅速，則不僅有賴於近年來世界貿易組織對各會員國要求關稅之減免、貿易障礙之降低，對開發中國家之出口日益有利之外，亦可歸功於全球資訊化時代之來臨和國際企業策略聯盟之通行，使各國較以前更容易取得低廉之原料和勞工，使國際貿易呈現一片榮景。

為了進一步了解全球主要區域之貿易狀況，表 12.3 列出 2002 年各區域之進出口總金額及各占世界貿易總額之百分比。由該表中很明顯地可看出歐洲聯盟 (European Union) 在世界貿易總額中不論是進口或出口都占最大比例，可見該組織之經貿實力不容忽視；此外，亞洲地區之出口總額在 2002 年占世界總額之四分之一強，進口則占 22.4%，表現亮麗；另外，美國及加拿大地區雖出口僅占世界出口總值之 15.2%，但進口總值卻占全世界之 22.0%，顯見北美兩國為世界許多國家貨品之主要進口市場，對各貿易國廠商之規模經濟而言有其重要性。拉丁美洲各國除了墨西哥之外，其他國家之出口競爭力均不夠強勁，而中東地區之出口及進口占世界之比例均低於 4%，足以顯現中東地區之經濟活動不太活絡，其出口仍以石油原料為大宗；而進口總值及百分比低（只占 2.8%）。非洲地區之進口及出口值均為最少數量，顯示該地區經貿活動不夠強勁，因此該地區人民生活中可享用之進口物品稀少，生活水準也較低。但由表 12.2 中可以見到非洲之烏干達、莫三比克、賴索托、辛巴威、迦納等國之出口貿易近年均有超過 10% 之年成長率，亦可知道這些國家重視貿易，力爭上游之情形。

表 12.2

1990～1999 年間出口貿易快速成長的國家

出口國	以美元計價的平均年出口成長率	出口國	以美元計價的平均年出口成長率
越南	27.7%	斯洛伐克共和國	12.0%
烏干達	16.3	土耳其	11.9
南韓	15.6	薩爾瓦多	13.7
黎巴嫩	15.6	印度	13.3
墨西哥	14.3	賴索托	13.3
尼泊爾	14.3	辛巴威	11.0
阿爾巴尼亞	13.6	馬來西亞	11.0
莫三比克	13.4	波蘭	10.8
愛爾蘭	13.3	迦納	10.8
孟加拉共和國	13.2	尼加拉瓜	10.3
中國大陸	13.0	愛沙尼亞	10.2
亞賽拜然	12.6	全球	6.9

資料來源：World Bank, *World Development Report* (*2000/2001*) (Oxford: Oxford University Press, 2001).

表 12.3

2001 年區域出口及進口統計

（單位：十億美元與占世界貿易總額的百分比）

	出口*		進口**	
	金額	百分比	金額	百分比
北美‡	$946	15.2%	$1,431	22.0%
拉丁美洲	351	5.6	355	5.5
西歐	2,648	42.4	2,644	40.7
40.7(歐盟)#	(2,441)	(39.1)	(2,438)	(37.5)
變遷中的經濟體	309	5.0	297	4.6
(中東歐)	(145)	(2.3)	(176)	(2.7)
非洲	139	2.2	133	2.0
中東	236	3.8	183	2.8
亞洲	1,610	25.8	1,457	22.4
總額	$6,240	100.0%	$6,500	100.0%

注意：因為小數點循環的關係，各區的數值加總並不等於總額。
* 出口是以離岸價格 (F.O.B.) 計值。
** 進口是以起岸價格 (C.I.F.) 計值。
‡ 加拿大及美國。
# 奧地利、比利時、丹麥、芬蘭、法國、德國、希臘、愛爾蘭、義大利、盧森堡、荷蘭、葡萄牙、西班牙、瑞典、英國。
資料來源：World Trade Organization, *Annual Report 2002* (Geneva: WTO, 2002).

若由全球之角度找出進出口貿易金額排名前二十名的國家，可以由表 12.4 看出：美國和德國在出口和進口之金額上均分居世界數一數二之位置；而日本、法國、中國大陸、英國等在出口、進口上之表現亦頗為可觀，僅次於美、德等國；亞洲四小龍中，香港（中國）、南韓、臺灣、新加坡亦在世界前十六名之行列中，以其天然資源稀少之事實看來，四小龍在全球貿易之競爭中，長久建立之相對優勢仍不容小覷。墨西哥在 90 年代之貿易表現異軍突起，近年與南韓、臺灣分庭抗禮，可見受惠於北美自由貿易區之態勢十分明顯。

表 12.4

2001 年全球商品貿易前二十名進出口國家之貿易金額

（單位：十億美元與占世界貿易總額之百分比）

出口				進口			
排名	國家	金額	百分比	排名	國家	金額	百分比
1	美國	$693.5	10.8	1	美國	$1,202.5	18.0%
2	德國	612.2	9.5	2	德國	493.3	7.4
3	日本	416.0	6.5	3	英國	339.8	5.1
4	法國	329.5	5.1	4	日本	336.4	5.0
5	中國大陸	325.6	5.1	5	法國	326.4	4.9
6	英國	275.9	4.3	6	中國大陸	295.2	4.4
7	加拿大	252.5	3.9	7	義大利	243.1	3.6
8	義大利	252.0	3.9	8	加拿大	227.6	3.4
9	荷蘭	243.4	3.8	9	荷蘭	217.7	3.3
10	比利時	213.2	3.3	10	香港（中國）	208.6	3.1
11	香港（中國）	200.6	3.1	11	比利時	195.7	2.9
12	南韓	162.5	2.5	12	墨西哥	176.5	2.6
13	墨西哥	160.8	2.5	13	西班牙	153.7	2.3
14	臺灣	130.3	2.0	14	南韓	152.1	2.3
15	新加坡	125.6	2.0	15	新加坡	116.2	3.7
16	西班牙	118.9	1.9	16	臺灣	112.6	3.7
17	俄羅斯邦聯	106.9	3.7	17	瑞士	83.5	3.2
18	馬來西亞	95.7	3.5	18	馬來西亞	80.2	3.2
19	愛爾蘭	88.6	3.4	19	奧地利	77.7	3.2
20	瑞士	87.6	3.4	20	澳洲	72.7	3.1
	總和	$5,217.5	83.2%		總和	$5,151.9	77.1%
	世界總額	$6,424.0	100.0%		世界總額	$6,685.0	100.0%

資料來源：整理自世界貿易組織。World Trade Organization, *Annual Report 2002* (Geneva: WTO, 2002), obtained from http://www.wto.org.

12.3 世界貿易之商品結構

2001 年中世界出口的商品結構 (參照表 12.5)，是以製成品為最大宗，所占比例為世界出口值之 74.8%，其中又以機械和運輸設備所占比重大，超過了 40% 以上；機械設備中之辦公和通訊設備，占 13.8%；礦產部分之燃料占全部出口值之 10.3%，亦顯示市場對石油、天然氣等能源原料之需求殷切。化學製品 (9.9%) 及其他機械 (17.7%) 亦為貿易市場上之熱門商品。

表 12.5

2001 年世界貿易的商品結構

產品分類	2001 年的出口值（十億美元）	占 2001 年的百分比
農產品	$547	9.1%
食品	437	7.3
原物料	110	1.8
礦產	790	13.2
礦砂及其他礦產	63	3.1
燃料	618	10.3
非鐵金屬	111	1.9
製成品	4,477	74.8
鐵及鋼	130	2.2
化學製品	596	9.9
其他半成品	432	7.2
機械和運輸設備	2,453	41.0
辦公和通訊設備	(828)	(13.8)
汽車相關產品	(565)	(9.4)
其他機械	(1,061)	(17.7)
紡織品	147	2.5
服飾	185	3.3
其他消費財	525	8.8
總出口金額	$5,984	100.0%

注意：每一子項的加總並不等於總和，這是因為小數點四捨五入的關係。

資料來源：整理自 World Trade Organization, *International Trade 2002: Trends and Statistics* (Geneva: WTO, 2002).

12.4 區域內貿易盛行

由表 12.6 中，可以知道當前區域內貿易盛行之趨勢。商品在西歐境內進出口之比例高達 67.5%；亞洲境內進出口之比例達 48.2%；在北美洲境內之進、出口之比例則達 39.5%；由拉丁美洲銷往北美之比例達 60.8%，顯然在同一洲界之內因地理位置接近貨品運送便利容易擴大彼此間的貿易數量，這也是區域內貿易盛行的原因之一。

表 12.6

2001 年全球區域性貿易結構

（單位：每一來源地出口至每一目的地的百分比）

目的地／來源地	北美	拉丁美洲	西歐	中東歐、波羅的海諸國和獨立國協	非洲	中東	亞洲	全球
北美	39.5%	16.5%	19.0%	0.7%	3.3%	2.1%	20.9%	100.0%
拉丁美洲	60.8	17.0	12.1	0.9	3.2	3.2	6.3	100.0
西歐	10.3	2.3	67.5	5.9	2.5	2.6	7.8	100.0
中東歐、波羅的海諸國和獨立國協	4.2	2.1	55.2	26.6	1.0	2.8	6.6	100.0
非洲	17.7	3.5	51.8	0.7	7.8	2.1	14.9	100.0
中東	16.5	3.3	16.5	0.8	3.8	7.6	47.3	100.0
亞洲	25.1	2.7	16.8	3.1	3.6	3.0	48.2	100.0
全球	21.9	5.6	40.6	4.2	2.1	2.7	23.7	100.0

注意：由於所包含的範圍並不完整，所以同一個目的地各項加總不一定是 100.0%。
資料來源：World Trade Organization, *Annual Report 2002: International Trade and Statistics* (Geneva: WTO, 2002).

12.5 服務業之興起

除了上述各項特色之外，近年國際貿易上之另一趨勢為服務業在全球貿易總值上日漸重要。一般服務業廣義而言，涵蓋了商務服務、投資操作和政府服務等項目。根據國際產業標準分類 (International Standard Industrial Classification, ISIC)，服務業包括下列各項：批發及零售、餐廳和飯店、運輸、倉儲、傳播、金融、保險、房地產買賣、商業服務、個人服務、社區服務和政府服務；在國際貿易範疇中之商業服務 (commercial services) 主要是指對貿易之「勞務」亦即商務服務。在表 12.7 中列舉出 2001 年商務服務之前三十名主要進出口國家。

由表 12.7 可以看出商務服務主要集中於一些工業化之國家；如美國商務服務之出口占全球之 17.4%，而進口占全球之 14.3%；而英、德、法、義、日等國在商務服務之百分比，不論出口、進口均名列前茅，僅次於美國。由於服務業之金融、保險、傳播、倉儲、運輸均可用策略聯盟或連鎖店之方式運作，透過現代發達之資訊和完善之配備，將是未來國際貿易上愈來愈重要的一種流行趨勢。

表 12.7

2001 年商務服務的主要進出口國家

（單位：十億美元與占世界貿易總額的百分比）

出口			進口		
國家	金額	百分比	國家	金額	百分比
1. 美國	$267.8	17.4%	1. 美國	$218.4	14.3%
2. 英國	121.0	7.9	2. 德國	142.8	9.4
3. 德國	94.9	6.2	3. 日本	105.3	6.9
4. 法國	84.0	5.5	4. 英國	98.0	6.4
5. 日本	64.7	4.2	5. 法國	64.3	4.2

6.西班牙	63.1	4.0	6.義大利	63.7	4.0
7.義大利	58.7	3.8	7.荷蘭	55.9	3.7
8.荷蘭	54.7	3.6	8.比利時	47.9	3.1
9.比利時	53.3	3.5	9.中國大陸	44.2	2.9
10.香港（中國）	44.0	2.9	10.加拿大	43.7	2.7
11.中國大陸	37.3	2.4	11.愛爾蘭	38.8	2.5
12.加拿大	36.2	2.4	12.西班牙	36.2	2.4
13.奧地利	36.1	2.3	13.南韓	33.9	2.2
14.南韓	29.3	1.9	14.奧地利	33.8	2.2
15.瑞士	27.3	1.8	15.丹麥	24.6	3.6
16.新加坡	27.0	1.8	16.臺灣	24.4	3.6
17.丹麥	26.9	1.8	17.香港（中國）	23.9	3.6
18.愛爾蘭	26.2	3.7	18.瑞典	23.1	3.5
19.瑞典	22.0	3.4	19.俄羅斯邦聯	20.7	3.4
20.臺灣	23.3	3.4	20.新加坡	20.6	3.4
21.印度	20.7	3.3	21.澳洲	17.0	3.1
22.希臘	1,818.9	3.2	22.挪威	16.5	3.1
23.挪威	18.8	3.2	23.墨西哥	16.4	3.1
24.澳洲	16.0	1.0	24.泰國	16.3	3.1
25.泰國	14.9	1.0	25.印尼	15.7	1.0
26.土耳其	14.4	0.9	26.馬來西亞	15.6	1.0
27.馬來西亞	14.1	0.9	27.印度	15.5	1.0
28.墨西哥	12.6	0.8	28.瑞士	15.3	1.0
29.俄羅斯邦聯	12.4	0.8	29.巴西	13.6	0.9
30.波蘭	9.8	0.6	30.以色列	12.5	0.8
總計	$1,345	87.5%	總計	$1,315	86.4%
全球	$1,540	100.0%	全球	$1,520	100.0%

附註：以上數據來自於 WTO 秘書處，為不完整或初級資料之估計值，因小數循環之故，各項加總不一定等於總計。

資料來源：World Trade Organization, *Annual Report 2002* (Geneva: WTO, 2002).

12.6 區域性經濟整合風潮方興未艾

自 1990 年起，各國基於地緣關係、歷史背景以及各種經濟或非經濟因素，而形成了許多區域性經濟整合體，至 2002 年底大約有 90% 的 WTO 會員國分別歸屬於不同程度的區域經濟組織。其中七大最主要的區域性組織包括：歐洲聯盟 (European Union, EU)，北美自由貿易區 (North America Free Trade Area, NAFTA)，東盟自由貿易區 (A.S.E.A.N. Free Trade Area, AFTA)，南方共同市場 (Southern Common Market)，中歐自由貿易協定 (Central European Free Trade Agreement, CEFTA)，安第斯共同體 (Andean Group) 以及亞太經濟合作會議 (Asia-Pacific Economic Community, APEC)，這種區域性經濟整合風潮正方興未艾，是否逐漸形成區域性之貿易壁壘，或會影響未來國際貿易之全貌，值得重視。

綜上所述，當代世界貿易之趨勢可歸納如下：

(1)世界貿易組織提倡全球性自由貿易，各會員國間關稅，補貼、技術性貿易障礙及非關稅貿易障礙將逐步撤除。

(2)區域性經濟整合之風潮興起，透過不同之地理因素和文化背景以及經濟考量，各種龐大之區域性經濟體逐漸成形，各區域內商品與勞務之交易日趨活絡。

(3)國際商情 e 化後，有利於國際間多國籍企業間貿易作策略聯盟和國際分工，逐漸形成一種新的國際貿易方式。

(4)國際交易環境保護之相關要求水準提高，對商品之原料、製造、運送、消費等之環保訴求日益重視，以至於對國際貿易貨品是否能符合國際標準組織 (International Organization for Standardization, ISO) 之環境管理系統 ISO14000 標準或各國之國家環境安全衛生管理標準之要求，日益殷切。

(5)服務業在全球貿易總值上日漸重要。

⑹智慧財產權、爭端解決機制等相關議題將成為未來知識經濟時代 WTO 重要的貿易議題。

㈠世界貿易組織對各加盟會員國經貿活動之規範是基於哪六大原則?

㈡世界貿易組織為了兼顧國際經貿之現實，對「最惠國待遇原則」之適用准予哪些例外?

㈢當代世界貿易之六大趨勢為何?

13 貿易政策之反制現況與進口救濟制度

1930 年代各國為了擴大商品市場、充分利用各項產能及經濟規模，紛紛開始進行擴張出口之貿易政策；同時，為了扶植本國產業、各種關稅及數量限制之貿易保護政策也十分盛行，當時因無正式的國際組織來主導各項國際貿易之規範；所以，許多國際貿易發生之爭端泰半由當事人私下依循雙方之原始契約上之規定，交付各國之司法機關或仲裁機構予以解決或不了了之。但是隨著貿易數量之日益擴大，各種貿易糾紛也時有所聞，各國鑑於國際經貿秩序之建立和維持十分重要，並且需要一個超國家的組織來執行，所以在 1947 年建立了關稅暨貿易總協定 (GATT)，策劃國際共同認可之關稅減讓和貿易規範，並由各加盟國一起開會協商，努力排除各項國際經貿之障礙，前後歷經了五十餘年，以自由貿易為目標並參照各加盟國間之經貿實況，進行了 8 個回合之多邊貿易談判，最後 GATT 各國在烏拉圭回合達成共識，1994 年 4 月 15 日由與會之 117 個加盟國代表簽字，完成了最終協議，決定成立「世界貿易組織」(World Trade Organization, WTO)，試圖由 WTO 有效管理及執行各回合談判之多項決議。

世界貿易組織 (WTO) 於 1995 年 1 月 1 日成立時，立即完全取代了關稅暨貿易總協定 (GATT) 之功能，並將 GATT 原有之規定加以修改而擴大其涵蓋之層面，除了包含原有之製造業、農業、服務業以及與貿易相關之投資行為外，亦將智慧財產權之保障予以納入。

一般而言，世界貿易組織具備下列五項主要功能：

㈠管理及執行世界貿易組織之各項規定

㈡對會員國間各項協定之各種貿易關係，提供談判之論壇 (Negotiating Forum)

㈢解決各會員國間之爭端

㈣管理貿易政策審查機制

㈤與其他經濟組織之協調

有關 WTO 之運作方式，其最高之決策機構為「部長會議」(Ministerial Conference)，每兩年至少召開會議一次，並且部長會議有任命 WTO 秘書長之權力。部長會議休會期間，由總理事會 (General Council) 代為執行其職權；部長會議之下，另設有貿易與環境、貿易與發展、區域貿易協定、收支平衡措施、預算、財務與行政等委員會。總理事會同時亦以爭端解決機構 (Dispute Settlement Body, DSB) 之名義，處理各國間之貿易爭端案件。

此外，WTO 亦設有貨品貿易理事會 (Council for Trade in Goods)，其下設置市場開放、農業、食品衛生檢驗與動植物檢疫措施、與貿易有關投資措施、原產地規劃、技術性貿易障礙、補貼暨平衡措施、反傾銷、輸入許可證、關稅估價、防衛措施等 11 個委員會。此外，服務貿易理事會 (Council for Trade in Services) 及與貿易有關智慧財產權理事會 (Council for Trade-Related Aspects of Intellectual Property Rights) 亦為 WTO 之常設機構，分別處理特定承諾、金融服務業及監督與貿易有關智慧財產權協定之執行情形。

又如前章所述，WTO 各執行單位對會員國間所作各項經濟貿易活動之規範主要基於(1)最惠國待遇原則，(2)國民待遇原則，(3)關稅減讓原則，(4)消除數量限制原則，(5)減少非關稅障礙原則及(6)諮商原則等六大原則。

根據前述六項原則，WTO 之爭端解決機構 (DSB) 和相關之委員會等，受理裁決各會員國或各經濟體間之不公平或不當之貿易政策或措施而加以糾正之，其中最為常見的反制措施為針對國際貿易之傾銷 (dumping) 行為而課徵反傾銷稅 (antidumping duty)；以及針對各項外國政府之補貼 (subsidizing) 行為而課徵平衡稅 (countervailing duty) 兩種方式。本章擬就這兩種貿易行為之反制措施加以說明。

13.1 傾銷與反傾銷稅

傾銷 (dumping) 之界定，通常可以分別由經濟和法律的角度來探討。若由經濟層面的論點來看，傾銷行為是針對不同之國家或不同的市場施行價格歧視 (price discrimination)。換句話說，若商品市場可以被區隔而分割成 2 個或 2 個以上之市場，且某國廠商在各自區隔的市場內有或多或少的獨占力量可以主導市場之價格時，根據經濟學原理，為求得最大利潤，獨占廠商會對各不同之區隔市場實施差別取價，茲以圖 13.1 加以說明。

圖 13.1

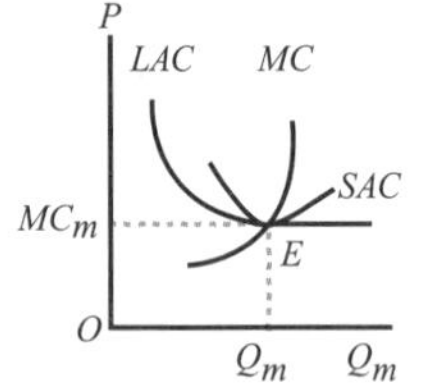

(a) A 國獨佔廠商之平均成本低

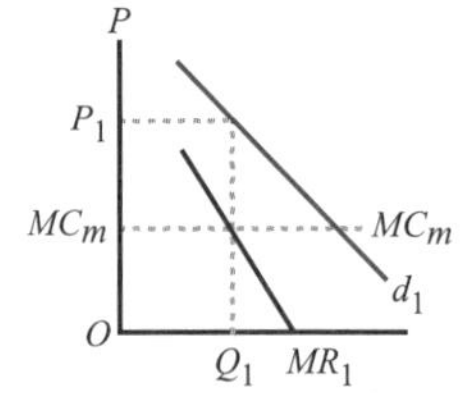

(b) A 國國內市場需求之價格彈性小售高價格

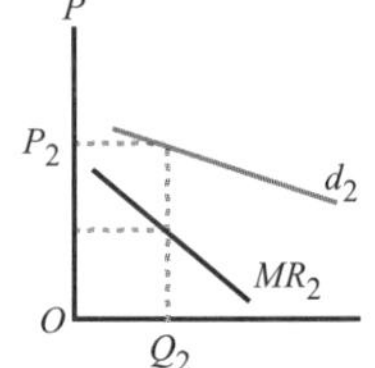

(c) B 國市場需求之價格彈性大售低價格

經濟學之傾銷定義為對不同國家廠商之差別取價

在圖 13.1 中，(a)圖代表 *A* 國獨占廠商之長期平均成本 (*LAC*) 會隨著製造數量之增加，有逐漸下降之趨勢 (此為自然獨占之特性之一)，此獨占廠商之實際最適營運點為短期平均成本線 (*SAC*) 與長期平均成本線 (*LAC*) 相切之切點 *E*，同時在長期均衡點 *E* 時邊際成本線 (*MC*) 一定通過此一均衡點 *E*，在 *E* 點所對應之最適產量為 Q_m，且所對應之邊際成本為 $MC_m = SAC = LAC$，也就是獨占廠商之邊際成本 (MC_m)，短期平均成本 (*SAC*) 及長期平均成本 (*LAC*) 在 *E* 點是相等的。

A 國獨占之最適產量為 Q_m，欲將其行銷到 *A* 國之本國國內市場如圖 13.1 (b)

及 B 國國際市場如圖 13.1 (c)所示。由圖 13.1 中可見到 A 國本國市場對該商品需求線 d_1 之價格彈性小，而 B 國對該商品需求線 d_2 之價格彈性大，因為需求之價格彈性 (ε) 之定義為

$$\varepsilon = \frac{\text{數量變化之百分比}}{\text{價格變化之百分比}} = \frac{\Delta Q/Q}{\Delta P/P} = \frac{P}{Q} \times \frac{\Delta Q}{\Delta P} = \frac{P}{Q} \times \frac{1}{\text{斜率}}$$

其中 P 代表原價格，ΔP 為價格之變化量，Q 為原數量，ΔQ 為數量之變化量。從上述需求之價格彈性之定義中，可以看出價格彈性 (ε) 與需求曲線斜率之大小呈反方向之變動關係。所以 A 國國內市場之需求曲線 d_1 之斜率大，其價格彈性小，因此 A 國獨占廠商在 A 國市場對貨品收取較高價格 P_1。另一方面，A 國將一部分貨品外銷到 B 國，在圖 13.1 (c)中可見到 B 國需求曲線 d_2 之斜率小，所以其價格彈性大，為了減少 B 國消費者對價格之反彈，以致 A 國獨占廠商對出口到 B 國之貨品收取較低之價格 P_2，也就是 A 國廠商以低於本國市場之價格 P_2（而 $P_2 < P_1$）向 B 國傾銷，設法將其全部生產之數量 Q_m 均賣完，即 $Q_1 + Q_2 = Q_m$ 可使總獨占利潤達到最高。

所以，由經濟學之角度看來，廠商對不同的市場實施差別取價——即對產品之需求價格彈性較低者收取高價，而對需求價格彈性較高者收取低價，可以擴大廠商利潤。這種差別取價之不同市場位在一國領域之內，則屬於國內公平競爭法的問題，但若差別取價之不同市場是位於不同國家之領域內進行，則屬於傾銷的問題，這種同質商品在不同國家收取不同之價格，尤其是本國收取高價而對國外市場收取低價，而使國外售價低於正常價格時，若造成外國類似產業因利潤太低不敷成本所需或無法競爭而使外國產業發生損害或有損害之虞，即構成「傾銷」行為。

另外經由法律的角度來看，一般而言傾銷被認為是國際上之不公平交易的價格歧視，是屬於「應被非難」(to be condemned) 的貿易行為，所以在相關國際貿易規範中，准許進口國對傾銷進口之貨品採取若干反制措施。依照 GATT 1994 第六條之規定，自一國輸往他國之產品如其出口價格低於該出口國在國內消費之同類產品於通常貿易過程中可資比較價格，凡產品以低於其正常價格 (less than normal value) 之方式被銷往另一國家者，即可構成傾銷。

其個別廠商貨品「傾銷差額」簡單的計算公式為「正常價格」－「出口價格」，也就是

傾銷差額＝「母國市場價格」－「出口銷售價格或出口價格」

但若母國出口產業之廠商數目不只一家時，則各以其出口量所占的比例為權數計算傾銷差額。實際上因受限於資料取得之難易不同，有關「傾銷差額」之計算，根據 GATT 之反傾銷規則，通常有下列三種可能之計算方式：

⑴比較正常價格加權平均值與出口價格加權平均值，分別以各廠商之出口量和該產業全部出口量之比例作權數。

⑵比較逐筆正常價格與逐筆出口價格，不以各廠商之出口量比例加權。

⑶比較正常價格加權平均值與逐筆出口交易價格。

依照前述公式計算結果，如果傾銷差額為一正數，即構成有傾銷行為之可能，但若母國市場並未銷售此一產品而無母國市場價格，或其銷售數量過小，不能以之作為比較基礎時，則以銷往第三國之價格，或推算價格 (constructed value) 作為計算傾銷差額之基礎。而此處所指之母國市場係指產品原產國或出口國。

若母國出口產業的廠商不只一家時，當個別廠商之傾銷差額均分別計算出來後，再以其出口量作加權，以計算來自母國之整個產業進口貨之傾銷差率如下：

$$\text{傾銷差率} = \frac{\text{加權之傾銷差額}}{\text{加權之 CIF 總值}} = \frac{\sum(\text{傾銷差額}) \times (\text{出口量})}{\sum(\text{CIF 單價}) \times (\text{出口量})}$$

依據 WTO 反傾銷協定（第五條第八項），若傾銷差率低於 2% 時，認定為微小，或可免徵反傾銷稅。某個別國家傾銷輸入之數量低於進口國同類貨物進口量的 3% 時，原則上，應認為可以忽視，但數個國家其個別輸入雖僅占進口國同類貨物進口量的 3% 以下，其總進口量占國內市場進口量 7% 以上時，不在此限。

所以，根據學者羅昌發 (1994) 指出，反傾銷法律之實體規定主要有下列三部分：

⑴有傾銷之存在。

⑵須有國內產業損害之發生。

⑶前二者之間有因果關係。

如果上述三項反傾銷法律之實體規定要件經主管機關查證屬實，則進口國可以據以對相關之進口貨品依法課徵反傾銷稅 (antidumping duty)。

綜上所述，反傾銷稅是輸入國為反制、規正輸出國之傾銷行為並抵消其傾銷效果，由輸入國政府主管機關依照該國反傾銷之法律規定，針對主管機關已查核認定之國外進口貨品有傾銷之事實者，在一定之期間內予以課徵之額外進口稅，其目的是為了減輕或避免本國類似貨品之產業因國外進口貨品以低於正常價格大量傾銷本地市場而使本國產業受到損害。

既然傾銷行為不論是由經濟及法律之角度來看均為不公平之貿易行為，GATT 1994 第六條執行協定 (Agreement on Implementation of Article VI of the General Agreement on Tariffs and Trade 1994) 即包含反傾銷協定 (Agreement on Antidumping)，主要是訂定各會員國採取反傾銷措施之一般規範。根據該項協定，會員必須先依照反傾銷措施之相關規定進行調查，並經認定進口貨品涉及「傾銷」——亦即出口貨品之價格、低於其國內價格或第三國具代表性價格、或依生產成本計算之推算價格，而該產品對輸入國之國內類似產品之產業造成實質損害、且二者間具有因果關係後，始得採取片面貿易救濟措施。具體而言，WTO 之反傾銷協定對反傾銷課稅有其實質性與程序性規定：實質性規定包括傾銷之認定和計算，以及損害與因果關係之認定；而程序性規定則包含傾銷案件調查之展開和進行、進口國所採暫時性措施如依照「初步成立裁決」(Preliminary Affirmative Determination) 而先課徵臨時反傾銷稅，至於價格具結、反傾銷稅課徵、課稅期間及公告等相關規定，可由各該受害產業之廠商或利害關係人依照 WTO 之規範配合各國自訂之反傾銷相關法律，依法進行。

13.2 補貼與平衡稅

(一) GATT/WTO 對補貼之定義及規範

「補貼」之認定在本質上相當複雜，1994 年隨著烏拉圭回合協議之通過，新版之補貼暨平衡稅措施協定 (Agreement on Subsidies and Countervailing Measures) 第一條即明確地定義補貼為「對特定商品之輸出由政府或任何公立組織給予之財務資助，或是符合總協定第十六條規定之所得或價格支持，且因接受上述資助獲得利益。」學理上，政府之補貼行為可以分為出口補貼 (export subsidy) 與國內補貼 (domestic subsidy) 兩大類型。出口補貼是針對以出口為目的之貨品為對象，其採行之方式很多樣化，例如對出口廠商提供外銷低利貸款或外銷保證；對外銷廠商與進口廠商辦理結匯時之匯率予以差別待遇；對外銷貨品給予退稅或免稅的待遇等，方式繁多。因為出口補貼容易導致貿易上之扭曲，對於貿易對手國之產業或貿易利益或有損害，所以廣受國際社會之反對，成為進口國依法據以課徵「平衡稅」之根源。此亦為 WTO 對會員國欲加以約束干預的行為。另一方面，國內補貼通常為政府執行某些產業政策或繁榮地方之工具；為了維護公共安全、建立教育環境和基礎建設等設施，政府在國內除給予一般性之國內補貼外，對某些特定之產業之研發、地區性之災害救助、老舊傳統產業之調整與轉型等政策目標，政府亦可能提供參與廠商或研究單位一些資金上之支援，不僅對國內整體資源之配置有所助益，對他國產業也不致造成危害，所以被視為具有合法之基礎，為國際社會所普遍接受，此種國內補貼，不論是一般性或特定性，只要不危及他國產業，通常 WTO 不會加以規範或干涉。

根據前述 1994 年烏拉圭回合多邊貿易談判所簽訂之補貼及平衡稅措施協定對「補貼」所設定之定義，受到 GATT 所規範之補貼行為可區分為三種性質：禁止之補貼 (prohibited subsidies)、可控訴之補貼 (actionable subsidies) 與不可控訴之補貼 (non-actionable subsidies)。

其中「禁止性之補貼」，根據條文中第三條規定，任何補貼不論是在法律上或實際上，是以出口表現或是以使用國內產品先於進口產品為條件時，即為禁止性補貼。1995 年以後被「WTO 禁止之補貼」包括下列各項：

⑴直接補貼。

⑵政府之通貨保留，例如為出口者提供較優惠之匯率。

⑶政府對出口貨品提供較國內更優惠之內陸運輸及船運費用。

⑷政府就出口之產品或服務提供消費者較優之使用條件。

⑸對出口產品之直接稅（如薪資、利息、利潤、租金、版權費與不動產之租稅等）允許減免或延遲繳納。

⑹對出口產品直接稅之減免措施超過對國內消費品之優惠。

⑺間接稅（如銷售稅、消費稅、交易稅、加值稅、特許稅、印花稅與轉讓稅等）之減免。

⑻對出口產品在生產過程前階段中所累積的間接稅，給予免除減輕或遞延繳納之優惠等。

⑼進口稅之減免或退還等。

⑽政府以明顯不足以支付長期營運成本與損失的費率，提供出口信用保證與保險。

⑾政府提供之出口信用費率低於廠商應支付之費用等。

⑿其他出口補貼等。

有關以上各項之細節請參見補貼暨平衡措施協定（Agreement on Subsidies and Countervailing Measures, GATT 1994)。

「可控訴之補貼」係指一國採行之任何其他補貼若是造成另一締約國國內產業遭受損害或損及其權利、利益者，可以交付 WTO 之爭端解決小組解決者為可控訴之補貼。

「不可控訴之補貼」則包括非定性之補貼，以合約為基礎，對廠商、高等教育或研究機構之研究活動給予補助、對落後地區所給予之非特定性補助以及為了符合新的環保標準，對現有設備之改良所給予之資助等。

㈡ GATT/WTO 對平衡稅之定義及規範

平衡稅之定義根據關稅暨貿易總協定第六條第三項「係指為抵消對任一產品在製造、生產或輸出過程中，接受直接或間接之獎勵或補貼所課徵之特別關稅。」

根據上述說法，平衡稅是針對接受補貼之產品，課以相關補貼淨額之關稅，主要是針對貿易對手國就出口產業或商品所給予之獎勵或補貼等不公平貿易手段，對進口國國內產業造成重大損害或威脅時，進口國政府依照廠商之請求經提報 WTO 補貼與平衡稅措施委員會指派之爭端解決小組查證屬實而課徵「抵消」出口商「所受補貼」之平衡稅。

自 GATT 及 WTO 相繼成立之後，為確保自由貿易之施行，各國均十分注意貿易對手國是否有補貼行為，但由於稅捐及其他獎勵措施一直為許多國家產業及投資政策之主要工具，而這些工具在國際貿易規範中是否成為貿易對手國所認定之「補貼」範疇，成為相當敏感的問題。由於補貼性質之不同，跟隨而採行之反制或救濟措施亦有所不同。前述 GATT 新協定除設立「補貼暨平衡稅措施委員會」外，更要求會員國於採行一切有關平衡稅之行動時，均應立即向委員會報告。

在另一方面，GATT 新協定第六條第六項(a)要求「任一締約國對其他締約國任何產品之輸入，除非認定其補貼之效果，已實質損害及國內產業或有實質損害之虞，或已阻礙國內工業之建立，不得徵收任何平衡稅。」

根據 GATT 新協定第十九條，「會員國完成協商且最終判定有補貼及損害時，可課徵平衡稅」，而平衡稅之課徵，「以從寬處理、無歧視原則與不超過補貼金額為原則」。

另為兼顧開發中國家發展之需要，對開發中國家出口產品涉及可控訴之補貼時，依據第二十七條規定，必須以積極證據證明嚴重侵害之事實，以及其補貼取代或阻礙同類貨物輸入補貼國市場，或使進口會員國之產業遭受侵害。又調查主管機關認定補貼低於每單位價值 2%，或補貼輸入量占進口國總輸入 4% 以下時，應即停止調查。我國於民國 73 年已依照關稅法之授權，訂定了「平衡稅及反傾銷稅課徵實施辦法」，並於 83 年 11 月 17 日由財政部及經濟部會商修正並由經濟部設立「貿易調查委員會」專責處理進口救濟案件，職司產業受害的調查，另由財政部處理補貼及傾銷行為之認定，兩機構分工，以提升該等案件之處理效率。

綜上所述，平衡稅主要是為抵消貿易對手國對特定產業之獎勵或補貼而徵收，亦即為因應或防止對手國以不公平手段，使進口國國內特定產業受損害時所課徵之特別關稅。WTO 規定平衡稅之課稅額以低於對手國之補貼額為限，因此平衡稅之調查及估算成為一項「賦稅成本」。其估算方式依據 GATT1960 年 5 月 27 日之會議報告「對每一批進口認定損害固然是理想方法，但不實際，最好用一預先選定之制度」。惟根據 1994 年關稅暨貿易總協定 (GATT 1994) 之補貼暨平衡措施協定第十一條到第二十二條有關平衡稅案件之程序規定，GATT 爭端解決小組依補貼協定之規範，平衡稅案件之處理過程可分為

⑴發動調查

⑵補貼和導致損害的初步裁定，必要時採臨時稅

⑶補貼和損害的最終裁定

⑷課徵平衡稅，課徵是指調查後對特定進口貨品自某日起適用平衡稅命令之決策

⑸徵收平衡稅

⑹依補貼協定第四條第九項，檢討是否繼續課徵

等六大階段；由此可見處理平衡稅案件中自發動調查、估算、裁定到徵收稅款及檢討，須付出許多的社會成本 (social cost)，而該項社會成本之負擔，實質上降低了此種特別關稅之財政收入效果，惟對本國產業之保護效果及貿易條件之改善等或有所助益。

13.3 臺灣貿易救濟制度之法理依據

臺灣自 1980 年代即開始推動貿易自由化及國際化，所以政府逐步解除進口之限制措施、降低進口關稅並簡化貿易之行政程序。為了配合前述貿易自

由化、國際化的理想，政府於 1993 年 2 月 5 日公布施行「貿易法」，同時考量在進口限制措施大幅度放寬、進口貨品大幅增加後，或將導致國內若干產業不敵進口貨品之競爭壓力而受到損害，甚至無法繼續經營；因此積極規劃建立一套適合我國國情和國際規範之貨品進口救濟措施，一方面可以提供產業面對急劇增加之競爭壓力時，可以有暫時性之救濟措施；一方面也可以對產業之結構、體質、生產力之調整，爭取一些時間，以改善其整體競爭力。簡而言之，臺灣之貿易救濟制度主要是依照貿易法第十八條之相關規定、配合 GATT 1994 第十條之規定，即准許締約國於進口貨品急遽增加時，可以暫時不履行 GATT 義務，並對若干由於貿易自由化而遭受嚴重損害之國內產業提供短期救助措施；因此政府於 1994 年 6 月 1 日發布「貨品進口救濟案件處理辦法」，參照我國關稅法作因應措施。綜上所述，臺灣對貨品進口使產業受損害之因應措施，主要是根據貿易法、貨品進口救濟案件處理辦法以及關稅法之相關規定辦理，其法理依據簡述如下。

13.3.1 貿易法中有關貿易救濟措施之法條

貿易法自 1993 年 2 月 5 日制定公布後，先後多次修正，全部條文共計有三十七條，而貿易法中與進口救濟直接有關之法條，說明如下：

第一條「為發展對外貿易，健全貿易秩序，以增進國家之經濟利益，本自由化、國際化精神，公平及互惠原則，制定本法。本法未規定者，適用其他法律之規定。」

第二條「本法所稱貿易，係指貨品之輸出入行為及有關事項。

前項貨品，包括附屬其上之商標專用權、專利權、著作權及其他已立法保護之智慧財產權。」

第三條「本法所稱出進口人，係指依本法經登記經營貿易業務之出進口廠商，或非以輸出入為常業辦理特定項目貨品之輸出入者。」

第四條「本法之主管機關為經濟部。

本法規定事項，涉及其他部會或機關之職掌者，由主管機關會商有關機關辦理之。」

貿易法第十八條第一項、第二項、及第三項「貨品因輸入增加，致國內生產相同或直接競爭產品之產業，遭受嚴重損害或有嚴重損害之虞者，有關主管機關、該產業或其所屬公會或相關團體，得向主管機關申請產業受害之調查及進口救濟。

經濟部為受理受害產業之調查，應組織貿易調查委員會，其組織章程，由經濟部另定之。

第一項進口救濟案件之處理辦法，由經濟部會同有關機關擬訂，報請行政院核定後發布之。其需主管機關依世界貿易組織紡織品及成衣協定公告指定之紡織品進口救濟案件處理辦法，由經濟部擬訂，報請行政院核定後發布之。」

有關「貿易法之施行細則」業已於 1993 年 11 月 8 日由經濟部訂定發布後，2004 年 2 月 19 日四度修正。

13.3.2　關稅法中有關貿易救濟措施之條文

關稅法第六十七條「依貿易法第十八條或國際協定之規定而採取進口救濟或特別防衛措施，得對特定進口貨物提高關稅、設定關稅配額或徵收額外關稅，其課徵之範圍與期間，由財政部會同有關機關擬訂，報請行政院核定。

前項關稅配額之實施，依第四條第二項關稅配額之實施辦法辦理。」

13.3.3　貨品進口救濟案件處理辦法條文簡介

經濟部為貿易法之主管機關，其於 1994 年 6 月 1 日與財政部和行政院農委會會銜發布實施「貨品進口救濟案件處理辦法」，該辦法係依據 GATT 第十九條及 WTO「防衛協定」規定，針對一般貨品面臨國外貨品輸入之增加，使得國內生產相同或直接競爭產業遭受嚴重損害或有嚴重損害之虞時，需採取進口救濟措施而建立之進口救濟處理辦法。該辦法之相關條文，簡述如下：

第一條「本辦法依貿易法(以下簡稱本法)第十八條第三項規定訂定之。」

第二條「本辦法所稱貨品進口救濟案件，指依本法第十八條第一項申請產業受害之調查及進口救濟之案件。

前項案件產業受害之成立，指該案件貨品輸入數量增加，或相對於國內生產產量為增加，導致國內生產相同或直接競爭產品之產業受嚴重損害或有嚴重損害之虞。

前項所稱嚴重損害,指國內產業所受之顯著全面性損害;所稱嚴重損害之虞，指嚴重損害尚未發生，但明顯即將發生。」

第三條「國內產業有無受嚴重損害之認定，應綜合考量該案件進口貨品之絕對增加數量及比率，及其與國內生產量比較之相對增加數量及比率，並考量國內受害產業下列因素及其變動情況:

一、市場佔有率

二、銷售情況

三、生產量

四、生產力

五、產能利用率

六、利潤及損失

七、就業情況

八、其他相關因素

國內產業有無受嚴重損害之虞之認定，除考慮前項因素之變動趨勢外，應同時考慮主要出口國之產能及出口能力，衡量該產業是否將因不採取救濟措施而受嚴重之損害。

經濟部於進行前二項之認定時，對於調查所得之證據或資料均應予以考量，如發現與進口無關之因素所造成之損害，應予排除。」

第四條「經濟部依本辦法認定產業受害成立之貨品進口救濟案件，得採下列救濟措施:

一、調整關稅

二、設定輸入配額

三、提供融資保證、技術研發補助，輔導轉業、職業訓練或其他調整措施協助。

前項第一款、第二款措施，不得同時採行。

第一項第一款措施，經濟部應通知財政部依關稅法有關規定辦理；第二款措施，經濟部得就相關事宜與出口國訂定執行協定；第三款有關農產品之救濟措施，由行政院農業委員會辦理，其他救濟措施，由經濟部會同有關機關辦理。」

第五條「本辦法所稱國內產業，指國內相同或直接競爭產品之生產者，其總生產量經經濟部貿易調查委員會（以下簡稱委員會）認定占相同或直接競爭產品主要部分者。

本辦法所稱相同產品，指具有相同特性且由相同物質所構成之貨品；所稱直接競爭產品，指該貨品特性或構成物質雖有差異，其在使用目的及商業競爭上具有直接替代性之貨品。」

第五條之一「本辦法所稱利害關係人，其範圍如下：

一、貨品之國外生產者、國外出口商、國內進口商或以其為主要會員之商業或工業團體。

二、貨品輸出國或產製國政府或其代表。

三、國內相同或直接競爭產品之生產者或以其為主要會員之商業或工業團體。

四、其他經委員會認定之利害關係人。」

第六條「貨品進口救濟案件，經濟部得依有關主管機關、受害國內產業、受害國內產業所屬公會或相關團體之申請，交由委員會進行調查。」

第七條「委員會會議之決議，除本辦法有特別規定者外，應有全體委員過半數之出席及出席委員過半數之同意。」

至於貨品救濟案件之申請、產業受害之調查和進口救濟之措施等，請自行參照「貨品進口救濟案件處理辦法」其他各條文辦理。

有關紡織品的部分，政府當局依據 WTO「紡織品及成衣協定」第六條之規定，前於 1999 年 6 月 2 日發佈「紡織品進口救濟案件處理辦法」，建立了紡織品之進口救濟制度；復又依據 WTO 前述協定規定全球紡織品貿易將於 2005 年 1 月 1 日起完全自由化，因此對上述「紡織品進口救濟案件處理辦法」即將辦理廢止，僅將大陸紡織品進口救濟專章及相關條文附列於貨品進口救濟案件處理辦法中。

此外，若是農產品部分，則可根據「農產品受進口損害救助辦法」辦理。至於進口貨品在輸出或產製國家之製造、生產、外銷運輸過程直接或間接領受獎金或其他補貼，以及進口貨物以低於同類貨物之正常價格傾銷，致危害我國產業者，可依據「平衡稅及反傾銷稅課徵實施辦法」處理，請讀者自行參照辦理。

綜上所述，臺灣加入 WTO 之後，廠商面對了來自全球之競爭，也必須遵守 WTO 之相關規範，因此對 WTO 新時代貿易之運作方式和政府提供之貿易救濟措施應加以具體瞭解，俾能善加利用並採行合宜之措施，維護產業之利益。

13.4 臺灣貿易救濟制度簡介

2002 年 1 月 1 日臺灣正式加入世界貿易組織成為 WTO 第 144 個正式入會之會員後，臺灣各產業立即面對全面開放本地市場的競爭和受到 WTO 之相關規範之約束，也對一些體質較弱之產業造成一種必須迅速轉型或蛻變產業體質之挑戰，加速了臺灣產業結構之調整、促進資源分配之效率。相關政府單位預先已瞭解此一改革調整之衝擊，並設法為產業爭取合理之調適期間並維護更公平競爭之環境，使得臺灣本身之貿易救濟制度也因應而生。如果臺灣廠商面對外國產品以低於正常價格之「傾銷」方式大量進口，或覺察到出口國政府或任何公立機構對該國出口貨品之製造商給予財力資助或其他形式之「補貼」，而使臺灣產業受到損害或有損害之虞時，可以循前述各項貿易救濟制度申請政府協助。

而臺灣廠商依照上述各項辦法向各該主管機關如經濟部貿易調查委員

圖 13.2

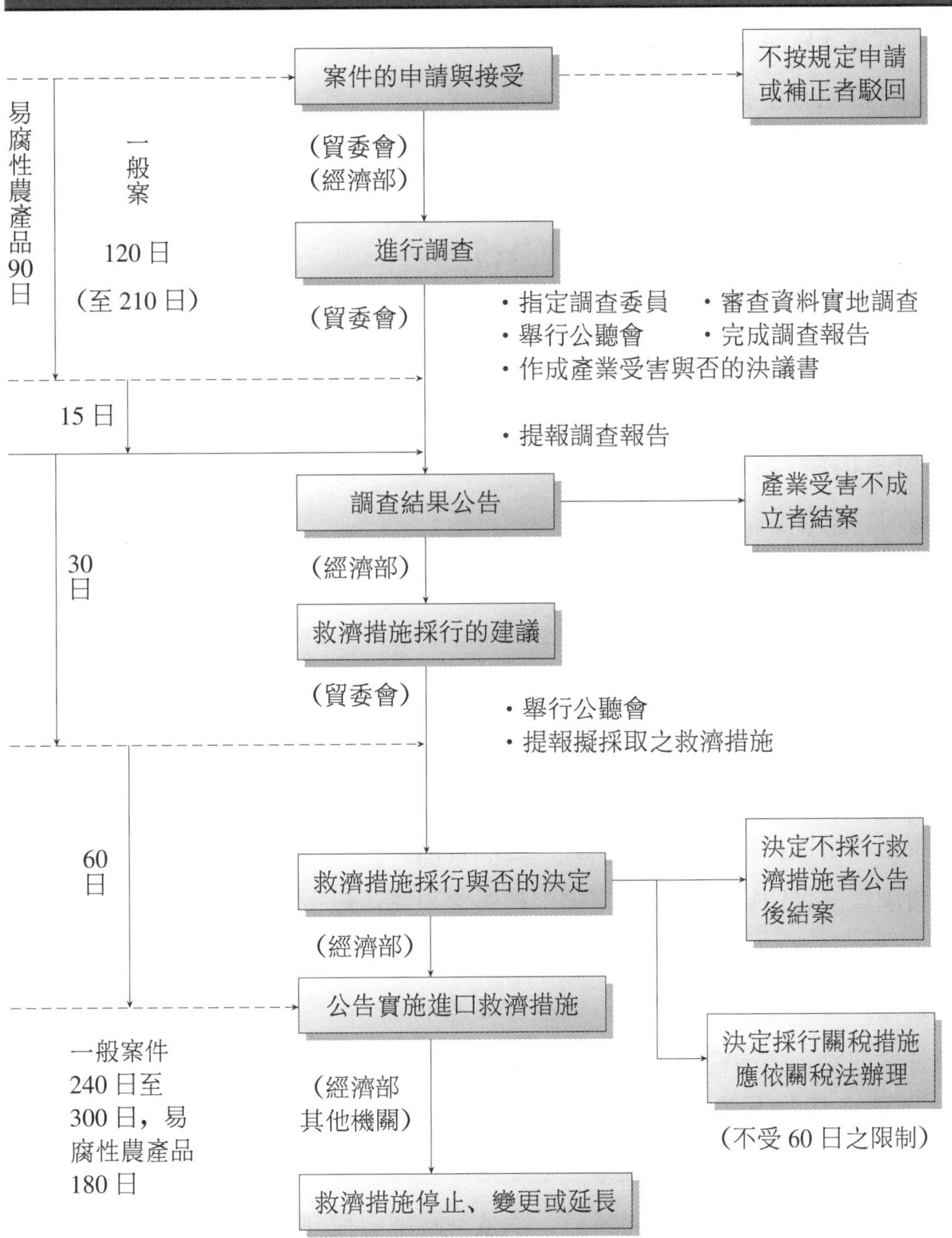

資料來源：整理自經濟部貿易調查委員會 (2004)，《進口救濟相關法規彙編》，第 31 頁。

貨品進口救濟案件處理流程簡圖

會、財政部等申請進口救濟或反傾銷、補貼調查之處理流程，相關簡圖分別列於圖 13.2 及圖 13.3 中。

依據「貨品進口救濟案件處理辦法」由圖 13.2 中可以看出，貨品進口救濟案件之處理主要分為下列八大步驟：

㈠案件之申請及接受，由申請人填具申請書連同因同質商品進口之量、價異常，企業遭受損害之相關證明文件及單據等提報經濟部

㈡進行調查並予以刊登經濟部公報

㈢由貿易調查委員會負責進行產業受害之調查並製作產業受害成立或不成立之決議書

㈣調查結果之公告

㈤救濟措施採行之建議

㈥救濟措施採行與否之決定

㈦公告實施進口救濟措施

㈧救濟措施之停止、變更或延長

有關平衡稅及反傾銷稅案件部分，是依照「平衡稅及反傾銷稅課徵實施辦法」而處理，其流程簡圖可參照圖 13.3。例如，當申請人認為產業受到進口貨品之傾銷（或補貼），而遭受損害時，檢具申請書和相關證明單據向財政部提出申請後，財政部負責調查該進口貨品有無傾銷或補貼，且另由經濟部負責調查該進口貨品有無危害國內產業之事實，最後由財政部專案小組依據經濟部最終產業損害調查之認定合併財政部專案小組之最終調查之傾銷補貼認定後，提交委員會審議是否課徵反傾銷稅或平衡稅作成決議。因此反傾銷案件之成立，必須符合下列三項基本要件：

㈠必須進口貨品有傾銷之事實

依關稅法第四十六條之第一項規定：「進口貨物以低於同類貨物之正常價值傾銷，致危害中華民國產業者，除依海關進口稅則徵收關稅外，得另徵適當之反傾銷稅。」

㈡須能證明國內生產同類產品之產業遭受實質損害或有實質損害之虞

圖 13.3

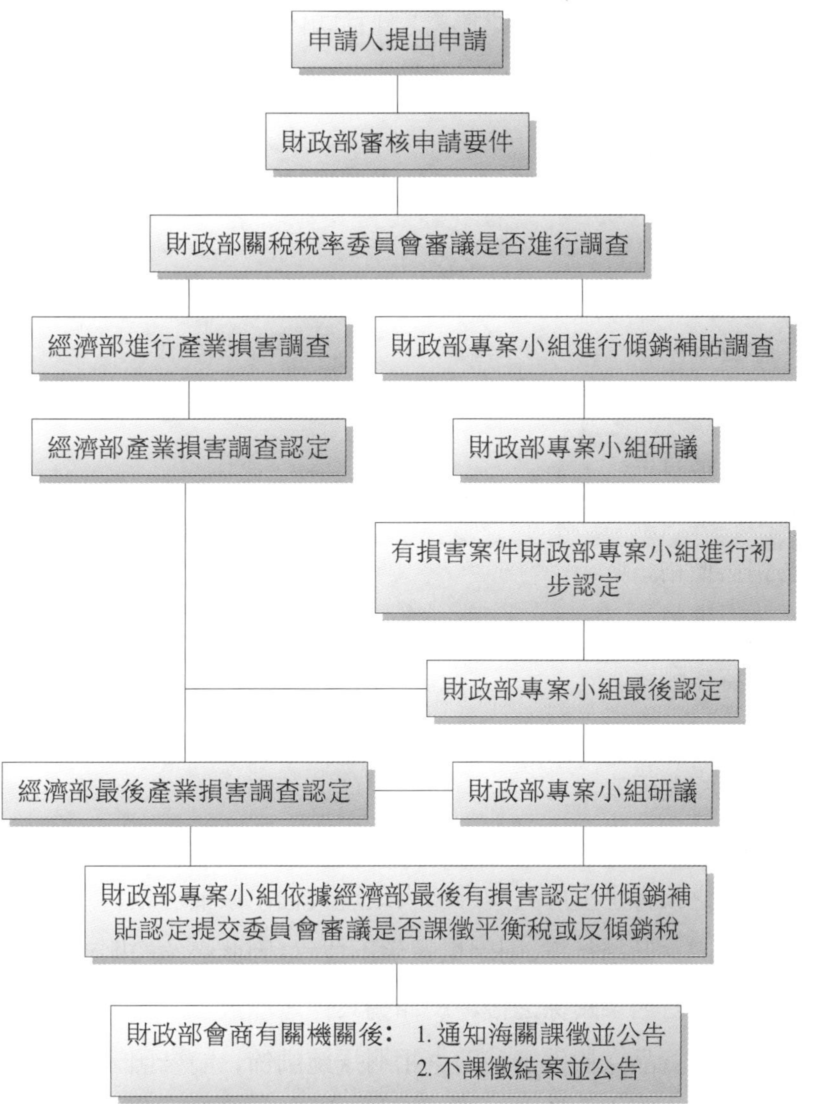

資料來源：經濟部貿易調查委員會 (2004)。《進口救濟相關法規彙編》，第 122 頁。

臺灣平衡稅及反傾銷稅案件之處理流程簡圖

依照「平衡稅及反傾銷稅課徵實施辦法」第二十六條之規定：進口貨品因補貼或傾銷致危害中華民國產業之認定，主管機關應調查下列事項：

⑴該進口貨物之進口數量：包括進口增加之絕對數量及與國內生產量或消費比較之相對數量。

⑵國內同類貨物市場所受之影響：包括國內同類貨物因進口貨物而減價或無法提高售價之情形，以及該進口貨物之價格低於國內同類貨物之價格狀況。

⑶對國內有關產業之影響：包括各該產業下列經濟因素所顯示之趨勢：

①生產狀況。

②生產設備利用率。

③存貨狀況。

④銷售狀況。

⑤市場佔有率。

⑥出口能力。

⑦銷售價格。

⑧獲利狀況。

⑨投資報酬率。

⑩僱用員工情形。

⑪其他相關因素。

㈢須能證明產業損害與進口貨品傾銷有因果關係

若產業之損害是出於總體經濟大環境欠佳，景氣循環、產業市場之改變而非出於進口之傾銷行為，則因果關係不成立；因此必須證明產業損害與進口貨品之傾銷間有因果關係之後，反傾銷案件才能成立。

有關進口貨品之傾銷或補貼之相關規範細節，請參照「平衡稅及反傾銷稅課徵實施辦法」。

綜上所述，臺灣於 2002 年正式加入世界貿易組織成為會員後，臺灣之出口廠商必須對 WTO 有關補貼、傾銷等不公平貿易行為所作之規範加以瞭解並設法避免該種行為，才不至於成為外國政府課徵平衡稅或反傾銷稅之對象。另一方面，臺灣之進口廠商及生產業者也應瞭解政府對貨品進口救濟案件之處理辦法及救助辦法等，才能善加利用現今已有之補救機制，避免產業受到進口貨品之傾銷或補貼行為所帶來之損害，這些進口救濟貿易政策之施行，均是符合 WTO 之相關規範而進行的，也是當代產業為維護本身權益必須知道的規定。

㈠世界貿易組織具備哪五項主要功能?

㈡由經濟學之角度解釋「傾銷」行為。

㈢由法律之角度解釋「傾銷」行為。

㈣何謂「傾銷差額」? 若來自同一出口國的同一產業之廠商為多數時，如何依照各自之「傾銷差額」計算「傾銷差率」?

㈤反傾銷法律對「傾銷」之實體認定必須符合哪三大要件?

㈥依照 1994 年 GATT 成員在烏拉圭回合之協議，認為「補貼」之定義為何? WTO 規範哪三種補貼行為?

㈦依照「貨品進口救濟案件處理辦法」第三條，國內產業有無受嚴重損害之認定，除了考量進口貨品之絕對增加數量和相對增加數量以及其比率外，仍須考量國內受害產業哪八大因素及其變動情況?

㈧反傾銷案件之成立，必須符合哪三項基本要件?

14 經濟整合之世界趨勢

14.1 區域經濟整合風潮興起
14.2 經濟整合之深化程度及類型
14.3 經濟整合之理論分析
14.4 世界重要區域經濟整合體系之簡介
  14.4.1 歐洲聯盟
  14.4.2 北美自由貿易區
  14.4.3 中美洲共同市場
  14.4.4 南錐共同市場
  14.4.5 安地諾集團
  14.4.6 東南亞國協
  14.4.7 南亞自由貿易區
  14.4.8 中非關稅與經濟同盟
14.5 經濟整合總論

隨著人類科技進步，交通運輸便捷和文明思想之演進，貿易自由化已然成為許多國家共同追求之理想和目標。早自十八世紀中葉，亞當・斯密 (Adam Smith) 開始闡述自由貿易之理念而突破以往重商主義之思維起，各國透過自由貿易之商品互通有無，可以增進各國整體經濟福利之論述，廣為各界普遍接受。

十九世紀發生了第一次工業革命，使工業先進國之生產力遽增，加上航海及運輸方式之改進，各國為爭取世界的資源，紛紛開始了國際商業之布局。在二十世紀之前半世紀，因民族主義之擴張和海外資源之爭奪而發生了二次世界大戰。戰後，在歐美各國提倡下，人們開始尋求一種可以共同合作之貿易架構並組織一超然之國際機構，以維持世界經貿之穩定。其中以世界貿易組織 (World Trade Organization, WTO) 之成立及區域經濟整合之風潮二大發展最為明顯。有關世界貿易組織成立之情形，業已於第 12 章加以論述，本章將論及經濟整合之理論、趨勢和現況。

14.1 區域經濟整合風潮興起

在全球經貿自由化之風潮中，區域經濟合作之趨勢亦同時興起。自 1950 年起，各國開始依照其歷史上、地緣上或文化上之特色以及運輸成本之考量，與其他國家簽定策略性結盟，推動區域性之合作組織或簽署區域貿易協定；大部分的國家是想藉著參與區域經濟整合來提升其在全球之競爭地位或吸引國外廠商到本地投資，以便更進一步地擴大市場之經濟規模；首先擬就經濟整合之理論和現況加以說明。

14.2 經濟整合之深化程度及類型

經濟整合主要是指國家與國家之間就關稅、生產要素、非關稅貿易障礙

之互相排除，以及財政、經濟及貿易政策上之結盟關係。依照各國之經濟整合深化程度之不同，可以將其分為以下五大類別:

㈠優惠性貿易 (trade preference)

㈡自由貿易區 (free trade area)

㈢關稅同盟 (customs union)

㈣共同市場 (common market)

㈤經濟同盟 (economic union)

分別簡介如下:

㈠「優惠性貿易」指的是一國單方面對某特定貿易對手國的特定產品予以免除關稅之待遇

此一優惠性之免稅待遇，只由結盟國之一方成員對某些產品，給特定成員國予以免稅之優惠，惟該項免稅之優惠並不授予其他成員國。例如美國對中美洲之加勒比海 (Caribbean Basin) 國家給予產品免稅出口到美國市場的優惠關稅待遇，而此一免稅優惠並不適用於加勒比海以外的國家。

㈡「自由貿易區」結盟國間往往相互取消彼此之關稅及非關稅貿易障礙，但各自仍可對結盟國以外之國家實施獨立自主之關稅和貿易政策

例如美國、加拿大、墨西哥三國於 1994 年 1 月正式成立北美自由貿易區 (North American Free Trade Areas, NAFTA)，約定在十五年內分四階段逐步取消結盟國間之關稅及非關稅貿易障礙，但對 NAFTA 會員國以外之國家，則美、加、墨三國仍各自維持其獨立自主之關稅和貿易政策。

㈢「關稅同盟」之成員國，除彼此間互相消除各項關稅和非關稅貿易障礙外，成員國間亦協商採取一致性的對外關稅和貿易政策

例如，中非關稅與經濟同盟 (Central Africa Tariff and Economic Union) 是由喀麥隆、剛果、加彭、查德、赤道幾內亞及中非共和國等六國於 1964 年 12 月 8 日正式成立。多年以來，雖然歷經預算經費不足、工業體系尚未建立之困難，但各同盟國間一直實行著兩種稅制: 同盟國間對內是採單一稅率，而同盟國對外則採取共同之對外稅率。

㈣「共同市場」之成員國間除了對外採取一致的關稅及貿易政策外，成員國間彼此允許生產要素（如人員、資金、勞務和商品）之自由流通

例如中美洲共同市場 (Central America Common Market, CACM) 是由瓜地馬拉、尼加拉瓜、宏都拉斯、薩爾瓦多及哥斯大黎加等五國，於 1960 年 2 月 6 日共同組成後，積極排除區域內貿易障礙，1995 年五國經濟部長會議決定中美洲共同市場統一關稅，並自 1997 年 1 月起實施新中美洲關稅制度，目前除咖啡、蔗糖、烈酒、麵粉、菸草及幾項石油衍生物外，其餘產品均享有共同市場內之自由貿易。

㈤「經濟同盟」之成員國間除各項生產要素全面自由流通外，並制定由經濟同盟國間一致對外之經濟政策和貨幣政策

例如歐洲聯盟 (European Union, EU) 先前是於 1993 年 11 月由歐洲共同市場改名而成，更於 1999 年 1 月實行歐洲單一貨幣 (euro) 制度，自 2002 年起於歐洲聯盟全面流通，歐洲聯盟目前仍繼續朝向經濟與貨幣政策同盟之方向前進，成為經濟同盟之典範。

有關前述各類區域經濟整合之深化程度之解析，列於表 14.1。

表 14.1

經濟整合深化程度簡析圖

指標 / 整合型態	區域內貿易數量限額及關稅等貿易障礙之消除	共同對外關稅及貿易政策	人員、貨物、勞務、資金等之自由流通	經濟貨幣政策調和並發展超國家機制
自由貿易區	△			
關稅同盟	△	△		
共同市場	△	△	△	
經濟同盟	△	△	△	△

資料來源：《WTO 區域貿易協定之發展研究報告》，2002，經濟部國際貿易局，http://www.trade.gov.tw/region_org/region_6.htm

14.3 經濟整合之理論分析

由上節之分析，可以看出各種經濟整合深化程度雖有不同，但其中最重要之共同點為關稅同盟，即對區域同盟內之關稅和貿易數量等障礙加以排除，但對區域同盟外之國家仍然課稅。

簡言之，關稅同盟基本上是一種針對不同國家或地區在關稅之課徵上給予不同的差別待遇或歧視。從國際整體經濟福利之觀點，一般性單一關稅之課徵會破壞自由貿易之競爭、形成資源分配之扭曲，對課徵較高關稅之商品不利，而對免稅或課徵較低稅率之商品有利，主要是關稅透過對價格之干擾，扭曲了價格機能在資源分配及市場供需上之效率，使社會經濟福利無法藉著價格機能達到資源分配之最大效率，不符合柏拉圖最適狀態 (Pareto optimum)，而柏拉圖最適狀態指的是使社會福利水準達到最大的境界；形成關稅同盟，雖然可以使區域同盟內之國家減免全部或局部之稅賦、減少原來單一關稅所引起之資源扭曲，但仍非全面性地在區內、區外完全免稅，所以也不符合柏拉圖最適狀態，使經濟社會仍然處於一種次佳 (second-best) 狀態；在次佳狀態之情況下，整體社會福利是否因區域內免稅而提高，很難定論，應視其他狀況而定。現分別以部分均衡分析法及一般均衡分析法來說明關稅同盟之效果。

㈠關稅同盟之部分均衡分析

圖 14.1 中，設 A 國為經濟小國，其國內對某商品之需求曲線為 D_A，而國內廠商自行製造某商品之供給曲線為 S_A。若無國際貿易時，國內需求與供給線之交點決定了國內均衡價格為 P_A。

⑴自由貿易，A 國無課徵關稅時，社會福利為最高。

今 A 國之貿易商分別向 B 國及 C 國之出口商詢價，而得知兩國之供應價格分別為 P_B 及 P_C，在完全競爭、自由貿易之情況下，P_B 及 P_C 所對應之 S_B 及 S_C 線條即分別為 B 國及 C 國對 A 國之供給線；又因 C 國之報價 P_C 低於 B 國

圖 14.1

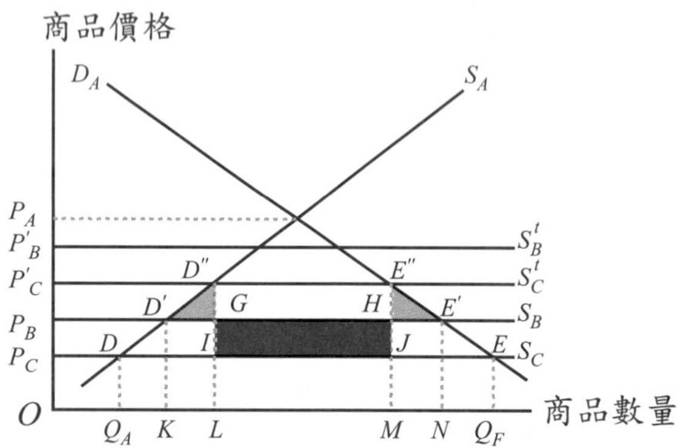

關稅同盟效果之部分均衡分析

之報價 P_B，故自由貿易無關稅同盟時，A 國廠商會向報價較低之 C 國購買某商品，使得 A 國國內之商品售價成為 P_C，而 A 國消費者在 P_C 價格下，商品之總消費量為 Q_F，其中由 A 國廠商自行生產之數量為 Q_A，由 C 國進口之數量為 $Q_F - Q_A$，即相當於 DE 之數量。故無關稅之社會福利為最佳，因 A 國消費大眾可以用最低廉之國際價 P_C 作為國內價，而享受較多之數量商品 Q_F。

⑵無關稅同盟，A 國對 B、C 兩國均課徵相等稅率之進口稅時，社會福利均受損。

若 A 國對 B、C 兩國進口商品課徵相等稅率之進口稅，使 B、C 兩國之含稅價格成為 P'_B 及 P'_C，即 B、C 兩國之供給線分別上移至 S_B^t 及 S_C^t，而含稅價 $P'_C < P'_B$，此時 A 國仍會向 C 國進口，而國內價格成為 P'_C，消費數量為 OM，其中 A 國自產 OL 之數量，而 A 國向 C 國進口 $D''E'' = LM$ 數量。此時 A 國之消費大眾付出價格 P'_C，高於免稅時之 P_C 價格，消費數量也比完全免稅之 Q_F 為低。

⑶A 國與 B 國關稅同盟而免稅，但 A 國對 C 國仍課徵進口稅時，社會福利為次佳狀態。

此時 C 國含稅之供給線仍為 S_C^t，但 B 國因結盟而免稅，故其供給曲線非

S_B^t，而為免稅之 S_B，與 C 國相比，B 國價格為 P_B，而 C 國價格因含稅而為 P'_C，此時 $P_B < P'_C$，故 A 國廠商由 C 國轉向 B 國購買，使 B 國進口量增加，即 A 國向 B 國進口 $D'E' = KN$ 之數量，而 A 國消費者付出之價格為 P_B，價格 P_B 低於無關稅同盟時之 P'_C 價格。

為了瞭解關稅同盟之經濟效果，我們可以將上述第(2)種情形即 A 國和 B 國及 C 國均無關稅同盟和第(3)種情形即 A 國、B 國結盟時之後果加以比較如下：結盟前 A 國向 C 國進口 LM 之數量，而 A、B 兩國結盟後，A 國轉向 B 國進口 KN 之數量，所以關稅同盟後，A 國之進口增加了 $KL + MN$ 之數量，其所對應之經濟及福利效果分為貿易創造效果 (trade creation effect) 及貿易轉向效果 (trade diversion effect) 二大類別：

(1) A、B 兩國關稅同盟後，A 國之進口替代產業所面對之價格，由 P'_C 下降至 P_B，使 A 國本國之生產減少 KL 之數量，而增加採用 B 國較有效率方式生產之進口貨，節省了生產成本，使社會福利增加 $\triangle D'D''G$，此為生產效果。

(2) A、B 兩國關稅同盟後，不再採用 C 國之高含稅價 P'_C，而由 B 國進口免稅價格為 P_B，因 $P_B < P'_C$，價格之下降使消費數量增加了 MN，故消費者剩餘增加了 $\triangle E'E''H$，此為消費效果。因此，社會總體福利增加了生產效果 $\triangle D'D''G$ 及消費效果 $\triangle E'E''H$，二者合稱為貿易創造效果 (trade creation effect)。

(3) 結盟前向 C 國進口 LM 數量，A 國人民總支出為 $\square LD''E''M$，也就是支付給外國出口商之總值，$\square ID''E''J$ 則為原關稅收入。

(4) A、B 同盟後，改由同盟伙伴 B 進口 KN 之數量，A 國人民總支出減少 $\square GD''E''H$，但就 LM 之進口部分，A 國人民總支出為 $\square LGHM$，故支付給國外出口商之金額較同盟前多出 $\square IGHJ$ 的部分。

而 $\square ID''E''J = \square IGHJ + \square GD''E''H$ 為同盟前由 A 國政府向 C 國課稅所得到之關稅收入，現在 A、B 同盟後，一部分移轉給 A 國人民 (即 $\square GD''E''H$)，一部分移轉給外國之出口商 (即 $\square IGHJ$)。這一移轉給外國出口商的部分 (即 $\square IGHJ$) 是因同盟前由較具生產效率之非會員國 C 國而移轉由同盟後之 B

國進口供給所致，所以使社會福利水準下降，為貿易轉向效果 (trade diversion effect)。

綜上所述，關稅同盟之淨福利效果為貿易創造效果與貿易轉向效果之差額，亦即圖 14.1 中之$\triangle D'D''G+\triangle E'E''H-\square IGHJ$。在其他條件不變之情況下，若貿易創造效果大於貿易轉向效果，則關稅同盟使會員國之福利水準增加；反之，若貿易創造效果小於貿易轉向效果，則關稅同盟反而使會員國之福利水準下降。

㈡關稅同盟之一般均衡分析

關稅同盟之一般均衡分析，將同盟國家視為一體，而將同盟國以外之其他國家另視為一體，可分別求得同盟國及非同盟國之貿易提供曲線——即在不同之國際價格下，該同盟經濟體所提供國際貿易之出口量和進口量之組合點所形成之軌跡，其求法如圖 14.2 所示。

圖 14.2

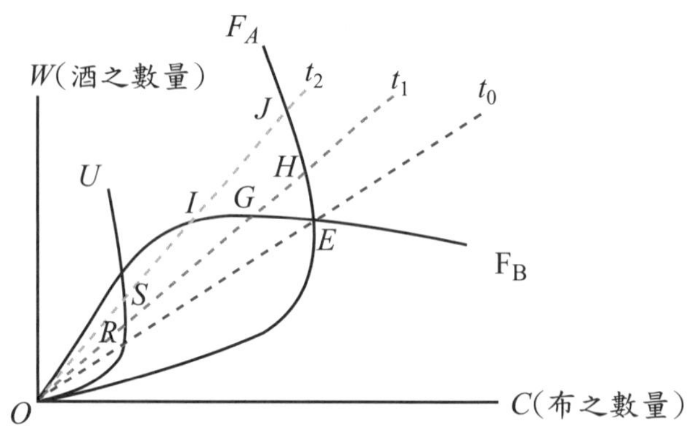

同盟國之貿易提供曲線之求法

圖 14.2 中橫座標為布 (C) 之數量、縱座標為酒 (W) 之數量，假設 A、B 兩國結為關稅同盟，故兩國間互相免稅。設 A 國出口布 (C) 以交換 B 國之酒 (W)；而 B 國出口酒，以交換 A 國之布，所以 A 國及 B 國之自由貿易提供曲線各為 OF_A 及 OF_B。兩條貿易提供曲線之交點 E，為同盟內兩國自由貿易之

均衡點，所對應之 t_0 為均衡時之貿易條件，其斜率即布與酒之相對價格 $\frac{P_C}{P_W}$。

若貿易條件向左移動至 t_1 時，斜率增加表示布價上漲，此時同盟國中 *A* 國出口布會大於 *B* 國對布之進口需求，所以同盟國整體會有剩餘的布加以出口、而另外向非同盟國進口酒，此時同盟國之對外貿易量為 *GH* 線段，為了從原點起算，在 t_1 上自原點起截取 *OR* 線段，使 $OR = GH$ 之長度，在 *OR* 上之 *R* 點則為貿易條件為 t_1 時同盟國布之出口量和酒之進口量之組合點。

同理，若貿易條件為 t_2，同盟國之貿易量成為 *IJ*，自原點 *O* 在 t_2 上截取點 *S*，使 $OS = IJ$，*OS* 即為在 t_2 時同盟國共同之貿易量，以此類推，將 *O*、*R*、*S* 點連接起來可以求得同盟國之對外提供曲線為 *OU*。

今將 *A*、*B* 兩同盟國視為一體，其貿易提供曲線為 *OU*；而同盟國之外的 *C* 國另視為一體，其貿易提供曲線為 *ON*，現將同盟國和非同盟國各自對外之貿易提供曲線均列於圖 14.3 中。

圖 14.3

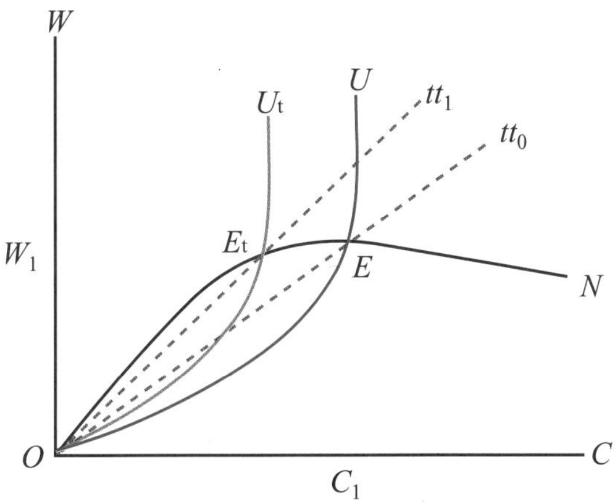

同盟國與非同盟國之貿易均衡之達成

在圖 14.3 中，同盟國之貿易提供曲線 *OU* 與非同盟國之貿易提供曲線 *ON* 相交於 *E* 點，此為同盟國與非同盟國之貿易均衡點，此時同盟之 *A*、*B* 兩國以 C_1 單位之布之出口，交換非同盟國 W_1 單位之酒之進口，而均衡交易條件為 tt_0。

今若 A、B 同盟國欲對非同盟國之進口貨品課徵關稅，等於同盟國之貿易提供曲線將向左移成為 U_t，而其他非同盟國家若不作關稅報復，則非同盟國之提供曲線仍為 ON。因此新均衡點為 OU_t 與 ON 之交點，即 E_t，此時同盟國之新交易條件改善成為 tt_1，因為 tt_1 之斜率大於 tt_0，即同盟國每單位布之出口可以交換到較多的酒之進口，在此一新均衡點 E_t 時，由於貿易創造效果和貿易轉向效果之互相作用，是否能增加同盟國之福利水準，端視貿易創造效果能否大於貿易轉向效果而定了。

綜上所述，關稅同盟對成員國雖可藉由同盟國間原料、物資和貨品之互相免除關稅而提高同盟國間之貿易往來，但因其對非同盟國仍採行課稅，由於貿易創造效果和轉向效果之相互作用，對世界整體福利之影響是不一定的，端視結盟之深度、地區、商品之種類等而有所差異。

14.4 世界重要區域經濟整合體系之簡介

簽署區域貿易協定或加入區域合作，成為目前各國提升其經貿競爭力及吸引外商投資之重要政策之一。基於地緣關係，文化背景或降低運輸成本之考量，各種不同之區域經濟整合紛紛組成，蔚為風潮。本節擬將世界重要區域經濟整合作介紹。

14.4.1 歐洲聯盟 (European Union, EU)

㈠結盟國家

歐洲聯盟之前身為歐洲共同市場 (European Common Market, EC) 於 1957 年成立，成員國包括德國、法國、義大利及荷蘭、比利時、盧森堡 6 個國家。1993 年接著擴大組成了歐洲聯盟 (EU)，自歐盟成立到現在，會員國除包含原歐洲共同市場 (EC) 的 6 個創始國家之外，歐洲地區其他國家也不斷的加入，到 2004 年 5 月為止，歐盟之組織成員已經涵蓋了 25 個歐陸國家；

亦即法國、德國、義大利、比利時、荷蘭、盧森堡、愛爾蘭、英國、丹麥、希臘、葡萄牙、西班牙、瑞典、芬蘭及奧地利等國，以及在 2004 年 5 月 1 日新近加入之 10 個東歐國家，包括賽普勒斯、捷克、愛沙尼亞、匈牙利、拉脫維亞、立陶宛、馬爾他、波蘭、斯洛伐克及斯洛維尼亞等十國，使得歐盟的成員擴大為二十五國。歐盟二十五國的領袖於 2004 年 10 月 29 日在義大利首都羅馬簽署劃時代的「歐洲憲法」，但該憲法須經全體會員國批准，才能預期於 2007 年正式施行。

㈡結盟背景及現況

二十世紀初歐洲大陸各國經歷過第一次與第二次世界大戰戰火的摧殘，各國均企盼建立和平及互助的國際關係。戰後重建之困難重重和戰爭的痛苦記憶，不斷的衝擊著各國政府與人民。因此，各種抑制戰爭發生的構思與計畫不斷的湧現，其中最令人重視的為法國外交部長舒曼 (Robert Shuman) 1950 年之宣言中莫內所構思的概念，促成了次年歐洲煤鋼共同市場的成立。歐洲各國藉由經濟上的整合，消弭了彼此間的爭鬥並且加強了彼此間互相制衡的力量。有關歐洲聯盟之成立，前後經過了半世紀的努力才達成，相關之重大紀事可以參照表 14.2。

㈢經濟整合之效果

以歐洲聯盟 (EU) 的整合肇基於對外價值之一致性和各加盟國家經貿活動之相對份量，其影響不單只有整合歐洲各國的經濟，在政治、社會、法律、文化等各方面亦有其相當大之影響力。因為多年來歐盟各國之間透過經濟、貨幣和政治方面之整合的經驗，使此一區域整合體為各國帶來了貿易創造效果，使各加盟國之生產量年有增加，同時有一部分商品也產生貿易移轉效果，即歐盟各國也有轉向加盟國購買商品來取代從前向非加盟國購貨之趨勢，使區域內貿易進出口量大增，互惠互利。

一般來說，區域經濟對區外國家採取貿易保護主義及對區內國家實行自由貿易；故歐盟單一市場的建立配合區內無貿易障礙的施行，加上各國地理位置相鄰，區內交通便捷、員工、資本、服務業均可節省運輸成本，文化及語言亦相近，易於溝通，有效且明顯的提升了區內企業的競爭力，也增加了區

表 14.2

歐洲聯盟成立大事紀

1948 年	「歐洲經濟合作組織」在巴黎成立。
1950 年	法國為了統一管理歐洲共同資源，而由外長舒曼提出「舒曼計畫」(Plan Shuman)[1]，倡議歐洲煤鋼共營，成為現今歐盟組織的起源。
1951 年	法、德、義、荷、比、盧等六國簽訂巴黎條約，正式成立「歐洲煤鋼共同體」。
1957 年	法、德、義、荷、比、盧等六國簽訂羅馬條約，確定「歐洲經濟共同體」與「歐洲原子能共同體」的成立。
1967 年	歐洲共同市場 (EC) 成立。
1972 年	英國、愛爾蘭與丹麥加入歐洲共同體。
1979 年	採行歐洲貨幣制度 (EMS) 且使用「歐洲通貨單位」(ECU)[2]。
1981 年	希臘成為「歐洲共同體」的會員國。
1986 年	西班牙與葡萄牙加入「歐洲共同體」。 簽署歐洲單一法案 (Single European Act) 隔年生效，並且確立在 1992 年底建立歐洲「單一市場」[3]。
1990 年	歐洲貨幣制度 (EMU) 第一階段開始，准許加盟國間資本自由流通。
1992 年	「歐洲聯盟條約」(Treaty on European Union)（又稱做「馬斯垂克條約」）的簽訂，使得歐洲經濟整合趨向完整，且將歐洲共同市場 (EC) 改名為「歐洲聯盟」(EU)。
1993 年	歐洲單一市場開始運作，保障歐盟市場內資本、人力、和服務自由流通。
1994 年	歐洲貨幣制度 (EMU) 第二階段開始，建立歐洲貨幣機構作為歐洲中央銀行的前身。
1995 年	馬德里會議中，決定歐元 “euro” 為歐洲單一貨幣的名稱。 奧地利、瑞典及芬蘭相繼成為 EU 會員國。
1999 年	歐洲貨幣制度 (EMU) 第三階段開始，歐洲中央銀行開始運作，決定歐洲貨幣政策，貨幣政策以歐元為單位。歐洲貨幣制度參與國彼此間匯率固定，歐洲商業銀行和中央銀行間所有交易均以歐元為基礎。本年度起歐元和本國貨幣同時存在，為過渡期，直至 2002 年為止。
2002 年	1 月 1 日歐元開始在國際市場上流通，7 月 1 日以後 EMU 國家內歐元為唯一法定貨幣。
2004 年	賽普勒斯、捷克、愛沙尼亞、匈牙利、拉脫維亞、立陶宛、馬爾他、波蘭、斯洛伐克及斯洛維尼亞等十國，成為歐盟新成員。 25 成員國領袖於 10 月 29 日在羅馬簽署「歐洲憲法」，預定 2007 年正式實施。

1 為 1950 年法國外交部長舒曼 (Robert Shuman) 所發表的，目的為抑止戰爭的發生。
2 ECU 為歐洲共同體的各成員國貨幣組成之一籃通貨的貨幣單位。
3 單一市場，是指歐盟會員國之間的商品、勞務、資金及人員可以平等自由地流動。
資料來源：整理自 http://www.trade.gov.tw/region_org/region_6.htm (2004), http://europa.eu.int/abc/history/index_en.htm (2004)

內消費者的福利。此外，在整合後之歐洲的廣大市場，又吸引了更多的外資進入。因此歐洲的經濟整合的確為歐陸帶來了廣大的經濟效益。

14.4.2 北美自由貿易區 (North America Free Trade Area, NAFTA)

㈠結盟國家

北美自由貿易區 (NAFTA) 包含的成員有美國、加拿大及墨西哥 3 個國家。

㈡結盟背景及現況

美國有鑑於歐洲聯盟自 1992 年正式成立後，在關稅、經濟和貨幣政策方面不斷地整合成功、茁壯成長，成為全世界最大的經濟體，威脅到美國在全球經貿上之領先地位。另一方面，自 90 年代中期美蘇冷戰過後，美國面臨了日益擴大的貿易逆差和趨於遲緩的經濟成長，即開始致力於區域貿易之整合，希望能透過區域經濟整合而再度加速經濟成長並調整產業結構，藉以與歐洲聯盟相抗衡，所以在 90 年代後期美國更積極推動經濟整合。

加拿大和墨西哥兩國均與美國之領土相鄰接，一方面為了降低美國保護本身產業而實施之關稅稅率，由於兩國對美之貿易依存度相當高，也想藉著經濟整合而增加兩國商品在美國市場之佔有率，擴大出口到美國之數量而提振經濟。尤其是墨西哥政府多年來困於長期惡化之財政負債，急於改善其經濟體質和調整產業結構，希望能透過與美、加兩國結盟而得到更多外來之商業投資及技術移轉，所以也十分積極於經濟整合之努力。既然 3 個國家均有共同結盟之意願，因此，美國、加拿大與墨西哥三國遂在 1994 年正式成立了北美自由貿易區，其涵蓋規模僅次於歐洲聯盟。該貿易區之成立經過，可參照表 14.3。

㈢經濟整合之效果

北美自由貿易區成立後，三國之產業結構和進出口產品已逐漸出現變化。其中墨西哥出口至美、加二國之產品已漸漸集中於電子、電氣設備、車輛及運輸設備等。許多美加車輛組裝及製造廠紛紛遷至墨國投資，就近利用墨西

表 14.3

北美自由貿易區成立大事紀

1985 年	加拿大總理馬爾羅尼和美國總統雷根提出建立北美自由貿易區的概念，並開始進行北美自由貿易區的協商談判。
1987 年	美國與墨西哥簽署「美墨自由貿易協定」。
1988 年	美國與加拿大簽署「美加自由貿易協定」。
1992 年	美、加、墨三國簽訂「北美自由貿易協定」。
1994 年	「北美自由貿易協定」正式生效。

資料來源：Government of Canada, Department of External Affairs and International Trade, NAFTA. (2004). What's it all about Ottawa, http://wehner.tamu.edu/mgmt.www/nafta/spring/Groups99/ITAM/refernces.htm.

哥之低廉勞工來組裝或製造，完工後再回銷美加，使得墨西哥車輛工業蓬勃發展，而且電子、家電業的發展也在墨國加入北美自由貿易區之後大有斬獲。此外，紡織業亦成為墨國出口之重要產業，僅美墨邊境之加工出口區內，紡織業已有 915 家，到 2001 年底墨西哥全國已超過 4,500 家，成長快速。自 1997 年起墨西哥已躍升為美國最大之紡織品供應國，因此美國及加拿大對墨西哥之貿易移轉效果十分明顯，使墨國因結盟而取得美加兩國由他國轉來之許多訂單而增加了產業之生產量，使墨國獲得了極大之貿易創造效果。

但美國境內產業方面之貿易移轉效果則是大於貿易創造效果，對美國傳統產業不利，例如美國加入北美自由貿易區後，因紡織業為勞力密集產業，美國人工費用高，所以不敵區內墨國之低廉勞工成本，使美國國內紡織業一蹶不振，而汽車零配件之出口則配合業者在墨國生產而出口量大增。美國一向為紡織品之最大進口國，由於自由貿易區內關稅障礙之免除，1997 年後墨西哥取代了中國大陸成為美國最大紡織品供應國，區域經濟整合之貿易轉向效果明顯，而加拿大、巴基斯坦、臺灣則分居美紡織品供應之第三、四、五位。根據慶德 (2002) 指出美國紡織業者中，有三分之二集中在東岸的南、北卡羅來納州與喬治亞州，自 1997 年以來，三州之紡織廠倒閉情形嚴重，紡織業雇員減少 20 萬人，失業率日益攀升，產業面臨相當大的危機，表示美國在加盟後部分產業之貿易創造效果較貿易移轉效果為小，對傳統產業之衝擊大，所以社會福利並未明顯增加。

加拿大對美墨出口金額逐年小幅增加，汽車零配件、木材及木製品之出口則大幅成長。因天然環境和人力資源的限制，加國先天上紡織業之發展比其他行業困難，自從加入北美自由貿易區後，同區內貿易採用優惠關稅稅率，使加拿大業者面對美、墨紡織製品之強大競爭，加上來自開發中國家亦有大量紡織品之進口，使加國本地廠商利潤低而無力更新設備、品質及花色均不敵進口產品，因此加拿大加入北美自由貿易區之貿易創造效果及貿易移轉效果在交相作用中，日後可觀其成效。自由貿易區的成立，會使得區內貿易不斷的取代對區外的貿易，所以美加及美墨間的雙邊貿易總量在 NAFTA 成立之後有明顯的上升趨勢，符合理論之預測。

14.4.3 中美洲共同市場 (The Central America Common Market, CACM)

㈠結盟國家

「中美洲共同市場」(CACM) 成立於 1960 年 2 月 6 日，其成員包括瓜地馬拉、哥斯大黎加、薩爾瓦多、尼加拉瓜、宏都拉斯等五國。當時各國為應付國際經貿競爭和保護主義之風潮、為了共同採行進口替代政策而擴大產品之市場起見，各國開始積極推動區域經濟整合，在「中美洲共同市場」中的各會員國家，均積極努力消除彼此間的關稅及非關稅障礙，而對於非會員國則採行統一的關稅制度，並且允許各會員國的生產要素可以在區域間完全自由移動，是一種典型的關稅同盟組織。

㈡結盟背景及現況

在二十世紀初，中美洲各國的貿易政策傾向於出口初級農業產品，但是 1950 年代初期後中美洲各國面臨了農牧產品輸出障礙，又加上國家內部需求的減少，迫使各國紛紛尋求解決之道。由於中美洲各國皆以農產為主要輸出品，且各國在政治、歷史與地緣上都十分的相近，因此建立「中美洲共同市場」的想法由此萌發。

中美洲最初的區域主義起源於 1982 年 Simón Bolívar 提出的「大哥倫比亞聯邦」的構想，他認為委內瑞拉、哥倫比亞及厄瓜多三國因為具有相同的歷史與文化背景，有利於三國組成共同發展的邦聯組織。1960 年在聯合國拉丁美洲經濟委員會的幫助下，建立了「中美洲共同市場」(CACM)，並與「安地諾集團」(Andean Group)，和「南錐共同市場」(MERCOSUR) 形成了中、南美洲之三大區域經濟組織體。

表 14.4

中美洲共同市場成立大事紀

1950 年	組成中美洲區域經濟合作委員會。
1958 年	簽訂「自由貿易暨經濟整合多邊協定及工業協定」。
1959 年	簽訂「中美洲進口統一關稅協定」[1]。
1960 年	簽訂「中美洲經濟整合總協定」，作為建立共同市場之依據。
1991 年	取消關稅限制，使會員國間的農產品可以自由流通。
1992 年	簽訂「中美洲統一關稅協定」，次年生效。
1997 年	實施新中美洲關稅制度。

1 「中美洲進口統一關稅協定」即是目前的中美洲關稅稅則。
資料來源：整理自 http://www.trade.gov.tw (2004)。

㈢經濟整合之效果

中美洲自由貿易區之各國政府均積極排除彼此間之貿易障礙，除了咖啡、蔗糖、烈酒、麵粉、幾項石油衍生物及菸草類外，其餘產品均為自由貿易，所以其區域內之貿易量大增，自 1990 年到 1995 年之間，迅速增加了二倍半；此外，美國總統布希於 2002 年 1 月 16 日正式宣布美國擬尋求與中美洲五國簽署自由貿易協定之意願，且於 2003 年 1 月 8 日美國貿易代表署代表 Mr. Robert B. Zoellick 及中美洲五國經貿部長正式宣布展開自由貿易協定（U. S.-Central American Free Trade Agreement, 簡稱 CAFTA）之談判，表示美洲各自由貿易區正在積極整合和擴展之中。

14.4.4 南錐共同市場 (Mercado Común del Sur, MERCOSUR)

㈠結盟國家

南錐共同市場 (Mercado Común del Sur, MERCOSUR) 也可翻譯成南方共同市場，目前主要會員國家包括阿根廷、巴西、智利、玻利維亞、烏拉圭及巴拉圭等六國。

㈡結盟背景及現況

拉丁美洲南方各國自 1960 年代以後，為了整頓其內部之經濟結構、消弭國家負債、增加談判能力及增強國際競爭力，曾陸續建立過許多區域經濟整合體，但是其運作成效並不大；因此，在 1986 年巴西與阿根廷決議藉由經濟整合與合作，增加彼此的經濟實力，所以在中南美洲建立一南方集團，稱之為南錐共同市場。其成立之經過如表 14.5 所示。

表 14.5

南錐共同市場成立大事紀

1985 年	巴西、阿根廷兩國簽訂「伊瓜蘇宣言」(la Declaración de Foz de Iguazú)，宣示彼此共同整合的意願。
1986 年	兩國簽訂「阿根廷一巴西經濟整合及合作計畫」(Programa de Intrfración y Co-operación Económica)，達成競爭財貨區域內自由化協議。
1988 年	兩國簽署「整合、合作暨發展協定」(Tratado de Integración, Cooperación y De-sarrollo)，決定十年內除去所有財貨與勞務的關稅及非關稅貿易障礙，並且逐步成立共同市場。
1990 年	簽訂「布宜諾協定」(Acta de Buenos Aires)，並同意於 1994 年年底前建立共同市場。
1991 年	阿根廷、巴西與巴拉圭共同簽署「亞松森條約」(Tratado de Asunción)，南錐共同市場 (MERCOSUR) 就此成立。
1994 年	阿根廷、巴西、巴拉圭與烏拉圭四國簽署「歐羅普列多議定書」(Protocolo Ouro Preto)，確立南方共同市場的組織架構與運作機制並開始運行。

資料來源：http://www.mercosur.org.uy (2004)

㈢經濟整合之效果

南錐共同市場成立後，其成員國之間的區域內部貿易量成長速度十分迅速，這是因為整個南錐共同市場所囊括的總面積與總人口數，皆占有整個拉丁美洲 50% 以上；因此廣大的區域內部市場是其發展成功的主要關鍵之一。再者，在南錐共同市場中，包含了拉丁美洲經濟發展較為快速的兩個國家——巴西與阿根廷。因此，相較於其他拉丁美洲的經濟合作體，整個南錐共同市場內的貿易財貨的競爭程度較小，而所吸引的外資投入量與對外貿易量也較拉丁美洲其他二大區域組織為多，所以區域整合的貿易創造效果相當明顯。但南錐共同市場之發展也有一些實質上的困難。例如區內非關稅貿易障礙理論上已於 1995 年 6 月底以前均予以撤除，但實際上會員國間會利用一些衛生及安全標準及包裝與標示尚未完全統一等技術性規則作推辭或作行政上之拖延，形同保護主義，引發區內貿易上的爭執。此外，南錐市場內幅員最大的巴西經濟情況長期動盪，不僅政府財政赤字高，超過其國民總生產之 80% 以上，而且對外國負債高達 3,000 多億美金，對南錐市場未來發展之影響，造成隱憂。

14.4.5 安地諾集團 (Andean Group)

㈠結盟國家

安地諾集團為拉丁美洲自由貿易區下之次區域集團，其成員包括智利、秘魯、委內瑞拉、哥倫比亞及厄瓜多等五國。

㈡結盟背景及現況

自十五世紀哥倫布發現美洲新大陸後，開啟了西、葡兩國在拉丁美洲長達三世紀的殖民統治。十八世紀中，拉丁美洲各殖民國受到美國獨立革命的影響，紛紛開始爭取獨立，直至十九世紀末，拉丁美洲各國才真正的脫離西、葡兩國的殖民統治。

在獨立後，拉丁美洲面臨了一段政經動盪不安的局勢，直到 1850 年後才因為外資的進入，逐漸帶動了整個拉丁美洲的經濟建設及對外貿易。拉丁美洲各國因其本身不健全的經濟結構及進口替代策略的採行，導致政府負債不斷的攀升累積。整個拉丁美洲由於在十五至十八世紀多數國家皆為西班牙的殖民地，因此在近代的歷史背景、語言文化與政經發展上，有著較為相似的背景，有助於各種經濟合作體的建立。但是，在拉丁美洲各國均以農產品之生產為大宗，所以多數國家經濟發展方向與程度相同，因此貿易財貨競爭相當激烈，這也是部分拉美合作經濟體在 1960 年以前無法成功運作的主要原因。1960 年後，有關拉丁美洲之安地諾集團成立之經過，參見表 14.6。

表 14.6

安地諾集團成立大事紀

1960 年	成立「拉丁美洲自由貿易協會」(Latin American Free Trade Association, LAFTA)，是拉丁美洲一體化協會的前身，其成員包含了阿根廷、玻利維亞、智利、哥倫比亞、厄瓜多、巴西、巴拉圭、秘魯、烏拉圭、委內瑞拉及墨西哥等十一國。
1969 年	成立「安地諾集團」[1]，會員國為智利、哥倫比亞、委內瑞拉、厄瓜多及秘魯等。
1973 年	安地卡、巴貝多、貝里斯、多米尼克、格瑞那達、蓋亞那、牙買加、門索雷特、克里斯多福、聖露西亞、聖文森、千里達、巴哈馬等國，共同組成「加勒比海共同市場」(Garibbean Community and Common Market, CARICOM)。
1980 年	原 11 個會員國簽署「蒙得維的亞條約」，確定成立拉丁美洲一體化協會 (Latin America Integration Association, LAIA)。
1994 年	哥倫比亞、墨西哥與委內瑞拉簽訂「三國經濟條約」(The Group of Three, G 3)。
1995 年	哥倫比亞、委內瑞拉、玻利維亞及厄瓜多四國完成自由貿易區及關稅同盟之建構。
1996 年	簽署「特魯希略議定書」(Protocolo de Trujillo)，將安地諾集團改制為安地諾共同體 (Andean Community)。

1 安地諾集團是在拉丁美洲自由貿易區下的「次區域集團」(subregional group)。
資料來源：http://www.comunidadandina.org/index.asp (2004)

㈢經濟整合之效果

安地諾集團成立之後，為吸引外資來整頓經濟，1987 年廢止了許多外資投資之限制。1992 年及 1995 年哥倫比亞、委內瑞拉、玻利維亞及厄瓜多等四國分別完成了自由貿易區及關稅同盟之建制。1996 年再將集團改制為「安地諾共同體」，積極籌謀將整合之架構向外擴張。美國、加拿大、墨西哥三國於 1994 年組成北美自由貿易區 (NAFTA) 後，美國隨即開始了將北美自由貿易區擴大到中美洲及南美洲而整合為美洲自由貿易區 (Free Trade Areas of America, FTAA) 的計畫，其前置作業包括在加勒比海、中美洲和南美洲先展開次級區域整合，再逐漸成立美洲全面性的經濟整合。所以，南美洲各國於 2002 年 12 月 8 日簽署有關架構協定，同意將安地諾共同體 (Andean Community) 於 2004 年納入南錐共同市場，目前正積極推展各項取消關稅之談判。所以經濟整合也將是中、南美洲各國急欲脫離國內之經濟成長緩慢和政治動盪困境的良好方法之一。

14.4.6 東南亞國協 (ASEAN)

㈠結盟國家

東南亞國協主要成員，包括印尼、菲律賓、新加坡、泰國、馬來西亞、汶萊、越南、緬甸、寮國及柬埔寨等 10 個國家。

㈡結盟背景及現況

東南亞國協在成立之初，各國剛從強權國家的殖民地解脫成為一個個主權獨立的國家，當時為了提升各國之經濟、社會、科學及文化各方面的發展，也為了防止共產勢力的擴張，而成立了東南亞協會 (ASA)；而後更間接促成東南亞國協 (ASEAN) 的成立。東南亞國協各成員國，不但是在地理位置上相近，在歷史與文化上更是具有高度的相似性。有關國協成立之過程，列於表 14.7 之中。

㈢經濟整合之效果

東南亞國協成員各國在經濟整合上共同追求的目標是建立一個自由貿易區，利用各國間的相互合作與協助，達成增加外資投入的目的。在東南亞經濟整合之後，因為各國之間的出口產品之同質性較高，因此所產生的貿易移轉效果並沒有北美自由貿易區或歐洲聯盟那麼大，倒是東南亞國協吸引了大量臺灣產業到當地投資，在投資初期，臺灣之資本財設備、零組件、半成品

表 14.7

東南亞國協成立大事紀

1961 年	馬來西亞、菲律賓及泰國成立「東南亞協會」(ASA)，為東南亞國協成立的基礎。
1967 年	東南亞國協 (ASEAN) 成立，成員包括印尼、菲律賓、新加坡、泰國、馬來西亞等五國。
1984 年	汶萊加入東南亞國協。
1995 年	越南簽署加入東南亞國協。
1997 年	緬甸、寮國也簽署加入東南亞國協。
1999 年	柬埔寨也提出申請加入東南亞國協。
2004 年	東協十國預定 2010 年成立自由貿易區，2020 年成立東協經濟共同體 (ASEAN Economic Community)。

資料來源：http://www.aseansec.org/home.htm (2004)

或原物料之出口增加，尤以機械製造業、造紙及印刷業和化學品製造業為多，但近年臺灣對東南亞國協之出口效果反較由各國進口產品之效果為低，且因東協各國之間提前降稅，使臺灣對東協之貿易由順差轉為逆差，對臺灣產業之排擠效果值得注意。

14.4.7 南亞自由貿易區 (SAFTA)

(一)結盟國家

南亞自由貿易區會員國包括了印度、孟加拉、不丹、馬爾地夫、尼泊爾、巴基斯坦及斯里蘭卡等 7 個國家。

(二)結盟背景及現況

在南亞自由貿易區的 7 個國家中，除尼泊爾外，多能以英語為溝通語言，且各國不論在宗教信仰上、經濟產業上或是地理環境上多有相似之處，故有利於南亞自由貿易區的整合。再者，南亞自由貿易區夾帶著語言使用上的優勢與高素質的低價人力資源，已經成為可以與中國大陸互相較勁的新興經濟合作體之一。

目前歐美各國已經有不少企業將其代工工廠轉移到南亞自由貿易區內，例如匯豐銀行 (HSBC) 在印度設置客服中心、通用汽車 (GM) 在印度設置研發中心，尚有其他高科技產業計畫在此區域進行投資，因此南亞自由貿易區之整合後，經濟及貿易成效頗高。

表 14.8

南亞自由貿易區成立大事紀

1983 年	決議成立區域合作協會。
1985 年	南亞區域合作協會 (South Asian Association for Regional Cooperation, SAARC) 成立。
1995 年	簽訂南亞優惠貿易協定 (SAPTA)。
2004 年	達成成立南亞自由貿易區 (SAFTA) 的共識，預定於 2006 年正式成立。簽訂南亞自由貿易區 (SAFTA) 框架條約、社會憲章、反貧窮計畫、反恐協定和伊斯蘭馬巴德宣言。

資料來源：整理自 http://www.saarc-sec.org (2004)

由表 14.8 可知南亞區域合作協會自 1985 年開始，經歷過九年約十二次的高峰會議才於 2004 年達成成立南亞自由貿易區 (SAFTA) 的決議。其間各國所溝通的不單只有經濟政策、貿易障礙與降低稅率等問題，尚且包括對於環境保護、婦女權益、兒童教育及觀光產業推動等問題。

㈢經濟整合之效果

在 2004 年的南亞區域高峰會中，南亞各國達成協議，要在 2006 年成立南亞自由貿易區 (SAFTA)，在此組織下南亞七國必須撤銷其區域內之貿易障礙、降低關稅，其將使此一南亞自由貿易區各國間的每年總貿易量預計成長兩倍之多。南亞七國中最能吸引外資投入的國家，非印度莫屬。印度憑藉著自身眾多的人口、廣大的消費市場與高素質的數理人才，在 1980 年以來已經成為代勞歐美企業研發部門的主要地區；因此在進行經濟整合之後，區域內各國將更能因為外資大量進入印度而受惠良多。截至現在，雖然整個南亞自由貿易區尚未正式成立，但就其目前已獲致之經濟整合效果極佳之狀況看來，成立之後由經貿整合所獲得的利益將更為可觀。

14.4.8　中非關稅與經濟同盟 (UDEAC)

㈠結盟國家

目前結盟國家有科麥隆、中非共和國、查德、剛果、赤道幾內亞、加彭等六國。

㈡結盟背景及現況

中非關稅與經濟同盟 (UDEAC) 的成立是為了推動建立中非共同市場 (Central Africa Common Market) 的前置作業，以漸進的方式除去盟國間的貿易障礙、協調各國發展計畫及財政政策，並且統一對外關稅為主要目的。

㈢經濟整合之效果

雖然，此一組織成立以來對於中非地區的經濟整合有不少貢獻，但也有不少缺失，例如：會員仍存有自利行為，有害於整體組織的運作，相關的建設計畫施行有嚴重落後現象以及各國間常有偶發的政治衝突等。即使如此，UDEAC 仍有效的促進中非地區經濟統合，努力推動經濟發展及致力於經濟建設，為此地區吸引不少西方投資客的進入。由表 14.9 可見到中非關稅與經濟同盟之創立情形。

自中非關稅與經濟同盟成立以來，其對於經濟整合上的成就主要有下列三項：

⑴建立了區域內統一的關稅制度，免除貿易障礙，促使各國間的財貨可自由流通。

⑵採取一致的投資政策與稅制，確保各國投資者可公平的享受相同的保護政策。

⑶創立中非國家銀行 (BEAC) 發行單一貨幣且統一各國利率。

表 14.9

中非關稅與經濟同盟成立大事紀

1964 年	剛果、加彭、科麥隆、查德和中非等五國，就區域經濟和貿易發展取得共識。
1968 年	查德、中非與薩伊，另組三國國家聯盟，且宣布退出中非關稅與經濟同盟。同年，中非又脫離三國聯盟，重新加入 UDEAC。
1983 年	赤道幾內亞獲准入會，此時 UDEAC 成員成為六國。
1984 年	查德獲准重返 UDEAC。
1993 年	UDEAC 各會員國簽署了關稅及稅制改革協議，並且立即著手進行改革。

資料來源：http://www.trade.gov.tw/region_7/region721.htm (2004)

14.5 經濟整合總論

在人類歷史邁進二十一世紀時，世界已經進入全面 e 化的時代，貿易、財貨、金融、服務等資訊變成即時可得，每一種產業都面對了來自全球性的競爭，為了應付全球性之龐大市場，產業採用企業化的運作、作全球性策略布局、充分使用經濟規模和重視環境保護永續發展的前瞻性眼光就成了國際貿易政策上的重大議題，所以經貿政策全球化是二十一世紀國際經貿的第一項特色。

1995 年世界貿易組織 (WTO) 成立之後，整個世界貿易市場之運作有了統一的規範，促進了全球生產要素、財貨勞務之自由流動，使世界貿易有了共同可遵循之規則，對任何違反現有規則（如傾銷、補貼）行為之廠商或產業之涉案國家，可以透過國際諮商和世界貿易組織之爭端解決機制加以解決，這也是本書下一章討論之主要議題。然而世界貿易組織為了兼顧全球貿易自由化之目標和自 1958 年以來歐洲經濟共同體早已採行關稅同盟之現實之下，同意准許區域性貿易協定之存在。因此，各國為了增強其國際貿易之競爭力，也紛紛向外尋求區域經濟合作的伙伴，以至於自 1990 年末葉起，區域經濟整合已成為二十一世紀國際經貿的第二項特色。

在各國一方面加入世界貿易組織、一方面又汲汲於尋求區域經濟組織伙伴之同時，國際經濟成長必須兼顧環境保護之呼聲也日益高漲。自 1996 年 9 月國際標準組織（International Organization of Standard，以下簡稱 ISO）正式公布環境管理系統 ISO14000 之使用指引規範之後，在國際貿易上要求符合驗證之廠商即逐漸增加；換句話說，在 WTO 要求各會員國逐步降低或減除各項關稅或非關稅之貿易障礙之同時，鑑於人類以往許多經貿活動已逐漸威脅到我們賴以為生的地球，例如紡織業、造紙業及若干石化業之污水排放，影響到河川的水質，部分重金屬、機械製造業之廢棄物對土壤形成污染，又有輕油裂解、汽車運輸等業排放廢氣，嚴重損害到空氣之品質，造成溫室效應及破壞了臭氧層等，為了人類的健康及企業之永續發展，國際經貿活動中要求環境保護之相關驗證，將是未來不可避免的第三大特色，本書將另闢章節討論之。

㈠經濟整合依照其深化程度之不同，可以分成哪五大類別?

㈡歐洲聯盟至 2005 年為止，共有多少成員國? 歐洲之貨幣制度 (EMU) 是如何建立的? 共分哪 3 個階段?

㈢北美自由貿易區之成員國有哪些國家? 成立後各國之貿易創造效果和貿易移轉效果各如何?

㈣中美洲共同市場之 5 個成員國均以農牧產品為各國之主要產業，同質性高，依你的看法，這五國應如何突破生產上產業同質之瓶頸?是否須向北美國家尋求結盟關係?

㈤南錐共同市場區域內貿易量成長快之原因為何? 有何未來發展的隱憂?

㈥東南亞國協成立後，吸收了大量臺灣產業到當地投資，投資之情形和過程對臺灣產生什麼影響?

㈦南亞自由貿易區中以哪一國家吸引到最多外資投入? 為什麼?

㈧中非關稅與經濟同盟對中非地區經濟整合的三大主要貢獻為何?

第六篇

國際收支與外匯市場

15 國際收支平衡表

15.1 國際收支平衡表之內涵

15.2 國際收支平衡表之結構

國家與國家之間的往來，除了政治、軍事、外交方面之互動外，就屬國際商品、勞務及資金之交流最為頻繁，這些活動都牽涉到國與國之間以通用之貨幣作媒介之金錢支付。尤其近代社會的交通運輸工具發達，兩國人民之間亦可能為了欣賞對方國家之明媚風光而互相拜訪、觀光、交友和旅遊；出了本國國門，所有交通、食宿、購物等費用都需利用外幣支付，這些外幣之使用，均構成該國國際收支平衡表之一部分。

此外，由於 e 化時代之來臨，國際間財經資訊傳播擴散均十分迅速而容易取得，因此，國際金融商品（如股票、債券、外國政府公債）之買賣以及廠商到國外直接投資設廠、開設公司行號亦相當普遍；凡此種種活動也必須動用到國際通行之外幣來作為交易之媒介，只要是從事這些跨國金融投資活動而產生之外幣收付，也都應當計算在一國之國際收支平衡表（balance of payments，以下簡稱 BOP）之內，才能清楚了解該國在某一特定期間內對外各項經濟活動之全貌和效果。

15.1 國際收支平衡表之內涵

國際收支平衡表是以貨幣形式來衡量某一國之全體居民在特定期間內所有對外活動之績效。一般民眾可以透過國際收支平衡表所記載之項目而獲悉該國對外之貿易和國際金融的表現；進出口商可以參考國際收支平衡表而瞭解到最新有關貿易、投資和匯率變化之趨勢；至於政府當局則可詳細查閱國際收支平衡表而擬定適合該國之經濟或貿易政策。在國際經貿活動頻繁的現代，國際收支平衡表的重要性自是不言而喻。既然國際收支平衡表應涵蓋一國全體官方及民間所有跨國活動所產生之外匯收支，因此，國際收支平衡表可以將其定義如下：

國際收支平衡表是指一國之全體居民與其他國家居民之間，在某一特定期間內所從事之各項經濟交易活動、以國際通行之貨幣有系統地記載的收付記錄。

依照上述定義，我們可以進一步看出國際收支平衡表是一種「流量」之觀念，因為它是在某一特定期間內，記載一國國際收付之流水帳，並加以分類列總而得；而所用來記帳之貨幣一般採用國際通用之美元作為計算單位。

至於國際收支平衡表之記帳通常是採用複式 (double-entry) 簿記的方式計帳，也就是任何一筆交易需同時登入貸方 (credit) 與借方 (debit)：若是經貿交易活動涉及本國有外匯之收入，則應被記為本國之加項，亦即貸方，而相對應的償付方式則記入借方項目；若是交易活動涉及本國有外匯之支出，則應被記入本國之減項，也就是借方，而相對應之償付方式則記入貸方帳目。根據此一原則，由本國之角度看來，凡涉及外國支付給本國而使得本國之外匯供給增加的貸方 (credit) 交易項目包括：

⑴本國商品及勞務之輸出。

⑵外國對本國之捐贈及援助。

⑶外國人在本國之旅遊支出。

⑷外國人在本地之投資和銀行存款之增加額。

⑸本國居民對外投資所賺取之利潤和利息。

⑹本國收回過去對外之融資、投資或銀行存款。

⑺本國金融當局輸出貨幣性黃金。

另一方面,經貿活動若涉及本國必須以外匯來支付給外國之官方或民間,也就是本國之外匯需求增加動用外匯之借方 (debit) 交易項目包括:

⑴外國商品及勞務輸入本國。

⑵本國對外國之捐贈及援助。

⑶本國人赴外國之旅遊支出。

⑷本國人增加在國外之投資和銀行存款金額。

⑸外國居民在本地投資賺取到的利潤和利息之匯出。

⑹外國收回過去對本地之融資、投資或銀行存款。

⑺本國金融當局輸入貨幣性黃金。

15.2 國際收支平衡表之結構

綜上所述,由於國際收支平衡表對每一筆國際交易均分別記有借方和貸方科目,使得借方和貸方之餘額必須平衡,此即為其名稱之來源。至於這些經貿活動應以何種名稱歸類入帳呢?這就是牽涉到國際收支平衡表之結構問題,現將其結構之重點加以說明如下:

㈠經常帳(current account,以下簡稱 CA)

經常帳 (CA) 和資本帳(capital account,以下簡稱 KA)為國際收支平衡表之兩大主要帳目。經常帳本身又分為:對外貿易帳和無償性片面移轉帳等明細帳目。

⑴對外貿易帳:

對外貿易帳包括商品交易、勞務交易及所得之收支情形,主要包括有形商品之輸出及輸入,無形勞務如銀行、運輸、保險、旅遊、權利金及代理等勞務之輸出及輸入，以及常住居民向國外購買股票、債券及其他資產之利息、紅利等之國際收付，此外尚有設於本地之各種外國政府常駐機構和人員之費用支出等。通常包括對外貿易商品帳 (balance of trade on merchandise) 以及勞務支出淨額 (net trade in services) 二類。

⑵無償性片面移轉帳：

無償性片面移轉帳是針對本國與外國政府或民間之無償性單方面之援助或贈與之記帳，包括兩國私人部門間之無償性匯款，例如慈善或宗教團體之捐贈、僑民匯款、及留學支出等，另外也包括兩國政府間之單方面無償性移轉支出，例如救災捐款、經濟援助、技術援助、以及對國際機構經費之分擔等支出，這些由一國官方或居民單方面向外國之官方或民間作支援、協助或贈與之活動也會動用到外幣之收付，自然也成為國際收支平衡表之一部分。

綜合而言，經常帳餘額即為一國之對外貿易餘額、勞務支出淨額與片面移轉帳之餘額的總和。

㈡資本帳 (capital account)：

資本帳主要用於記載本國與其他國家間資本流動的狀況，一般分為直接設廠投資 (direct investments)、國際金融性之長期證券投資 (international portfolio investments) 和短期有價證券之投資 (short term investments)。分別說明如下：

⑴直接設廠投資：

直接設廠投資指的是本國居民取得或增加對國外企業之所有權，例如直接在國外設廠，取得經營之控制權。

⑵金融性之長期證券投資：

指本國居民對國外投資期限在一年以上之證券、外國政府之公債、民間之公司債或一年期以上之貸款等。

⑶短期有價證券之投資：

指本國居民對國外投資期限在一年以下之證券交易以及貸款、存款、應收帳款和商業票據等。

以上三種投資均須納入該國資本帳內。任何居民之國際投資活動若造成本國外匯供給的資本流入均須記為資本帳之貸方（加項）；但若是投資活動有外匯需求而引起資本之流出，則記為資本帳之借方（減項），而該國資本流入總額與流出總額之間的差額，即為資本帳餘額 (balance of capital account)。

為了國際收支平衡表在實際編製上之方便，各國通常採用全部銀行體系所保有之外匯資產之變動來衡量國際收支餘額，但銀行體系中最重要者為該國中央銀行外匯資產之變動，所以一般人將資本帳又稱為「官方準備交易帳」(official reserve transaction account) 或官方清算或平衡帳 (official settlement account)。若一國之國際收支有逆差時，則外國之中央銀行或聯邦準備銀行 (Federal Reserve Bank) 必須將其短期官方資本或該國之國際準備資產（如外匯及特別提款等）移轉給順差國之中央銀行，記作借方；反之亦然。

而國際收支餘額通常為一國經常帳餘額與資本帳餘額之總和，也就是：

國際收支餘額 (BOP) = 經常帳餘額 (CA) + 資本帳餘額 (KA)

㈢誤差與遺漏 (errors and omissions)

因為各國之間經貿交易活動之種類與項目十分繁複，所以國際收支平衡表無法將這些交易活動一一完整且鉅細靡遺地記載，但是因為各項國際收支常常會透過雙方之銀行體系而動用到外匯，所以銀行體系在該一年度內所保有外匯數量之增減可以用來近似性地估計衡量國際收支餘額，這種估算值在實際編製國際收支平衡表時必然會產生小部分之誤差與遺漏，為了表達這項事實，在國際收支平衡表上通常會列有誤差與遺漏這一項目，以便維持帳目之平衡。

表 15.1 即為臺灣地區從 2000 年至 2003 年國際收支平衡表之簡表，由該表可以看出我國近年之經常帳逐年增加且為順差，但資本帳部分均為負值，顯然近年外商對臺灣之投資趨於保守，而金融帳部分近幾年有由逆差轉為順差之趨勢。

表 15.1

臺灣國際收支簡表（年資料）

（單位：百萬美元）

	Code	2000	2001	2002	2003
A. 經常帳[1]	4993	8,851	18,239	25,630	29,202
商品：出口 f.o.b.	2100	147,548	122,079	129,850	143,447
商品：進口 f.o.b.	3100	−133,924	−102,215	−105,657	−118,548
商品貿易淨額	4100	13,624	19,864	24,193	24,899
服務：收入	2200	20,010	19,895	21,635	23,102
服務：支出	3200	−26,647	−24,465	−24,719	−25,635
商品與服務收支淨額	4991	6,987	15,294	21,109	22,366
所得：收入	2300	9,166	9,327	10,334	12,991
所得：支出	3300	−4,698	−3,648	−3,321	−3,436
商品、服務與所得收支淨額	4992	11,455	20,973	28,122	31,921
經常移轉：收入	2379	3,202	2,607	2,621	2,673
經常移轉：支出	3379	−5,806	−5,341	−5,113	−5,392
B. 資本帳[1]	4994	−287	−163	−139	−87
資本帳：收入	2994	−	0	−	−
資本帳：支出	3994	−287	−163	−140	−88
合計，A 加 B	4010	8,564	18,076	25,491	29,115
C. 金融帳[1]	4995	−8,019	−384	8,750	7,630
對外直接投資	4505	−6,701	−5,480	−4,886	−5,682
來臺直接投資	4555	4,928	4,109	1,445	453
證券投資（資產）	4602	−10,087	−12,427	−15,711	−35,620
股權證券	4610	−9,265	−9,358	−10,949	−21,121
債權證券	4619	−822	−3,069	−4,762	−14,499
證券投資（負債）	4652	9,559	11,136	6,644	29,693
股權證券	4660	8,489	11,298	3,636	25,197
債權證券	4669	1,070	−162	3,008	4,496
其他投資（資產）	4703	−8,368	−1,770	11,990	4,456
貨幣當局	4703	−	−	−	−
政府	4703	−13	8	2	33
銀行	4703	−10,105	−7,341	3,022	−1,994

表 15.1

臺灣國際收支簡表（年資料）（續）

（單位：百萬美元）

	Code	2000	2001	2002	2003
其他部門	4703	1,750	5,563	8,966	6,417
其他投資（負債）	4753	2,650	4,048	9,268	14,330
貨幣當局	4753	–	–	–	–
銀行	4753	–1,705	636	4,677	11,391
其他部門	4753	4,362	3,416	4,596	2,947
合計，A 至 C	4020	545	17,692	34,241	36,745
D. 誤差與遺漏淨額	4998	1,932	–339	–577	347
合計，A 至 D	4030	2,477	17,353	33,664	37,092
E. 準備與相關項目	4040	–2,477	–17,353	–33,664	–37,092
準備資產	4800	–2,477	–17,353	–33,664	–37,092
基金信用的使用及自基金的借款	4766	–	–	–	–
特殊融資	4920	–	–	–	–

剔除已列入項目 E 之範圍，– 表示該項目下無資料
資料來源：中央銀行 (2004) http://www.cbc.gov.tw/

㈠國際收支平衡表之定義為何?

㈡國際收支餘額包括哪兩大項目?

㈢在經常帳項目中包括對外貿易帳和無償性片面移轉帳，請各列舉有關支出細目帳例子各三種。

㈣資本帳係記載本國與其他國家間資本流動的狀況，一般分為哪三種資本投資?

16 外匯市場

外匯 (foreign exchange) 是國際交易往來可供兌換之通貨 (convertible currencies)，一般是用來支付國際交易餘額之外國貨幣、可供兌換之通貨或是對外國通貨之請求權，它的形式包括外國貨幣、以外幣標示之支票、匯票以及其他金融資產等，通稱為外匯。在資訊透明、交通發達的現代，國家與國家之間官方及民間的各項政治、外交、商業、勞務、旅遊及資金之往來，都需要使用國際通行之貨幣作媒介才能順利完成。這些國際通行之貨幣與各國之本國貨幣間的交換功能，有賴國際各大外匯交易中心配合各國之外匯交易所 (exchange bourse)、中央銀行、外匯銀行、外國銀行在本地之分行、外匯經紀商 (broker) 以及外匯之自營商 (dealer)、進出口業者和國際投資者來共同完成。所以外匯市場 (foreign exchange market) 為提供國際間不同國家貨幣之交易和互換功能的場所或機制，其目的是為了促進國際間商品、勞務和資金之流通。外匯市場為國際金融市場的一部分，但以外匯買賣為主體。

16.1 外匯市場之結構

外匯市場之交易並不限制於一定之時間、某一固定之建築物或特定之營業場所，只要是有外匯交易進行之一個地點、一個交易網路 (network) 或一種交易之機能 (mechanism) 都算是外匯市場，而全世界最具規模的外匯市場為紐約外匯市場和倫敦外匯市場，這兩大市場對外匯之報價可以影響世界其他地方市場外匯之報價。除此之外，日本的東京、法國的巴黎、瑞士之蘇黎世及德國之法蘭克福也是世界知名之外匯市場。

外匯交易市場若以買賣外匯之對象來區別，通常分為下列三種層次：

㈠商業銀行與顧客間之外匯交易

商業銀行（通常是外匯指定銀行）依照中央銀行對各國貨幣之買入、賣出之匯率掛牌，提供國際通行之貨幣給各外匯之需求者和供給者使用和買賣。商銀所面對之顧客群包括進、出口貿易商、出國旅遊者、政府派駐海外之官員、移民與留學生、國外投資客、外匯操作人員等，這些人員均須透過商業銀行買賣外匯。而在臺灣之外匯銀行除了包括本國國內商業銀行外，亦包括在本國之外國銀行分行或代表處，以及中央信託局信託處經辦外匯業務。

㈡國內各銀行之間經由外匯經紀人進行之外匯交易

各國國內的各大銀行之間，通常會經由外匯經紀人居間媒介外匯交易，以雙方同意成交之匯價買進或賣出外匯，以維持該行庫外匯供需之大致均衡。

㈢國外各銀行與本國銀行間之外匯交易

外匯市場透過各國之商業銀行彼此間之業務往來買進或賣出外匯，使國際間各項外匯交易能順利施行。而各國政府之中央銀行也適時介入各地方性之外匯市場，向外國買進或賣出外匯，以維持該國各地方市場供需之平衡。

由此可見，外匯市場可以提供國際間外匯之收付和清算、國際投資、投機及匯率避險等功能。

16.2 外匯匯率

外匯匯率 (foreign exchange rate) 是指在一特定期間內，一國貨幣與他國貨幣之兌換比率，簡稱為匯率。其表示之方式，通常有下列三種:

㈠應付報價法 (giving quotation)

是以一單位外國貨幣應兌換若干單位之本國貨幣給付對方之方式表達，亦即

$$\text{應付匯率報價} = \frac{\text{本國貨幣}}{\text{外國貨幣}}$$

㈡應收報價法 (receiving quotation)

是以一單位本國貨幣應收取若干單位之外國貨幣之方式表達，亦即

$$\text{應收匯率報價} = \frac{\text{外國貨幣}}{\text{本國貨幣}}$$

㈢美元報價法 (US dollar quotation)

國際間所進行之外匯交易和銀行報價大部分都以美元為標準來表示各國貨幣之價格，尤其是世界各大外匯市場之外匯銀行之外匯匯率，泰半是以美元報價方式來表達，亦即

$$以美元為基礎之匯率報價 = \frac{本國貨幣}{美元}$$

以上不論是用何種報價方法都可看出外匯之匯率，就是本國貨幣以另一國貨幣所表示之價格，因此，如果本國之貨幣貶值 (depreciation) 則表示必須以較多之本國貨幣去兌換同一單位之外國貨幣；而本國貨幣之貶值也就是代表外幣之升值 (appreciation)，反之亦然。例如，原本美元 1 元，可以兌換新臺幣 30 元，但現今若在外匯市場可以兌換新臺幣 34 元時，則代表美元對新臺幣升值，或稱新臺幣對美元貶值。在國際貿易市場上外匯匯率對出口、進口價格有重大影響；若本國貨幣對美元貶值時，代表本國出口貨品以美元對外之報價比以前為低廉，增加了出口之競爭力，所以一般人認為本國貨幣匯率貶值有助於本國之出口；另一方面若本國貨幣對美元貶值時，進口商向外匯銀行申請美元以便向外國購物時，就必須付出較多之新臺幣去購買相同數量之美元來購買貨品，所以一般人認為本國貨幣貶值對進口商不利，因為貶值增加了匯兌之損失。但若政府為改善國際收支欲以本國貨幣之貶值政策來增加出口及減少進口的話，則必須考慮到進口和出口商品之價格彈性，因為若本國出口商品為缺乏價格彈性時，如果貶值而降低了本國貨品之售價，反而使總出口值（總收益）下降；另一方面若本國之進口貨品缺乏價格彈性，本國貨幣貶值將使進口貨品價格大幅上揚，但進口收量減少有限，反而促使總進口值上升。此外，國際間之交易通常由下訂單到出貨需要一段較長之時間，故匯率政策之採行通常必須顧慮到有時間落後 (time lag) 的問題，容後加以討論之。

16.3 外匯匯率制度

外匯之匯率代表各國之貨幣採用外幣來衡量之兌換價值，而各國之貨幣制度本身不盡相同，因此各國採行之匯率制度也有差異，茲分述如下：

(一)固定匯率制度 (fixed exchange rate system)

是指一國貨幣兌換另一國貨幣之匯率基本上維持一固定兌換值，而若有匯率之波動則局限在一定範圍之內。在金本位制之國家，各國貨幣之含金量之多寡決定了各國貨幣兌換之匯率，因此匯率可以維持在一固定之兌換比值上，只有當該國之國際收支發生鉅幅順差或逆差，到達外匯準備之美元輸入或輸出點時，才會發生匯率之波動，其波動之幅度甚小，但該國需要一些外匯管制之配套措施，以使匯率趨於長期之穩定。

㈡釘住匯率制度 (pegged exchange rate system)

非金本位制之國家將匯率釘住於狹小的範圍內，而由中央銀行在外匯市場上按既定匯兌之平價隨時作外匯供、需方面之調整，以穩定匯率。但因外匯市場有其先天性之限制，例如黑市匯率之存在以及外匯投機交易者之操作，使國際匯兌之平價匯率不易維持。

㈢浮動匯率制度 (floating exchange rate system)

是指一國貨幣兌換另一國貨幣之匯率完全依據外匯市場之供給和需求加以自由決定，並無一正式之官定匯率。市場上若外匯之供給超過需求，則外國貨幣（外匯）貶值而本國貨幣升值；若外匯之需求超過供給，則外國貨幣升值而本國貨幣貶值。中央銀行不再承擔維持匯率之上下波動界限的義務。

㈣伸縮性匯率制度 (flexible exchange rate system)

伸縮性匯率是由一國之中央銀行對該國貨幣訂定一項基本匯率，通稱為平價匯率 (par value exchange rate)，而另外設立有外匯平準基金 (exchange equilibrium fund) 進場參與外匯之買賣，以調整匯率之供需，避免影響國內經濟之穩定。

但不論是固定匯率制度、釘住匯率制度或是浮動匯率制度，其所決定之匯率並未依照進出口之貿易量作加權，或者並未排除物價水準之變動所帶來之影響，因此學術及實務界又提出將匯率依照貿易數量作加權，或者以物價指數加以平減才能得知該國貨幣之匯率是否合理，依照此一看法，匯率依照不同之方式加權或平減，又可分為下列二類：

㈠有效匯率 (effective exchange rate)

有效匯率通常是以一國對各主要貿易國之貿易量除以各主要貿易國本身

之貿易總量之比重作權數來計算各國幣值之加權平均匯率；有效匯率本身並未考慮物價變動因素，所以也可稱之為名目有效匯率 (nominal effective exchange rate)。

㈡實質有效匯率 (real effective exchange rate)

實質有效匯率是將有效匯率除以物價水準即可，通常實質有效匯率既然剔除了物價水準的影響，以之作為不同年度間匯率走勢之比較是較為合適的。

為了比較匯率在不同年度或期間內之變化，則可以某一年作為計算之基期年 (base year) 而將逐年的匯率與之加以比較，其方法如下：

㈠有效匯率指數 (effective exchange rate index)

是將計算期之有效匯率除以基期年之有效匯率而得，因為並沒有考慮到物價因素，一般亦稱之為名目有效匯率指數。

㈡實質有效匯率指數 (real effective exchange rate index)

是將計算期之實質有效匯率除以基期年之實質有效匯率而得之。一般而言，若實質有效匯率指數接近 100%，表示計算期之匯率趨於均衡；若該指數大於 100%，表示與基期年相比，該國該年之幣值有高估之現象，會削弱該國出口之價格競爭力，未來可能會讓該國貨幣面臨貶值之壓力。同理，若該指數值小於 100%，則計算期之該國幣值有低估之現象，而使該國貨幣面臨升值之壓力。

16.4 外匯匯率理論

國際間各種經貿活動均需運用到外國通貨，而各國貨幣兌換外幣之匯率即為本國貨幣以外幣表達之價格；有關各國貨幣匯率之決定因素，目前有多種不同之外匯匯率決定理論，擇其較重要者加以說明如下。

16.4.1 國際收支平衡學派

國際收支平衡學派 (balance of payment approach) 又稱國際借貸說 (theory of international indebtedness) 是由美國學者哥遜 (G. L. Goselen) 於 1861 年首先提出的，該學派主張均衡匯率之達成通常是在一國國際收支平衡之時；若該國之國際收支發生順差或逆差時都會造成該國均衡匯率之波動。至於該國國際收支之失衡原因，可能是因為該國對國外商品、勞務之出口或進口數量上之差異大，或者是國際投資、資金匯出、匯入的差別大，而導致市場上對外匯之供給和需求的不平衡。

茲以新臺幣對美元之應付報價匯率（即新臺幣 / 美元）加以說明，如圖 16.1 所示。

圖 16.1

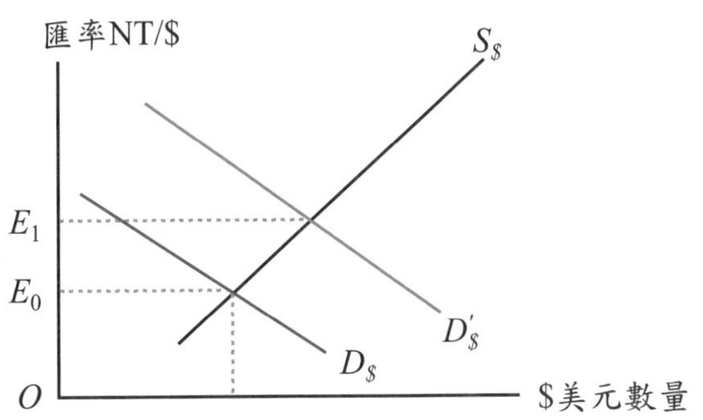

外匯市場均衡匯率之變化

在圖 16.1 中，縱座標代表新臺幣對美元之匯率，橫座標代表美元外匯之數量。$S_\$$ 及 $D_\$$ 分別代表外匯市場上美元之供給線和美元之需求線，在 $S_\$$ 及 $D_\$$ 之交點，決定了美元之均衡匯率原為 E_0，現在假設本國經濟成長率高於美國，則國內之消費者將會消費更多之國內、外商品，使得本國進口量增加，而對美元外匯之需求增加，故美元需求線 $D_\$$ 將向右移至 $D'_\$$，使外匯市場之匯率由 E_0 上移至 E_1，表示每一單位之美元，將須支付較多之新臺幣去購買，所以導致新臺幣之貶值，也就是美元之升值；反之亦然。

16.4.2 購買力平價學說

購買力平價學說 (theory of Purchasing Power Parity, PPP) 主張各國貨幣之兌換匯率是依照其在國外購買同質商品或勞務之購買力而決定的。該學說是西元 1918 年由瑞典經濟學者卡塞爾 (Gustay Cassel) 提出，並建議第一次大戰戰後各國幣值之交換應以具有相同購買力作為兌換外匯數量之基礎，換言之，即以各國單位貨幣在國內之購買力之強弱來決定匯率的大小。

巴拉薩 (B. Balassa) 將購買力平價說區分為：絕對購買力平價說 (absolute PPP) 及相對購買力平價說 (relative PPP) 兩種，分別說明如下：

(一)絕對購買力平價說

絕對購買力平價說的基本假設是建立在各國實行自由貿易及不兌換紙幣本位制度上，並且不考慮國際間之商品及勞務交易之運費、關稅及貿易障礙等，因此，各商品及勞務透過完全競爭市場自由買賣和交換之機制，則同一商品或勞務之世界價格應為單一價格，稱為單一價格法則 (law of one price)。

基於上項單一價格法則的前提下，購買力平價說主張均衡匯率是按照各國貨幣之絕對購買力或物價水準之比率來決定的。

例如，將本國貨幣兌換外國貨幣以應付匯率報價（即本國貨幣 / 外國貨幣）來表示，若 S 代表外匯市場之均衡匯率，P 代表本國國內之物價水準，P^* 代表外國之物價水準，則根據絕對購買力說可得均衡匯率為

$$S=\frac{P}{P^*} \quad \cdots\cdots (16\text{–}1)$$

此時如果外國之物價水準 (P^*) 不變，而本國貨幣之購買力增加（即本國國內物價 P 下跌時），則均衡匯率 S 之數值將下跌，表示一單位之外幣，只須用較少之本國貨幣數量去兌換，即為本國貨幣之「升值」，也就是外國貨幣之「貶值」；相反的，若外國之物價水準 P^* 不變，而本國之物價 P 上升時，則均衡匯率 S 之數值將上升，表示對方每一單位之外幣，本國要用較多之貨幣

數量去兌換，因此是本國貨幣之「貶值」，也就是外國貨幣之「升值」。因此，絕對購買力平價說可以說明兩國間的匯率和物價水準之長期關係。

㈡相對購買力平價說

相對購買力平價說首先假設在某一特定期間之初期有一存在之均衡匯率 (S_0)；在這同一期間內，若兩國相對物價水準之比值發生改變，則該一均衡匯率亦應依據商品相對價格之改變情況作變化，其公式為

$$S_t = S_0 \times \frac{P_t / P_0}{P_t^* / P_0^*} \quad \text{(16–2)}$$

其中，S_t 為本 (t) 期之均衡匯率，S_0 為期初或某基期年之均衡匯率，P_t、P_0 分別代表本國第 t 期及基期年（或本期期初）之物價水準，而 P_t^*、P_0^* 則各自代表外國第 t 期及基期年（或本期期初）之物價水準。(P_t/P_0) 及 (P_t^*/P_0^*) 分別為本國及外國這段期間之物價變化率，若由一般消費者之角度看來，(P_t/P_0) 及 (P_t^*/P_0^*) 也可分別代表本國由第 0 期至第 t 期這段期間之通貨膨脹率，因此 (16–2) 式可解釋為：某期間期末（第 t 期）的均衡匯率，應為期初均衡匯率 (S_0) 乘上兩國之通貨膨脹率之比值，若本期間內兩國有相同之通貨膨脹率時，則均衡匯率不受影響，即 $S_t = S_0$；若期間內本國之通貨膨脹率高於外國之通貨膨脹率時，本國貨幣應會貶值；反之，則本國貨幣應升值，此為相對購買力平價說之精髓所在。

綜上而言，購買力平價說是以本國貨幣與外國貨幣之購買力作為計算均衡匯率之基準，本來應可反映匯率與物價間之「長期」關係，但因各國物價指數之選擇標準不一定會完全一致，而且各國若在長期中發生顯著干擾的貨幣性問題時（例如惡性通貨膨脹或是 1997 年亞洲突發性之金融風暴等），將會使得購買力平價學說理論之實證結果難以具體預測匯率之走向，必須用計量方法除去該種干擾之影響後，再作分析。

16.4.3 利率平價理論

利率平價理論 (Interest Rate Parity, IRP) 假設國際之金融投資沒有任何

障礙和成本，而且外匯市場為一有效率之競爭市場時，則遠期匯率和即期匯率之差距除以即期匯率之比值相當於兩國間短期利率的差距。

利率平價理論的主要依據是因為人們觀察到如果兩國之間存在有利率差距時，投資者會透過「套利」或「套匯」之方式賺取利率之差價，並持續進行一直到該項差價趨近於零為止，所以主張兩國間短期利率之波動會影響兩國均衡匯率之調整。根據該項理論，可以得到短期利率和均衡匯率之關係如下：

$$r - r^* = \frac{F - S}{S} \quad \cdots\cdots (16\text{–}3)$$

上式中 r，及 r^* 分別代表本國及外國之年利率，F 代表 1 年期之本國貨幣兌換外幣之遠期匯率，S 為本國貨幣兌換外幣之即期匯率，因此 (16–3) 式代表國內和國外年利率之差距若等於遠期匯率與即期匯率差距的比率時，兩國之匯率達到均衡，此時國際金融之投資者或投機客將不會再進行拋補外匯套利之行為，因為若本國利率上升時，資金會由國外大量流入，以便同時獲取利率與匯差；相反的，若本國利率低於國外利率，資金會由國內流向國外；如此反覆進行，直到國內外利率差距等於遠期匯率和即期匯率之差距率為止，此為利率平價理論之重點，換句話說，利率平價理論強調兩國短期利率之變動會影響到均衡匯率之調整。

16.4.4 貨幣學派之匯率決定理論

貨幣學派 (monetary approach) 之匯率理論試圖由貨幣之供給及需求面來探討各國貨幣兌換之匯率，認為一國貨幣之供給和需求，決定了該國貨幣的價值，所以匯率可以視為「兩國貨幣」之相對價格而不是購買同質之「兩國商品」之相對價格。根據經濟理論中，有關市場價格之波動決定於供給和需求雙方面之作用力之大小而定。假定其他條件不變，當本國之貨幣供給增加時，物價會上漲，表示本國貨幣之購買力下跌，亦即本國貨幣會「貶值」；相反的，假若其他條件不變時，如果本國之所得增加，則將導致消費大眾對貨幣需求之增加，而使本國貨幣「升值」；反之亦然；茲以圖 16.2 和圖 16.3 配合說明之。

圖 16.2

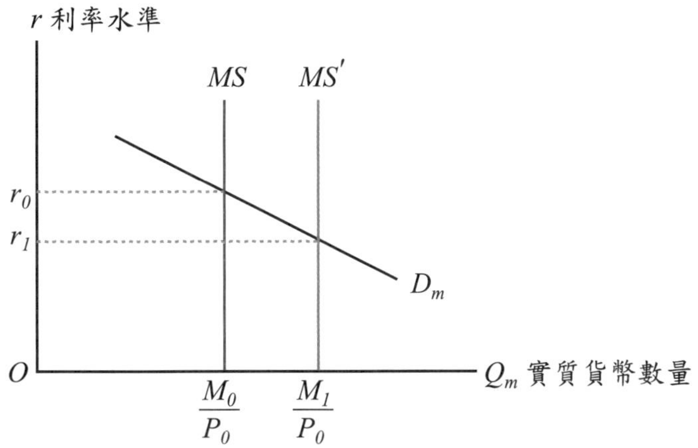

貨幣市場

圖 16.3

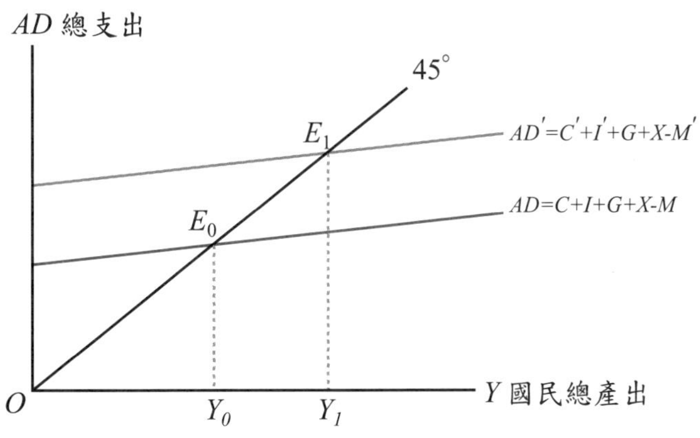

財貨和勞務市場

在圖 16.2 中，縱座標為利率 (r)，橫座標為實質貨幣數量，M_0 為均衡時之名目貨幣供給量，P_0 為物價水準，而 MS 代表本國貨幣之供給曲線，由於政府在某一時間點之貨幣供給量為一固定之數目，所以貨幣供給曲線為一條垂直於數量軸之直線；D_m 代表本國人民對貨幣之需求曲線。一般而言，人們對貨幣之需求有三大動機：即交易動機（如購物）之貨幣需求、預防動機（如儲蓄）之貨幣需求和投機動機（如購買股票）之貨幣需求，各該需求和利率之升降有反方向之變動關係，所以貨幣需求曲線 D_m 為由左而右向下傾斜的線條。假設市場之貨幣供給線 MS 和需求線 D_m 之交點，決定了原始之利率水準為 r_0，此時實質貨幣供給量為 M_0/P_0。

在圖 16.3 中，縱軸代表總支出 (AD)，橫軸代表國民總產出 (Y)，而總支出之計算是由消費 (C)、投資 (I)、政府支出 (G)、以及出口值 (X) 之和減去進口值 (M) 而得，其中消費及投資為利率之函數，進口則受國民總產出 (Y) 的影響。在政府未採行貨幣政策前，貨幣市場之利率為 r_0，對應於財貨和勞務市場總支出 AD 和 45° 線之交點 E_0 而達到均衡，故原均衡時之利率水準為 r_0。此時所對應之國民總產出為 Y_0。

今假設政府採行貨幣政策增加了貨幣之供給量為 M_1，使 MS 向右移動到 MS'，將使貨幣市場上之利率向下降低，由原來之 r_0 下降到 r_1 之水準。利率下降至 r_1 後，刺激了消費和投資，導致消費 (C) 和投資 (I) 之增加，分別增加到 C' 及 I' 之水準，因此圖 16.3 中之總合需求曲線 AD 將上移到 AD' 之水準，使均衡點由 E_0 移動到 E_1，而對應之國民總產出由 Y_0 增加到 Y_1 的水準。

當國民總產出 Y 增加時，因進口受國民總產出之影響而增加，導致外匯市場上對美元或其他外匯需求之增加，而發生如圖 16.1 中新臺幣對美元之應付報價匯率（即新臺幣 / 美元）之上揚，表示每一單位之美元必須支付較多之新臺幣去兌換，所以是本國貨幣之貶值；因此，由於本國貨幣供給量 (MS) 之增加，降低了本國貨幣市場之利率 (r)，提高了本國市場之消費 (C) 和投資 (I)，使得國民總產出 (Y) 之增加而刺激了進口 (M) 之增加，最後導致本國貨幣之貶值；反之，政府若減少貨幣之供給，將導致本國貨幣之升值，此即為貨幣學派之匯率決定理論之重點所在。因此我們可以看出貨幣學派之匯率決定理論主張在一個自由浮動匯率制度下，任何匯率之改變均起於貨幣市場上本國貨幣之供給或需求的變化所致，在本國貨幣供給等於貨幣需求時，才能使外匯市場上本國貨幣兌換外幣之價值達到均衡匯率。

16.4.5 資產組合均衡學派

資產組合均衡學派 (Portfolio Equilibrium Approach) 認為短期匯率之波動是由於投資人為了追求較高之預期報酬率或規避匯兌風險而購買或拋售國際不同之貨幣、本國證券、外國證券、債券和股票等金融資產時，引起外匯之需求和供給之變化而影響到外匯之匯率。

所以資產組合均衡學派將國際通用之貨幣視為國際投資金融資產組合之一種，可以說是貨幣學派匯率決定理論之延伸。

16.4.6 匯兌心理理論

匯兌心理理論 (Psychological Theory of Exchange) 為法國學者阿夫德倫 (A. Aftalion) 於西元 1927 年由心理學之角度探討匯率之決定因素，認為人們對外匯之需要，除了要購買外國商品外，也是為了要用來作外匯之投機、金融商品之投資和規避資本風險等用途；所以人們對外匯在心理上之主觀評價透過邊際效用之大小而決定了外匯之匯率。當外匯之供給少、邊際效用高、外匯匯率就升高，代表外幣之升值；反之，若外匯之供給多、邊際效用低、外匯匯率就會降低，也就是外幣之貶值。另由外匯之需求面來看，當外匯之需求增加，邊際效用高，外幣匯率將升值；反之，外匯需求減少時，其邊際效用低、外幣匯率將貶值。由此可見，匯兌心理理論是以人們心理上對外匯之主觀評價、經由效用的觀念而作為貨幣價值的判斷，只是一般人對外匯之主觀評價的影響因素甚多，並非單純只由外幣之供需數量之多寡來決定，此為匯兌心理理論較為不足之處。但是此一學說將主觀評價之心理因素結合客觀事實的變動來驗證匯率之變動，在特殊時期（如戰爭時期、或政治、經濟上之危機發生時期）引發資本逃避現象時，或有其適用之處。

此外，人們對未來經濟情況之預期心理也會影響匯率之走向。例如：若有 A、B 兩國，一般人預期(1) A 國之經濟成長速度超過 B 國，(2) A 國之通貨膨脹率遠比 B 國高，(3) A 國比 B 國利率低，或(4) A 國之貨幣供給額增加速度比 B 國快，則 A 國之貨幣對 B 國之貨幣之匯率可能會出現貶值之現象；反之則會有升值之現象。因為外匯市場對任何正、負面消息或特殊政治、經濟變化十分敏感，因此人們對未來之預期心理自然也可能會反映到對外幣之需求和供給上面，而進一步影響到外匯之匯率。

㈠外匯之定義為何？

㈡外匯之匯率報價有哪三種？

㈢各國採行的外匯匯率制度有哪四大類？

㈣請說明有效匯率和實質有效匯率有何不同？

㈤國際收支平衡學派主張一國均衡匯率應如何達成？假設一國之經濟成長率連年均高於美國時，會引起該國匯市美元之升值或貶值？

㈥絕對購買力平價學說是如何決定各國貨幣之匯率？相對購買力平價學說又是如何決定各國貨幣之匯率？

㈦利率平價理論如何決定匯率？

㈧貨幣學派認為本國貨幣數量增加時，對本國總產出有何影響？對本國貨幣之幣值有何影響？

㈨資產組合均衡學派認為短期匯率波動之原因為何？

㈩匯兌心理理論主張匯率如何決定？

第七篇

新時代貿易關切之議題

17 臺灣貿易政策之演變

臺灣於第二次世界大戰之後，1945 年脫離了日本之統治。光復之初，幣值不穩且物資短缺，民生困頓，政府遂於 1949 年 6 月 15 日起實行幣制改革，發行新臺幣並採行釘住美元之匯率制度，一方面進口重要物資，一方面扶植進口替代性產業，之後並針對不同之階段，採行各種不同之貿易政策，經過五十多年來的發展，成為今日新興之工業國和貿易大國。本章擬就臺灣各個不同階段的貿易政策加以解說。

17.1 臺灣各階段貿易政策之背景

1949 年是個風雨飄搖的年代，國民政府由大陸撤退來臺。遷臺初期，政局動盪、百廢待興、幣值不穩、外匯短缺、物資缺乏而民生困難，因此經貿政策必須先滿足國內民生之必需品，尤以增加供應人民衣、食方面所需為首要之務。而臺灣本身山多地少、物產不足，非常仰賴由國外進口生產商品所需物資，卻又受限於政府外匯短絀，所以為了穩定金融，必須採取嚴格管制進口之方式來分配外匯，並向外國有計畫地策略性採購供生產使用之原料、機械設備及民生必需品。這也是第二次世界大戰之後，臺灣第一個貿易政策——進口替代時期 (1949～1958) 之時代背景。

在進口替代時期，政府鼓勵各項民生工業之生產，以便取代一些由國外進口而本身生產不足的商品，尤以紡織品、塑膠製品及農產品為主。在採用各種方法增加生產、利用各項措施鼓勵廠商進行紡織及食品等輕工業之生產後，臺灣紡織工業開始起飛、產量大增；但進口替代政策實施九年後因限於本地市場太過狹小、供過於求而導致生產過剩、內需不足、經濟不景氣現象，政府只好改弦易轍，開始採行鼓勵出口之貿易政策 (1958～1969) 年，使得臺灣在 1960 年代末期之出口大幅擴張，每年出口成長率平均達到 24.5% 之水準，而且出口產業逐漸由米、糖等農產品移轉到成衣及塑膠製品等輕工業產品，此一政策之實行，使臺灣之國際收支餘額獲得改善，逐漸由貿易逆差轉為順差，到 1971 年底，出超之順差值達到 2.2 億美元，由於政府管制外匯，貿易出超政府須釋出等值之新臺幣給押匯出口商，使市場之貨幣供給量增加，有引起通貨膨脹的可能，因此政府只好自 1972 年開始放寬了一部分進口管制的措施。

1970 年代初期，政府繼續採取鼓勵出口之貿易政策，雖然頗具成效，但許多生產廠商只是自國外進口零組件和原料，並從事簡單的加工組裝後再將製成品復運出口，而生產製造時所需之機器設備則仰賴由日本、美國等地區進口，所以產業之基礎薄弱，因此政府自 1969 年起推動實施「第五期四年經建計畫」開始積極開發上游基礎產業和精密產業，希望臺灣能進一步自行製造及產銷上游原材料及生產所需之機械設備，落實降低對進口之依賴程度。依照前述經建計畫，政府於 1969 年到 1980 年間，實行第二次進口替代之貿易政策，意欲鼓勵本國廠商生產替代進口之產業包括各種機器設備和生產原料等，和第一次鼓勵替代之紡織業、塑膠業等消費性產品不同，這種政策促成了許多中、小型企業主導出口，而大型企業壟斷進口之局面，經濟發展呈現一片榮景。

1980 年以後，這種以中、小型企業主導出口而由大型企業壟斷進口之局面開始出現問題；因為多年來一直鼓勵出口而限制進口，造成臺灣國際收支上巨額之貿易順差，形成貨幣供給增加和物價上漲的壓力。為了紓解物價上漲之壓力，自 1984 年起，政府開始實施「國際化、自由化」的貿易政策，對產業之進、出口及外匯管制逐漸鬆綁，本章以下各章節擬就臺灣貿易政策之演變作進一步的介紹和分析。

17.2 進口替代時期 (1949～1958)

1949 年到 1958 年間，為國民政府遷臺初期，實施進口替代之貿易政策，相關之重點如下：

㈠經貿狀況

此一時期正值第二次世界大戰剛結束，全世界各國均致力於戰後經濟復甦的計畫及社會之重建工作。臺灣雖然在大戰期間受到些許戰火之波及，但情況並不嚴重，只是政府限於外匯短缺，對外國物資之購買力受到限制，而且施行各種建設均需要經費但財源缺乏，而且本國國內自己生產的民生必需品之生產數量不敷國內需求，因此急需從事經貿基礎之各項建設。

㈡重要經貿政策及實施方案

⑴發行新臺幣：

1946 年臺灣光復後，由臺灣銀行發行了舊臺幣，總值共 53 億元。至 1949 年，國民政府播遷來臺，鑑於人口之增加和國家龐大開支所需，大量發行舊臺幣之結果，使舊臺幣之幣值貶值。當時為了穩定金融秩序，抑制惡性通貨膨脹，臺灣省財政廳廳長嚴家淦推動幣制改革，將黃金、白銀和外匯作為準備金，在 1949 年 6 月 15 日公告「新臺幣發行辦法」而正式發行新臺幣，當時發行額度最高為 2 億元，新幣制之實施使得物價趨於平穩。

⑵進行土地改革：

伴隨著新臺幣之發行和幣制改革，政府亦積極致力於土地改革。1946 年臺灣光復之初，耕地面積約為全省總面積 35,961 平方公里之 23%；佃農及半佃農約占農業人口之 55%，且租佃制度十分不公平。

1949 年初，陳誠接掌臺灣省政府後，立刻實施土地改革，前後分為三大階段實施：1949 年 4 月至 7 月間推動三七五減租；1951 年實施公地放領；1953 年實施「耕者有其田」政策。在土地改革中喪失土地的地主可以獲得四大國營事業（臺灣水泥、臺灣紙業、農林及工礦公司）之股票，因此當時有不少地主如辜振甫、林柏壽等均成功地轉型為企業家，推動產業之發展，有助於臺灣經貿基礎之向下紮根。

⑶鼓勵進口替代產業之發展：

本時期由於政府外匯短缺、民生物資不足且國內生產有限，為了有計畫地向國外採購，政府採取嚴格之外匯管制；此外，為了保護本國替代進口之產業，對於由國外進口之商品多半收取高額關稅，而且許多商品被列為管制進口，非經申請核准不得進口。另外，有關外匯之分配係根據廠商過去之出口實績作為核准使用外匯額度的標準，而且依據進口商品類別給予不同之外匯價格，也就是對於農工原料之進口廠商可以用較低之價格購得外匯，但對於消費性商品之進口廠商則須支付較高價格來購買外匯，此即所謂的複式匯率制度 (multiple exchange rate system)。

除了嚴格之進口數量管制外，為了進一步鼓勵並保護國內之進口替代產業，對於農工原料如棉紗、生鐵之進口採取較低稅率（約 15%～17%），但對消費品如化粧品、香菸、酒精飲料，則分別課以 100%、140% 及 160% 之高進口關稅，又對合成纖維及水泥進口分別課徵 140% 及 120% 之高額保護關稅，使得當時各種進口替代產業如紡織業、塑膠業、水泥業等受到關稅之保護而蓬勃發展。

17.3 出口擴張時期(1958～1969)

㈠經貿狀況

雖然政府鼓勵進口替代產業加速了國內生產毛額之增加，卻也造成一部分不具競爭力之產業受到高額關稅之保護而不會被淘汰；復因國內市場狹小，廠商無法發揮經濟規模，加上進口替代產業如紡織、塑膠等產業之生產仍須仰賴由國外進口棉紗、人造纖維和塑膠原料等才能營運，使得許多資源集中在進口替代產業，導致整體資源之分配缺乏效率。例如紡織業在受到保護後，果然很快地發展，但臺灣本地市場總需求有限，在 1958 年發生了紡織品生產過剩現象，使得政府只好逐步開始推展鼓勵出口，向海外擴大市場的貿易政策。

㈡重要經貿政策及實施方案

⑴廢除複式匯率、改採單一匯率：

政府於 1958 年 4 月 12 日公布實施「改進外匯貿易方案」不僅讓新臺幣對美元大幅貶值，使得匯率對出口有利，並於同年 11 月廢止複式匯率而改採單一匯率，簡化了進出口之報價和行銷。

⑵頒布「獎勵投資條例」：

1960 年 9 月行政院公布「獎勵投資條例」，採用租稅之減免為主要手段，吸引僑外投資人來臺設廠，並對特定產業給予五年免徵營利事業所得稅或准予機器設備加速折舊之優惠，而獎勵條件中常常會附帶有一定比例之產量必須出口之規定。在 1965 年到 1973 年美援停止時期，僑外投資平均占每年資本形成毛額之 8%，對臺灣之工業化貢獻甚大。

⑶實行外銷出口之沖退稅制度以及給予出口廠商低利融資貸款等獎勵措施：

出口商在進口原料時所繳交之關稅，可以於商品製造完成而出口時，申請退還該筆關稅，但沖退稅是以進口原料確實用於製造出口商品者為限。

若廠商純粹生產外銷貨品，完全不在國內市場出售貨品時，則可逕自申請為「保稅工廠」，其原料進口完全免稅。此外，政府也對外銷品之製造廠商提供低利融資貸款並准許外銷廠商就出口收入之 15% 免徵營利事業所得稅。

⑷成立加工出口區：

加工出口區成立之功能是以外銷品之加工為主，先由外國進口半成品，再利用臺灣相對廉價之勞動力進行加工之後再將其外銷出口，以便賺取外匯。

1956 年，行政院在高雄港內劃出特定區域設立加工出口之工廠。1965 年 1 月，政府當局公布「加工出口區設置管理條例」後，於 1966 年 12 月正式成立臺灣第一個出口區——高雄加工出口區，為全世界第一個結合自由貿易和一般工業區功能的經濟特區，從此高雄港之國內外船隻絡繹不絕，貨物吞吐量激增，躍居為世界最重要之港口之一。

1969 年，政府又設立「楠梓加工出口區」和「臺中加工出口區」，吸引了許多外商投資，以便進一步擴展對外貿易、增加就業機會。加工出口區設立後約二十年間，生產廠商達到 220 家，充分利用了臺灣豐富優秀的人力資源，拓展了對外貿易，引進不少先進經驗和技術來臺生產、加工、製造，使國際貿易發生順差，國家收支狀況良好。

17.4 第二次進口替代時期 (1969～1980)

㈠經貿狀況

由於在出口擴張時期，政府鼓勵由國外進口半成品和原料，而由在臺灣之工廠予以代工、組裝後再將其復運出口，但加工生產本身所需之機器設備等仍是大部分由國外進口，使產業雖然外銷暢旺，但泰半屬於國外之代工或組裝業務或是輕型工業，各產業之基礎薄弱、紮根不深。

㈡重要經貿政策及方案

⑴實施第五期四年經建計畫：

為了鼓勵產業在根基上深耕，政府於 1969 年開始實行「第五期四年經建計畫」，鼓勵廠商自行製造所需之上游基礎原料產業以及機械設備，以減少對進口原料和機械設備的依賴。此次鼓勵進口替代產業包括機械、造船、石化和鋼鐵等業，使石化業和機械業之發展有了長足之進步。

⑵推行十大建設：

為了促進產業進一步發展，政府配合 1969 年已實施之第五期四年經建計畫，積極著手進行各項基礎建設外，更自 1974 年起，在行政院長蔣經國之帶動下推行十大建設，包括興建中山高速公路、北迴鐵路、西線鐵路電氣化、建臺中港、蘇澳港、桃園中正國際機場、高雄造船廠、建一貫作業煉鋼廠、在大林及林園兩地建設石化工業區、在臺北金山設立核能發電廠等，前後費時五年，最後於 1979 年完成十大建設，共計投資新臺幣 2,400 億，對臺灣產業之生根頗有幫助。

17.5 貿易邁向自由化（1980 年以後）

㈠經貿狀況

1980 年以前，政府一方面鼓勵進口替代產業之生產，採用高額進口關稅或較嚴格之進口簽審以積極保護石化、塑膠、紡織等業，一方面又致力於拓展外銷，採行各樣獎勵外銷之政策工具，鼓勵出口，這兩種政策雙管齊下，使得國內進口替代產業受到保護而成為大型壟斷性產業，而出口產業則如雨後春筍般出現許多中小企業充斥之局面。此一時期對外貿易常年出現順差，造成國內貨幣供給上升而帶來通貨膨脹、物價上漲的壓力。

㈡重要經貿政策及方案

⑴解除外匯管制：

1979 年臺灣開始實施機動匯率制，新臺幣在一定限度內隨美元漲跌，其幅度不大。但因美國自 1980 年以來貿易逆差不斷擴大，美國為了改善其出口以帶動世界經濟之復甦，由美、英、法、日及西德五大工業國於 1985 年採取聯合干預外匯市場之措施，設法貶低美元之價位；在美元貶值後，為避免我國巨額外匯存底之匯兌風險，政府乃於 1987 年 7 月 15 日解除外匯管制，從此以後，臺灣外匯市場匯率之變動主要隨著各國外匯本身供需之變化而決定其外幣之價格，新臺幣兌美元之匯率也隨著國際市場之變化而波動。政府對各國外幣之買賣進出數量也予以放寬，任由市場機能運作，讓臺灣外匯市場有了較大的彈性空間。

⑵採行「國際化、自由化」之政策：

為了舒緩臺灣巨額外匯存底所帶來之貨幣供給增加以及物價上漲的壓力，1984 年行政院院長俞國華提出「國際化、自由化」之政策方向；自 1986 年起臺灣正式開放航空、銀行、保險、證券、電信等部門，准許外國法人來臺經營，使得以往由少數集團寡占之特許事業改為寡占性競爭或完全競爭之局面。之後不久，日本商社也開始在臺灣設立百貨公司、量販店及便利超商等零售業或加盟連鎖店如雨後春筍般設立，也使得臺灣許多產業有了國際化、全球化之策略布局。

⑶成立科學園區：

臺灣經濟起飛之後與韓國、香港、新加坡一起被世人稱譽為「亞洲四小龍」，一向以其經濟發展奇蹟著稱於世。但近年來，由於中國大陸、東南亞等國家之崛起和競爭，臺灣以往勞力低廉之優勢已逐漸消失，為了突破此一困境，政府決定讓產業走出勞力密集型之傳統產業而投入高科技產業如電腦、光電、自動化、生命科學等尖端科技產業。為了引進世界先進人才、技術、管理和設備等，政府於 1980 年 12 月 5 日在新竹成立第一個科學園區，作為高科技之研究和生產基地，凡在園區內設廠者得享有免除初期之進出口稅、貨物稅及營業稅等優惠。自科學園區成立二十四年以來，吸引了電腦、光電、積體電路、通訊、精密機械和生物科技六大類產業約 200 多家廠商進駐，成為臺灣經濟之前瞻性發展基地。

1995 年又成立臺南科學園區，目前亦有中部科學園區正在開發之中。在競爭激烈的國際貿易市場中，尖端科技產業之發展以技術取勝將會是臺灣經濟成長的主要生力軍。

⑷鼓勵產業升級：

政府在 1990 年提出「產業升級條例」而廢除了「獎勵投資條例」，不再針對個別產業加以獎勵而是針對某些重要之功能或企業經營方式進行鼓勵，例如獎助企業之研究發展、污染防治、e 化作業、節省能源、清潔生產等，意欲提升各企業之內部效能和降低事業之外部性之污染成本，提高臺灣之競爭力。

⑸推動「自由貿易港區」：

2004 年 9 月基隆自由貿易港區首先獲准營運。自由貿易港區之成立，主要是為了簡化貿易之程序；在自由貿易港區內之貨物可以自由流通，無須通關申報，港區內貨物免徵進口稅捐、營業稅和貨物稅；一般外籍人士在港區內從事商務活動可享有七十二小時落地簽證之優待。

政府推動自由貿易港區之主要目的是供給企業界一種「境內關外」之高度自由化的經營環境，以降低企業之營運成本、提升國內外廠商之投資意願，希望能帶動相關產業之發展和創造就業機會。

截至 2004 年 10 月為止，除了基隆自由貿易港區已正式營運外，尚有高雄港、經濟部加工出口區、臺中港和臺北港等港區已正式提出申設自由貿易港區的計畫。其他尚有桃園航空貨運園區、彰濱工業區、麥寮港、臺南縣之南部自由貿易港區、臺南市之安平自由貿易港區和高雄市之南星自由貿易港區之申設構想，也在形成之中。根據行政院經濟建設委員會之評估報告，到 2008 年時，臺灣至少可以成立 7 個自由貿易港區，有助於臺商及外資企業願意以臺灣作為跨國企業之基地，對臺灣未來之經濟發展將有重要之影響，也是臺灣邁向貿易自由化及國際化的一項具體成就和明證。

㈠國民政府遷臺後第一個貿易政策為何？其時代背景如何？

㈡在出口擴張時期(1958～1969)臺灣成立的第一個加工出口區在何處？其成效如何？

㈢自1974年至1979年間，政府推行十大建設中，你認為哪幾項對國際貿易有幫助？

㈣1980年起政府採行貿易自由化、國際化之政策，所成立的第一個科學園區位於何處？其成效如何？

㈤2004年政府核准的第一個「自由貿易港區」位於何處？對臺灣產業和貿易的主要意義或目的是什麼？

18 兩岸貿易現況探討

自 1979 年起，中國大陸開始採取改革開放的政策，期望藉著此一政策增進與西方國家間之經貿往來，迄今已有二十五年的時光流逝。臺灣在面對大陸改革開放的同時，除了要顧及雙方間政治立場的差異性，也必須要維持與大陸之間在經濟貿易發展上有良好的關係，才能落實自由貿易的雙贏局面。從世界貿易的角度看來，大陸的人力資源豐富、市場廣大、自然資源富饒，如今又開啟了與西方世界接觸的大門，可以學習到先進的技術，有利於經貿的發展。臺灣方面，經過了五十多年的西方文化衝擊、透過對外貿易不斷學習和模仿國外之生產技術，加上許多傑出的管理和研發人才的參與，在全球市場的高科技產業如半導體、電子、電機、和通訊產業之供應上，占有重要地位。因此，本章擬完全由貿易理論之角度分析兩岸貿易現況。

18.1 兩岸貿易開放之進展

臺灣在政府撤退來臺之後，對大陸採取的政策先從 1949 年的「反攻大陸」，改為 1987 年廢除「戒嚴法」，到 1991 年宣告終止「動員戡亂時期臨時條款」，並廢止「懲治叛亂條款」及「戡亂時期檢肅匪諜條例」為止，兩岸間的關係從原本的緊張和對立的狀態逐漸的趨於和緩正常之情形。而兩岸間的經貿關係也是一直到 1987 年開放人民到大陸探親之後才逐漸被正當化，且人民之間往來次數也逐漸頻繁。表 18.1 針對自 1987 年到 2003 年之間，臺灣與大陸兩地人民之間的往來和開放狀況列表，藉以說明大陸市場開放對臺灣貿易發生影響的背景，以及近十五年來臺灣與大陸間的貿易商品種類的變化狀況，以便大家能進一步了解大陸市場經貿結構的轉變對臺灣產業的影響。

表 18.1

兩岸間人民往來及經貿政策開放狀況

開放時間表	相關法規、辦法或要點
民國 76 年 10 月 24 日 (1987.10.24)	中共公安部出入境管理局擬定臺胞出入境六條辦法。
民國 76 年 11 月 2 日 (1987.11.2)	臺灣開放民眾赴大陸探親。
民國 77 年 3 月 14 日 (1988.3.14)	中共檢、法單位發布「關於不再追訴去臺人員建國前罪行」。
民國 77 年 6 月 (1988.6)	大陸官方公布了「關於鼓勵臺灣同胞投資的規定」。
民國 77 年 8 月 5 日 (1988.8.5)	臺灣訂定「大陸產品間接輸入處理原則」。
民國 78 年 6 月 9 日 (1989.6.9)	訂頒「大陸地區物品管理辦法」，開放大陸產品間接進口。
民國 79 年 1 月 (1990.1)	臺灣政府公布「對大陸地區間接投資或技術合作管理辦法」。
民國 79 年 3 月 26 日 (1990.3.26)	訂頒「現階段國際會議或活動涉及大陸有關問題作業要點」，開放政府機關、學術機關、民間團體或個人以個案

	處理方式赴大陸參加國際會議或活動。
民國 79 年 8 月 21 日 (1990.8.21)	臺灣訂頒「對大陸地區間接輸出貨品管理辦法」。
民國 79 年 9 月 13 日 (1990.9.13)	訂頒「對大陸地區從事間接投資或技術合作管理辦法」，開放對大陸地區間接輸出、間接投資及技術合作。
民國 80 年 5 月 1 日 (1991.5.1)	臺灣政府宣告終止動員戡亂時期。
民國 80 年 6 月 26 日 (1991.6.28)	訂頒「現階段延攬在海外大陸科技人士來臺參與科技研究發展工作作業要點」。
民國 80 年 8 月 20 日 (1991.8.20)	訂頒「現階段金融機構辦理對大陸地區間接匯款作業要點」。
民國 81 年 9 月 18 日 (1992.9.18)	「兩岸人民關係條例暨施行細則」開始施行。
民國 85 年 8 月 21 日 (1996.8.21)	中共發布「臺灣海峽兩岸間航運管理辦法」。
民國 85 年 11 月 7 日 (1996.11.7)	中共交通部水運司發出「關於實施臺灣海峽兩岸間航運管理辦法有關問題的通知」。
民國 90 年 1 月 1 日 (2001.1.1)	依據「試辦金門馬祖通航實施辦法」，即日開始試辦金馬小三通。
民國 90 年 5 月 30 日 (2001.5.30)	行政院院會通過「臺灣地區與大陸地區金融業務往來許可辦法」部分條文修正案，開放國際金融機構分行辦理兩岸金融業務直接往來，並允許國內金融機構赴大陸設立代表人辦事處。
民國 90 年 9 月 5 日 (2001.9.5)	行政院院會通過「試辦金門馬祖與大陸地區通航實施辦法修正案」，增訂試辦通航期間，基於大陸政策需要，中華民國船舶得經交通部專案核准由澎湖進入大陸地區。
民國 91 年 1 月 1 日 (2002.1.1)	內政部、交通部會銜公布「大陸地區人民來臺從事觀光活動許可辦法」，旅居國外的大陸人士可來臺觀光。
民國 91 年 8 月 2 日 (2002.8.2)	財政部修正發布「臺灣地區與大陸地區金融業務往來許可辦法」，未來決定赴大陸投資的公司，可自由採取直接或間接形式，但唯獨晶圓廠仍必須強制採取直接投資。
民國 91 年 8 月 12 日 (2002.8.12)	經濟部發布「在大陸地區投資晶圓廠審查及監督作業要點」，自即日起生效。

資料來源：整理自陸委會網站 (2003) http://www.mac.gov.tw

由表 18.1 可以看出，雖然大陸政府從 1979 年就開始進行改革開放政策，但是臺灣政府在 1987 年正式開放民眾赴大陸探親之後，才開始允許臺灣人民赴大陸投資或貿易，但因雙方之相關投資辦法尚未明確訂定，因此，臺灣在

1990年以前並沒有正式公布兩岸經貿情況的統計數據。另外，也由於兩岸對臺資的定義不盡相同，因此，截至目前兩岸政府公告的貿易及投資統計數據，仍有相當大的出入。

18.2 兩岸開放初期間接貿易之發展

自 1949 年以來臺海兩岸一度處於政治對峙狀態，貿易往來幾乎完全終止。這種對峙狀態維持了將近四十年左右，直到1980年代初期，大陸採行「改革開放」政策，積極吸引外資並擴展對外貿易，在整體經貿政策配合下創造了許多商機之後，臺商及外資企業才逐漸湧向大陸市場。另一方面，由於臺灣經濟環境及國際政經情勢的改變，土地及勞動成本之上升，使得臺灣許多傳統的勞力密集加工產業逐漸喪失以往的競爭優勢，部分臺商只好到海外投資，開拓新市場。由於地理上中國大陸鄰近臺灣，而且同文同種，政府當局又提供臺商投資許多優惠待遇，因此吸引了一些臺商前往設廠，兩岸之間的間接貿易往來漸趨熱絡，雙邊貿易金額和商品種類快速增加。因此，自 1979 年迄今，兩岸貿易大致經歷了以下四階段。

第一階段（1979～1983 年）為起步階段。在此階段，大陸對臺灣採取優惠的進口政策，積極推動兩岸間接貿易，並鼓勵沿海各省對臺直接貿易。例如，福建自1981年就開放霞浦、平潭、惠安、東山4個口岸作為臺船停泊點，成立對臺小額貿易公司。迄至1983年為止，兩岸經由香港的間接貿易和小額直接貿易之總和達到 2.64 億美元（詳見表 18.2），為以後的雙邊貿易關係奠定了基礎。

第二階段（1984～1986 年）為發展階段。1984 年大陸放寬外匯管制，同年，臺灣方面也放寬對大陸貨物開放 1,000 多種商品轉口貿易，並於 1985 年首次宣布對臺產品轉口輸往大陸持「不干預」態度，兩岸間接貿易更形發展。該年度兩岸貿易總額首次突破 10 億美元（見表 18.2），比上年增長將近一倍之多。

第三階段（1987～1991 年）為增長階段。1987 年 10 月臺灣內政部頒布赴大陸投資探親實施細則，兩岸民間交流進入了一個新時期。臺灣民眾可以合法進入大陸地區後，兩岸的間接貿易也逐漸合法化，並且開始了臺商到大陸投資的熱潮。1990 年臺灣財團法人海峽交流基金會（簡稱海基會）和大陸海峽兩岸關係協會（簡稱海協會）相繼成立，授權處理兩岸交流中各項事務。在此期間，兩岸轉口貿易額和沿海直接貿易額都大幅增長。根據陸委會的估計（表 18.2），臺灣對大陸的貿易從 1988 年至 1992 年，出口金額在短短四年之間已快速成長將近五倍之多。至於進口方面，由於臺灣對大陸產品的進口多有設限，故進口的金額較出口金額規模小，但也呈現逐年增長的現象。

第四階段（1992 年以後）為高峰階段。在此一階段中，兩岸貿易和臺商在大陸投資金額大幅成長。最重要的原因是 1992 年初鄧小平的南巡講話促使大陸確定採用市場經濟體制，不僅刺激了大陸的經濟發展，也為臺灣商人帶來前所未有的貿易和投資機會，因此，1992 年以後出口金額與進口金額皆呈現高度穩定的成長。從 1993 年起臺灣對大陸貿易順差的金額每年逾 100 億美元，且逐年增加，至 2000 年底順差金額已接近 200 億美元，成長得相當迅速。且自 1993 年之後，若扣除掉對大陸之貿易順差的話，臺灣對外貿易基本上處於逆差的情況，尤其是 2000 年臺灣對大陸的貿易順差約為 189 億美元左右，遠遠超過臺灣整體對外貿易順差約 83 億美元（表 18.2），由此可見大陸市場在臺灣的未來對外貿易及經濟發展上所占的地位是相當重要的。

綜上所述，兩岸雙邊貿易快速發展對臺灣是十分有利的。因為除了 1979 年臺灣從大陸進口的金額高於出口金額之外，1980 年以後，臺灣對大陸貿易每年都呈現順差的局面，而且自 1993 年起，臺灣對大陸順差每年均超過臺灣對外整體貿易順差之總額。也就是說，如果沒有臺灣對大陸的貿易順差，則臺灣目前實已陷入鉅額貿易逆差的窘境，可見未來兩岸的經貿交流對臺灣經濟成長有一定的貢獻。

若要探討臺灣對大陸貿易連年順差的原因，除了政策因素外，還有一些客觀的因素。由於大陸之廣大的市場增加了臺灣廠商對大陸產品生產出口的經濟規模，而臺灣則因為本身市場有限，加上政府對大陸產品進口有所限制，使得大陸產品只能少量進入臺灣市場;另一方面,臺灣輸往大陸的產品普遍比大陸輸往臺灣的產品的附加價值高,主要是因為臺灣生產之產品使用的技術設備較大陸先進,操作容易,所以大陸市場接受臺製品之程度高;相反地,大陸輸往臺灣的產品往往是附加價值較低的農工原料及半成品,兩者比較之下,自然形成價格上的差異,所以造成臺灣對大陸的貿易呈現順差狀態。只是近幾年來,隨著臺商在大陸經營穩定後,直接在當地設廠購買零組件及原材料的數量已有增加的趨勢,加上 1995 年起中國大陸對外貿易政策有了大幅度的調整,例如調低出口退稅率、取消外商自用設備和原材料的免關稅優惠、加強查緝課徵進口增值稅及進口保險金等措施,均將使得未來我國對大陸的間接輸出成長減緩,但相對地,從大陸間接輸入臺灣的物品卻仍在繼續遞增,使得未來臺灣對大陸間接貿易順差能否繼續擴大很難定論。

18.3 兩岸貿易依存度分析

近年來隨著政府大陸政策的開放及臺商赴大陸的投資日漸增加,兩岸之間的貿易相互依存度也逐漸提高。自 1993 年起,大陸已成為臺灣的第四大貿易夥伴,同時,臺灣也成為大陸對外貿易的第四大夥伴。到了 2000 年,臺灣便超越香港變成大陸對外貿易的第三大夥伴。

所謂貿易依存度,是指本國對外國之出口(或進口、進出口合計)占本國出口(或進口、進出口合計)之貿易總額的比率而言。根據陸委會估計(表 18.3),臺灣對大陸的進出口貿易依存度已由 1981 年的 1.05%,上升至 2003 年的 17.06%。其中,出口依存度上升的趨勢較進口依存度更為明顯。在同一期間,根據陸委會估計(表 18.4),大陸對臺灣的貿易依存程度亦顯示出逐年增加的趨勢,1981~2003 年間大陸貨品出口對臺灣市場之依賴程度由 0.34% 上升為 2.5%,但更仔細區分,由表 18.4 中可以看出大陸進口依賴臺灣供應之程度的比重比出口更甚,由 1981 年之 1.75% 增加至 2003 年的 8.56%,整體上保持上升的趨勢,就進出口貿易合併計算,大陸對臺灣的依賴程度則由

表 18.2

兩岸歷年間接貿易金額統計表

單位：億美元

年度	臺灣對大陸貿易				臺灣對外整體貿易		
	出口	進口	合計	貿易餘額	出口	進口	貿易餘額
1979	0.21	0.55	0.76	−0.34	161.03	147.74	13.29
1980	2.42	0.78	3.20	1.64	198.11	179.33	18.78
1981	3.90	0.76	4.66	3.14	226.11	212.00	14.11
1982	2.08	0.89	2.97	1.19	222.04	188.88	33.16
1983	1.68	0.96	2.64	0.72	251.23	202.87	48.36
1984	4.25	1.27	5.52	2.98	304.56	219.59	84.97
1985	9.87	1.16	11.03	8.71	307.26	201.02	106.24
1986	8.11	1.44	9.55	6.67	398.60	241.80	156.80
1987	12.27	2.89	15.16	9.38	536.70	349.80	186.90
1988	22.42	4.79	27.21	17.64	606.70	496.70	110.00
1989	33.32	5.87	39.19	27.45	663.00	522.70	140.39
1990	43.95	7.65	51.60	36.29	672.14	547.16	124.98
1991	74.94	11.26	86.20	62.68	761.78	628.61	133.18
1992	105.48	11.19	116.67	94.29	814.70	720.07	94.63
1993	139.93	11.04	150.97	128.90	850.91	770.61	80.30
1994	160.23	18.59	178.82	141.64	930.49	853.49	77.00
1995	194.34	30.91	225.25	163.42	1,116.59	1,035.50	81.09
1996	207.27	30.60	237.87	176.68	1,159.42	1,023.70	135.72
1997	224.46	39.15	263.61	185.40	1,220.81	1,144.25	76.56
1998	198.41	41.11	239.52	157.30	1,105.82	1,046.65	59.17
1999	213.13	45.22	258.35	167.90	1,215.91	1,106.90	109.01
2000	250.10	62.23	312.33	188.06	1,483.21	1,400.11	83.10
2001	219.46	59.02	278.48	160.58	1,229.00	1,072.43	156.57
2002	294.65	79.48	374.13	215.17	1,306.00	1,125.32	180.68
2003	353.58	109.62	463.20	243.96	1,441.80	1,272.49	225.90

註：臺灣對大陸進出口貿易金額採用陸委會估計數。
資料來源：整理自財政部關稅總局《進出口貿易統計月報》。

表 18.3

臺灣對大陸貿易占我外貿之比重（貿易依存度）

單位：%

期間	出口依存度	進口依存度	進出口依存度
1981	1.70	0.35	1.05
1982	0.88	0.44	0.68
1983	0.80	0.44	0.64
1984	1.40	0.58	1.06
1985	3.21	0.58	2.17
1986	2.04	0.60	1.49
1987	2.28	0.83	1.71
1988	3.70	0.96	2.47
1989	5.03	1.12	3.31
1990	6.54	1.40	4.23
1991	9.84	1.79	6.20
1992	12.95	1.55	7.60
1993	16.47	1.43	9.32
1994	17.22	2.18	10.02
1995	17.40	2.98	10.46
1996	17.87	3.02	10.95
1997	18.39	3.42	11.15
1998	17.94	3.93	11.13
1999	17.52	4.09	11.12
2000	16.87	4.44	10.84
2001	17.86	5.50	12.10
2002	22.56	7.06	15.39
2003	24.51	8.61	17.06

註：臺灣對大陸出口比重係指臺灣對大陸出口金額占臺灣出口總額之比重，而進口、進出口比重類推，本表採用陸委會估算方法。

資料來源：整理自財政部關稅總局《進出口貿易統計月報》。

表 18.4

大陸對臺灣貿易占大陸外貿之比重（貿易依存度）

單位：%

期間	出口依存度	進口依存度	進出口依存度
1981	0.34	1.75	1.04
1982	0.38	1.01	0.67
1983	0.40	0.94	0.67
1984	0.49	1.55	1.03
1985	0.42	2.34	1.58
1986	0.47	1.89	1.29
1987	0.73	2.84	2.06
1988	1.01	4.06	2.65
1989	1.12	5.63	3.51
1990	1.23	8.24	4.47
1991	1.57	11.75	6.35
1992	1.32	13.09	7.05
1993	1.20	13.46	7.71
1994	1.54	13.85	7.55
1995	2.08	14.71	8.02
1996	2.03	14.93	8.21
1997	2.14	15.77	8.11
1998	2.24	14.16	7.39
1999	2.32	12.86	7.16
2000	2.49	11.18	6.60
2001	2.22	9.01	5.46
2002	2.24	9.98	6.03
2003	2.50	8.56	5.44

註：大陸對臺灣出口比重係指大陸對臺灣出口金額占大陸出口總額之比重，而進口、進出口比重類推，本表採用陸委會估算方法。

資料來源：整理自香港海關統計、大陸海關統計。

1981 年之 1.04% 增加為 2003 年之 5.44%。

由上可知，不管在出口、進口方面，兩岸對彼此的貿易商品之依賴程度均日益加深，如果雙方之間互信不足，則風險相對提高，是一般臺商所不樂見的。但由於目前我國對大陸地區的間接輸出主要為臺商、港商採購以供在大陸地區加工出口之用的生財器具，是伴隨對當地投資而發生的貿易行為，若投資基地移轉，則間接輸出自然萎縮，除非大陸拒絕引進臺資，否則臺灣對大陸之間接貿易會繼續穩定成長。

18.4 兩岸貿易商品結構分析

由表 18.5 及表 18.6 兩岸貿易商品排名，可以得知近十年來 (1993～2003) 臺灣大陸兩地之間，商品往來的情況。從 1993 年開始，臺灣出口到大陸的前五名商品之總值已經占了總出口金額的一半以上，到了 2003 年甚至比重高達 70%。這也證明了，臺灣輸往大陸間的商品著重在某幾類產品項目上，例如表 18.5 (a)中可以看出 1993 年由臺灣出口到大陸前五名商品依序為電機設備及其零件、機械類、塑膠類、鞋業及人造纖維；而表 18.5 (b)中 2003 年臺灣出口到大陸之商品前五項變為電機設備、機器（械）類、光電及醫療器材、塑膠類及鋼鐵類等。

另由表 18.6 (a)中可以看出 1993 年自大陸進口到臺灣之商品以電機設備、機械類、鋼鐵、礦物燃料及礦油原料、車輛為大宗；而在 2003 年仍以電機設備、機械類、礦物燃料及礦油原料、光學及醫療器材、鋼鐵等為大宗，因此，在這期間前 20 個排名的貿易商品種類中，部分已經被工業原料或半製成品所取代，換句話說，起初臺灣與大陸間的貿易因為剛在彼此探索階段，因此多以成品或者是民生工業用品為貿易主要商品。爾後，因為兩岸政府對於臺商投資的各項規範條例設置、全球經濟情勢的關係以及兩岸皆入會 WTO 的影響，所以臺灣輸往大陸的商品大宗，就慢慢的被工業用原料及半成品所取代。同樣的，臺灣自大陸進口的商品中，也屬電機設備類與機械設備類的商品，占總進口金額比最重，在 2003 年時已高達 33.6%。據此，我們可以明顯的感受到，臺灣大陸間交易的商品由原本的民生工業與生活用品，漸漸的轉變成工業製品及高科技產業類相關的商品，可以反映出兩岸產業結構與產業移轉的變化，隨著兩岸經貿投資的逐漸開放，臺灣移轉到大陸的產業逐漸從原本的傳統民生工業移轉到勞力密集生產的製造業，再移轉到現今的高科技產業。各項主流製造產業對原料的需求不同，會導致兩岸間的貿易商品結構產生變化。根據各商品排名的比重可看出兩岸間的貿易往來集中在某幾類的產業項目上，也可作為臺商對大陸投資設廠的趨勢考量，更可看出大陸市場的本身需求的變化趨勢。

表 18.5 (a)

1993 年臺灣出口到大陸商品排名

貨品號列	中文名稱	名次	金額（美元）	比重 (%)
總額	全部貨品		18,470,372,757	100
85	電機與設備及其零件；錄音機及聲音重放機；電視影像、聲音記錄機及重放機；以及上述各物之零件及附件。	1	3,303,597,841	17.886
84	核子反應器、鍋爐、機器及機械用具；及其零件。	2	3,005,624,290	16.273
39	塑膠及其製品。	3	1,807,497,006	9.786
64	鞋靴、綁腿及類似品；此類物品之零件。	4	1,369,945,450	7.417
54	人造纖維絲。	5	1,123,477,175	6.083
59	浸漬、塗布、被覆或黏合之紡織物；工業用紡織物。	6	1,038,450,461	5.622
60	針織品或昇針織品。	7	692,490,276	3.749
55	人造纖維棉。	8	637,954,966	3.454
87	鐵路及電車道車輛以外之車輛及其零件與附件。	9	550,303,555	2.979
48	紙及紙板；紙漿、紙或紙板之製品。	10	390,708,664	2.115
90	光學、照相、電影、計量、檢查、精密、內科或外科儀器及器具，上述物品之零件及附件。	11	298,488,655	1.616
74	銅及其製品。	12	280,857,948	1.521

73	鋼鐵製品。	13	269,731,764	1.46
41	生皮（毛皮除外）及皮革。	14	245,302,368	1.328
72	鋼鐵。	15	235,991,008	1.278
94	家具；寢具、被褥、被褥支持物，軟墊及類似充填家具；未列名之燈具及照明配件；照明標誌，照明名牌及類似品；組合式建築物。	16	198,499,625	1.075
32	鞣革或染色用萃取物；鞣酸及其衍生物；染料、顏料及其他著色料；漆類及凡立水；油灰及其他灰泥；墨類。	17	194,197,642	1.051
83	雜項卑金屬製品。	18	166,105,830	0.899
96	雜項製品。	19	165,042,492	0.894
95	玩具、遊戲品與運動用品；及其零件與附件。	20	160,260,517	0.868

資料來源：國貿局網站 http://www.trade.gov.tw

表 18.5 (b)

2003 年臺灣出口到大陸商品排名

貨品號列	中文名稱	名次	金額（美元）	比重 (%)
總額	全部貨品		49,769,884,422	100
85	電機與設備及其零件；錄音機及聲音重放機；電視影像、聲音記錄機及重放機；以及上述各物之零件及附件。	1	16,515,384,901	33.183
84	核子反應器、鍋爐、機器及機械用具；及其零件。	2	6,923,976,750	13.912
90	光學、照相、電影、計量、檢查、精密、內科或外科儀器及器具，上述物品之零件及附件。	3	4,595,318,286	9.233
39	塑膠及其製品。	4	4,549,846,406	9.142
72	鋼鐵。	5	3,610,859,691	7.255
29	有機化學產品。	6	1,639,965,716	3.295
54	人造纖維絲。	7	1,534,098,476	3.082
74	銅及其製品。	8	870,000,750	1.748
59	浸漬、塗布、被覆或黏合之紡織物；工業	9	864,318,748	1.737

	用紡織物。			
55	人造纖維棉。	10	705,515,938	1.418
87	鐵路及電車道車輛以外之車輛及其零件與附件。	11	572,079,439	1.149
32	鞣革或染色用萃取物；鞣酸及其衍生物；染料、顏料及其他著色料；漆類及凡立水；油灰及其他灰泥；墨類。	12	523,663,251	1.052
41	生皮（毛皮除外）及皮革。	13	520,787,674	1.046
73	鋼鐵製品。	14	517,113,088	1.039
27	礦物燃料、礦油及其蒸餾產品；含瀝青物質；礦蠟。	15	509,713,881	1.024
48	紙及紙板；紙漿、紙或紙板之製品。	16	485,488,292	0.975
60	針織品或鉤針織品。	17	484,813,377	0.974
38	雜項化學產品。	18	456,154,344	0.917
76	鋁及其製品。	19	445,361,212	0.895
40	橡膠及其製品。	20	361,217,098	0.726

資料來源：國貿局網站 http://www.trade.gov.tw

表 18.6 (a)

1993 年臺灣自大陸進口商品排名

貨品號列	中文名稱	名次	金額（美元）	比重 (%)
總額	全部貨品		77,059,035,029	100
85	電機與設備及其零件；錄音機及聲音重放機；電視影像、聲音記錄機及重放機；以及上述各物之零件及附件。	1	14,390,928,431	18.675
84	核子反應器、鍋爐、機器及機械用具；及其零件。	2	9,729,023,437	12.625
72	鋼鐵。	3	5,823,717,779	7.557
27	礦物燃料、礦油及其蒸餾產品；含瀝青物質；礦蠟。	4	5,688,122,468	7.382
87	鐵路及電車道車輛以外之車輛及其零件與附件。	5	4,452,206,914	5.778
29	有機化學產品。	6	3,800,867,521	4.932
90	光學、照相、電影、計量、檢查、精密、	7	2,228,790,556	2.892

	內科或外科儀器及器具，上述物品之零件及附件。			
39	塑膠及其製品。	8	2,008,163,954	2.606
44	木及木製品；木炭。	9	1,924,687,986	2.498
98	特殊物品（含進口未超過臺幣5萬元，出口未超過臺幣 6 萬元之小額報單及其他零星物品）。	10	1,812,529,304	2.352
71	天然珍珠或養珠、寶石或次寶石、貴金屬、被覆貴金屬之金屬及其製品；仿首飾；鑄幣。	11	1,760,321,429	2.284
74	銅及其製品。	12	1,437,219,796	1.865
88	航空器、太空船及其零件。	13	1,264,010,723	1.640
48	紙及紙板；紙漿、紙或紙板之製品。	14	972,520,206	1.262
76	鋁及其製品。	15	963,954,109	1.251
38	雜項化學產品。	16	931,417,997	1.209
10	穀類。	17	906,164,659	1.176
12	油料種子及含油質果實；雜項穀粒、種子及果實；工業用或藥用植物；芻草及飼料。	18	809,556,397	1.051
32	鞣革或染色用萃取物；鞣酸及其衍生物；染料、顏料及其他著色料；漆類及凡立水；油灰及其他灰泥；墨類。	19	723,535,165	0.939
25	鹽；硫磺；土及石料；塗牆料，石灰及水泥。	20	715,078,725	0.928

資料來源：國貿局網站 http://www.trade.gov.tw

表 18.6 (b)

2003 年臺灣自大陸進口商品排名

貨品號列	中文名稱	名次	金額（美元）	比重 (%)
總額	全部貨品		12,685,226,921	100
85	電機與設備及其零件；錄音機及聲音重放機；電視影像、聲音記錄機及重放機；以及上述各物之零件及附件。	1	4,256,717,642	33.556
84	核子反應器、鍋爐、機器及機械用具；及其零件。	2	2,626,400,310	20.704

27	礦物燃料、礦油及其蒸餾產品；含瀝青物質；礦蠟。	3	657,795,582	5.186
90	光學、照相、電影、計量、檢查、精密、內科或外科儀器及器具，上述物品之零件及附件。	4	537,895,372	4.240
72	鋼鐵。	5	372,397,947	2.936
29	有機化學產品。	6	254,591,812	2.007
62	非針織或非鈎針織之衣著及服飾附屬品。	7	213,837,683	1.686
39	塑膠及其製品。	8	205,797,886	1.622
25	鹽；硫磺；土及石料；塗牆料，石灰及水泥。	9	202,177,219	1.594
71	天然珍珠或養珠、寶石或次寶石、貴金屬、被覆貴金屬之金屬及其製品；仿首飾；鑄幣。	10	183,205,341	1.444
28	無機化學品；貴金屬；稀土金屬，放射性元素及其同位素之有機及無機化合物。	11	168,232,874	1.326
64	鞋靴、綁腿及類似品；此類物品之零件。	12	156,828,891	1.236
76	鋁及其製品。	13	153,095,231	1.207
95	玩具、遊戲品與運動用品；及其零件與附件。	14	146,403,711	1.154
87	鐵路及電車道車輛以外之車輛及其零件與附件。	15	145,753,751	1.149
79	鋅及其製品。	16	143,779,527	1.133
61	針織或鈎針織之衣著及服飾附屬品。	17	139,505,144	1.100
94	家具；寢具、褥、褥支持物，軟墊及類似充填家具；未列名之燈具及照明配件；照明標誌，照明名牌及類似品；組合式建築物。	18	139,451,179	1.099
73	鋼鐵製品。	19	139,444,308	1.099
44	木及木製品；木炭。	20	110,051,081	0.868

資料來源：國貿局網站 http://www.trade.gov.tw

18.5 歷年臺商及各國對大陸投資情形

自 1979 年大陸開放改革以來，歷經了十多年的努力，兩岸之間的互動關係，才漸漸有了改善。雖然在大陸改革開放後，臺灣的資金以各種名義流向大陸，但礙於臺灣政府的政策管制，所以企業界遲遲沒有大量且明顯的動作。即使在 1987 年臺灣開放到大陸探親之後，投資的熱潮稍微湧現，直至 1990 年政府公布了「對大陸地區間接投資或技術合作管理辦法」，才間接的促進了臺商企業西進大陸的熱潮。

而對許多新興國家致力於出口產業及傳統貨品之生產，在 1980 年代左右，臺灣傳統產業生產的產品，如聖誕燈飾、手工業、運動器材、腳踏車等在國際市場上的競爭力逐漸下降，加上國內因為經濟景氣繁榮，各產業生產成本上升，土地價格飆漲和勞工短缺等現象產生，為了求得產業之生存，許多國內傳統產業紛紛出走至其他勞工與土地成本低廉的國家去進行生產或代工以提高其產品的國際競爭力。此時，適逢大陸進行改革開放政策，頻頻對外資進行招商，採行各種優惠措施，吸引外商進駐大陸投資設廠。

如圖 18.1，是 1991 到 2002 年臺灣直接對大陸投資金額圖。我們可由該圖得知，在臺灣政府公告准許臺商赴大陸投資相關辦法之後，1992 年的投資金額大幅的增加，只有在 1997 年之後受到亞洲金融風暴、全球性景氣衰退及 2000 年政治情勢的影響，臺灣對大陸的直接投資金額在 1997～2000 年之間有呈現幅度較大的下滑趨勢外，整體而言，臺灣對大陸的投資是逐年增加的。

而在圖 18.2 中，我們可以看到自 1991 年到 2002 年各國對大陸的投資總金額之比例。臺灣占其總投資額的 8%，摒除香港對大陸的投資部分來說，臺灣對大陸的投資比例，與日本、美國不分軒輊。由此可看出，近十年來臺商對於大陸經濟環境的影響、大陸人民生活水準提升、甚至大陸整體的經濟指標皆有一定的影響程度。

圖 18.1

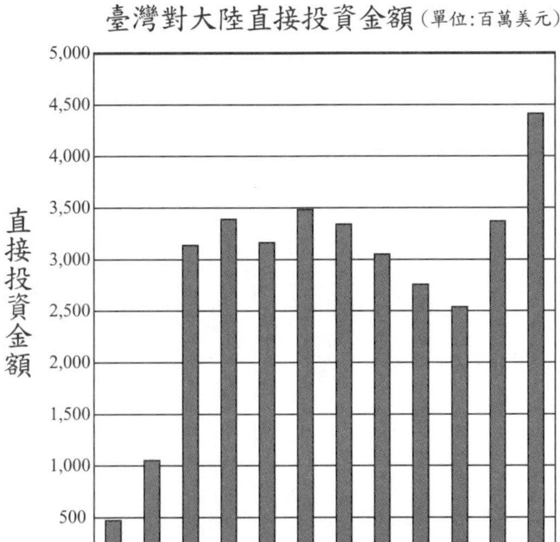

資料來源：整理自行政院大陸委員會大陸臺商經貿網 http://www.chinabiz.org.tw/chang/L1-5.asp

臺灣對大陸直接投資金額（單位：百萬美元）

從大陸開放改革 (1978) 至今二十多年以來，我們可以觀察到臺商投資大陸有以下幾個現象：

(1)早期對大陸的投資多屬於小資本額的個人投資，當時可能是受限於大陸開放改革之初，對於外資的保護政策並不周全，加上外資對於大陸內部的實際投資情況尚未明確，投資的風險性與不確定性都偏高。因此，臺灣對於大陸的投資多屬於試探性質的小額個人投資。

(2)在 1980 年代由於臺灣傳統產業在國際市場上的競爭力下滑，而且因臺灣國內投資環境改變，生產成本不斷上升的情況下，臺灣傳統的中小型企業即不斷的將產業外移到勞工便宜的地區。在 1990 年過後，由於臺灣政府解除了外匯管制並且公告了對大陸投資的相關管理辦法，於是更促成中小型企業普遍移轉到大陸設廠生產之現象。

(3)臺灣有許多大型或高科技產業，也認定大陸這塊廣大內需市場所能帶來

圖 18.2

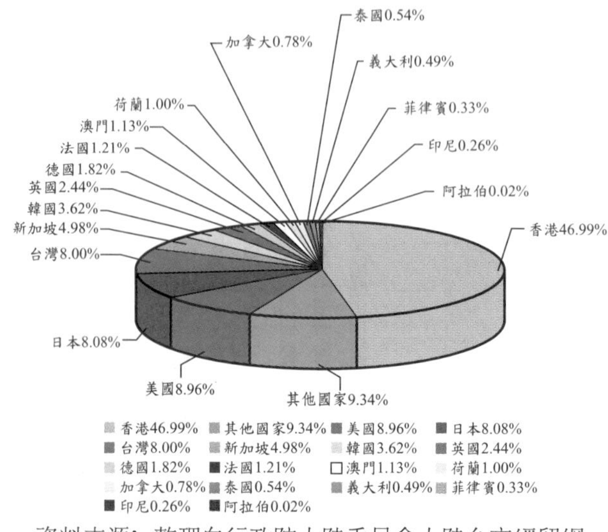

資料來源：整理自行政院大陸委員會大陸台商經貿網 http://www.chinabiz.org.tw/chang/L1-5.asp

1991～2002 年各國對大陸投資總金額比例

的經濟利益，於是在近幾年不斷的鼓吹西進政策。而在大陸加入 WTO 之後，此種態勢更加明顯，掀起了第三波臺商擴大到大陸投資的熱潮。

在表 18.7 中，可以看到臺灣自 1991 年到 2002 年核准臺商到大陸投資設廠的製造業種類相當多，這是由於臺商最初對於大陸的投資皆以製造業為主，即便是近幾年來，製造業的投資金額依然占了相當大之數額。因此，不僅表 18.7 針對各項製造產業核准的投資金額可做簡單的分析比較，我們更可以由圖 18.3 中清楚得知各產業自 1991 到 2002 年來的變化，其中在 1993 年臺商主要投資於電子及電器、塑膠製品、食品及飲料、精密器械以及基本金屬之製造等為大宗，但在 2002 年已轉變為電子及電器製造業占三分之一以上為最大宗，其他依序為基本金屬製造業、化學品、精密器械、塑膠製品等前五大投資產業。

表 18.7

臺商至大陸投資設廠之行業別 (1991～2002)

單位：萬美元

年別	總計		臺灣核准對大陸投資金額 按主要行業別分									
	件數(件)	金額	電子及電器製造業	食品及飲料製造業	塑膠製品製造業	基本金屬製品製造業	精密器械製造業	化學品製造業	非金屬及礦產物製品製造業	紡織業	橡膠製品製造業	運輸工具製造業
1991	237	17,416	3,157	1,931	2,249	932	398	298	571	1,363	3,194	–
1992	264	24,699	3,456	4,641	4,496	1,066	1,802	1,276	448	2,325	1,148	744
1993	9,329	316,841	44,501	32,455	37,592	25,650	28,649	18,622	18,544	17,855	12,228	13,399
1994	934	96,221	15,701	14,585	7,330	9,033	4,416	8,935	8,261	4,185	2,160	3,569
1995	490	109,271	21,480	11,745	6,273	11,680	2,945	9,457	4,702	6,090	3,803	10,199
1996	383	122,924	27,686	12,170	6,364	12,812	3,990	9,883	3,594	9,688	2,367	11,413
1997	8,725	433,431	87,504	33,307	34,912	39,597	24,725	23,118	38,364	20,848	14,132	16,136
1998	1,284	203,462	75,898	7,005	6,418	12,685	7,462	14,681	8,787	12,953	7,092	8,422
1999	488	125,278	53,775	5,825	9,907	10,449	2,807	14,302	3,375	3,433	918	3,194
2000	840	260,714	146,478	4,325	18,478	18,385	8,480	11,078	8,352	3,959	1,195	5,335
2001	1,186	278,415	125,483	5,842	15,607	19,380	12,600	16,378	10,698	2,245	6,411	5,741
2002	3,116	672,306	261,868	15,294	39,882	63,146	43,335	47,436	21,484	12,750	16,024	21,845

註：82 年、86 年、87 年核准臺商對大陸間接投資之件數及金額均包含補辦許可登記數。
資料來源：整理自行政院大陸委員會大陸臺商經貿網 http://www.chinabiz.org.tw/chang/L1-5.asp

18.6 兩岸貿易未來發展趨勢

由上述貿易發展階段及貿易依存度分析的描述可知，臺灣和大陸間的貿易發展具有以下趨勢：

㈠臺灣對大陸的貿易順差日益擴大

由表 18.2 可以看出臺灣對大陸的貿易順差從 1980 年的 1.64 億美元至 2003 年的 243.96 億美元，成長速度非常之快。但不管造成順差的商品之種類

圖 18.3

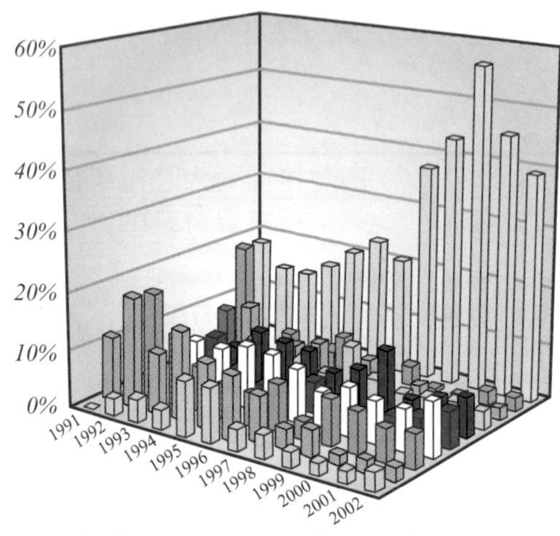

（No. 1～10，係依照 2002 年產業之投資額由大到小排列）

資料來源：整理自行政院大陸委員會大陸臺商經貿網 http://www.chinabiz.org.tw/chang/L1-5.asp

臺灣製造業赴大陸投資額比較圖

為何，都可說明臺灣與大陸間的貿易往來越來越頻繁，而貿易順差的擴大代表著大陸已經成為臺灣大型企業的生產工廠根據地，也是臺灣貿易商所必爭取的廣大消費市場所在。換句話說，大陸經濟的好壞，將會高度的影響臺灣的經濟景氣。

㈡兩岸貿易的相互依存度逐漸提高

依據表 18.3 及表 18.4 分別得知，臺灣對大陸的進出口依存度從 1981 年的 1.05% 上升至 2003 年的 17.06%；同樣的，大陸對臺灣的進出口依存度由 1981 年的 1.04% 上升至 2003 年的 5.44%。故不管在出口、進口方面，兩岸對彼此相互貿易的依賴均日益加深。

㈢兩岸雙邊貿易快速發展，與臺商赴大陸投資的行動密切相關

隨著臺商赴大陸投資的不斷增加，帶動了臺灣地區機器設備及其零配件、原材料等對大陸的出口，同時臺商在大陸製造的半成品回銷臺灣的情形也越加普遍。自 1990 年代初期至今，臺商赴大陸投資與兩岸貿易之發展關係密切，

可謂相輔相成。

㈣兩岸企業面對全球性之競爭，經濟結構面臨調整

由於兩岸均已加入 WTO，關稅大幅降低，市場將更形開放，臺灣企業為維持全球競爭之優勢，紛紛向中國大陸發展以降低成本，以至於臺灣之農業、製造業受到極大之衝擊；但是大陸也面對了城鄉差距、貧富懸殊以及金融系統、企業經營必須加速現代化積極管理的問題，因此，兩岸之經濟結構目前經由市場開放後之競爭而逐步調整中。

㈤臺商及外資由勞力密集商品轉向高科技商品之產製

2005 年在紡織及成衣配額取消後，大陸紡織及成衣之生產將取代東南亞及墨西哥，躍升為世界最大生產國；大陸電腦硬體生產已超越臺灣；無線電話市場及電信設備製造更為世界第二；市場經濟加上開放政策使得大陸商機湧現。

㈥大陸金融市場規模大，惟資本市場尚未完全上軌道，臺灣則金融併購盛行

大陸目前有 150 家外國銀行分行，其中有五分之一取得外匯相關業務執照，而外資保險業保費收入以 30% 之速度持續成長。股市方面，法人之持股僅占一成，初級市場籌資規模尚小，金融體系之管理仍未健全。臺灣方面金融併購盛行，市場規模擴大，消費金融活絡。

㈦兩岸直航禁忌能否突破，影響兩岸未來貿易格局

兩岸同樣面對世界性競爭，臺灣廠商利用大陸之資源以降低生產成本；大陸則依賴臺灣之資金、技術和管銷知識。但因 WTO 服務業貿易總協定 (GATS) 尚未於「海運服務」上達成共識，因此仍無法就海運服務適用「最惠國待遇」之基本規範，僅能繼續維持雙邊海運經協商簽署協定之模式。

在兩岸間日益頻繁的貿易往來下，就兩岸海、空運不能直航的貨物，其運輸成本之耗損大，而且航空客運一年高達 500 萬人次之商機也具吸引力，因此臺灣地區採行「境外航運中心」，大陸地區則採取「試點直航」，以至於臺灣與香港、澳門間採取協商解決海、空運輸問題、兩岸三地定期航線之商討以及春節臺商包機直航之慣例均為權宜性之措施。

綜上所述，兩岸之間經濟和貿易之發展有賴於政治和社會局面之穩定，H–O 理論之架構，在和平穩定和完全自由競爭的情況下，各地區依據其天然資源稟賦不同，勞動力豐富者可致力於勞力密集財之生產；資本豐富者則著手於資本密集財之生產而達到經濟規模，可以使雙方之社會福利均提高。

又根據生產要素價格均等化 (factor-price-equalization) 定理，透過最終商品、勞務及人才之自由流動，兩岸工資率、資本報酬率在長期往來之後將會趨於一致。

臺灣目前面臨了大陸龐大消費市場之吸引，當臺商對大陸的投資金額越多，表示移往大陸的產業越多。許多臺灣傳統產業橫向的移植到大陸後，開始了新的企業生命循環，短期而言，對於兩岸的市場經濟景氣有一定的正面影響，對大陸來說，可以直接的接受臺灣廠商之產銷技術與經驗，加快自身產業的發展速度。然而對臺灣來說，產業的外移會隨著對岸市場的開放程度而逐漸的增加，將減少臺灣本地的一些就業機會。總之，臺商從早期移植傳統民生工業，到近年來逐漸移植臺灣賴以生存的高科技產業，均是受到大陸低廉勞工成本與廣大消費市場的吸引。反觀臺灣國內，過度的製造業移轉大陸可能迫使臺灣加快了產業結構的轉變，臺灣只能開發更具有競爭優勢的產業，加速資本密集財及知識密集財之生產，並以國際專利權保護，才能達到企業永續經營之目的。如能保留並持續帶動臺灣高科技產業之創造力，建立優良品牌形象並且投入更多的人力及經費在研發新技術上，以爭取更高層級產業的世界性主導權，再配合經營精緻農業、改造傳統產業、發展生物技術並從事世界性專利商品及技術的開發，當可避免因大陸的崛起而影響到臺灣產業之競爭力。大陸方面若能善用臺商及各國之資本和技術，建立資訊通訊設備、提供更完善之金融服務機制，規劃基礎建設、放寬貿易政策，利用其豐富多樣的原料和充沛之人力資源、建立產業群聚效應、取締仿冒贗品、設置爭端解決管道，當可在整體經濟發展和對外貿易上大展宏圖，獲致兩岸貿易雙贏之局面。

㈠兩岸之間的貿易，自 1979 年迄今，大致經歷了四個階段，每一階段均有其主要之政策和影響，試簡述各階段之政策。

㈡ 2003 年臺灣對大陸之出口貿易依存度為 24.51%，而大陸對臺灣出口之貿易依存度為 2.5%，其中隱含何種經濟意義？試由規模經濟、產品附加價值和臺商投資設廠三個角度加以探討。

㈢ 2003 年兩岸之間的進、出口商品發生「產業內貿易」——即產業內互相有進口及出口現象者有電機設備、機械類及鋼鐵類，請解釋這種「產業內貿易」發生的可能因素為哪些？與垂直分工或水平分工有關嗎？與偏好相似理論或產業內貿易理論有關嗎？

㈣表 18.7 中，2002 年臺商至大陸投資設廠之行業以電子及電器製造業居首位，依照你的看法，這項資訊顯示大陸眾多人口之生活中，何種用品最為需要？以大陸普遍電力不足，是否需要作配套措施？

㈤臺灣對大陸之貿易順差自 1980 年的 1.64 億美元至 2003 年的 243.96 億美元，其中隱含何種訊息？臺灣應如何保持這種貿易競爭之優勢？

㈥依據 Heckscher-Ohlin 理論及生產要素價格均等化定理，若在完全自由競爭的情況下，兩岸貿易會出現何種分工局面？長久以後對薪資結構又將發生何種改變？

19 環境保護與國際貿易

國際貿易理論與政策之發展各有其不同之時空背景，每當時代之背景資料有變化時，貿易政策就會適時作出反應的對策，因而也會進一步衝擊到貿易理論之修改或新增，本章擬就近代面臨之環境議題作探討。

19.1 貿易政策反映時代背景

在重商主義時代，人們重視商業往來，主張政府持有之黃金、白銀等貴金屬愈多，則該國愈富強，因此，各國對外貿易就主張擴張出口和限制進口，以維護本國國際收支之貴金屬之流入，但國際上之貨物交流不可能全部國家均呈「出超」之局面，必有他國之「入超」來支持本國之「出超」，於是產生許多爭取海上霸權、掠奪原料產地和取得產品外銷市場之大小規模的戰爭和貿易行為。

在亞當・斯密和大衛・李嘉圖的年代，農產品和手工藝產品充斥市面，當時農、工產品泰半以手工配合簡單之器械來製造完成，因此各種貿易理論之假設是以製造某商品時使用勞動力數量之多寡來決定各該商品之價值，所以基於這種「勞動力價值說」的前提下，亞當・斯密認為「絕對利益」的存在是國際貿易發生之主要原因；而大衛・李嘉圖則主張「比較利益」（即比較優勢）之存在就足以導致國際間財貨之分工製造和交換買賣。

近代貿易理論之四大定理中，H-O (Heckscher-Ohlin) 理論是以「資源稟賦量之差異」說明比較利益和國際分工之型態；生產要素價格均等化定理是在兩國間要素不能移動之假設下，「商品在國際間之自由貿易，最終將導致生產要素之價格趨於相等」；瑞畢斯基 (Rybczynski) 定理討論「單獨增加一種生產要素時，會影響貿易的方向」；而司徒一薩姆生 (Stolper-Samuelson) 定理則說明：國際貿易的結果，會使一國出口品價格上升、進口品價格下降，進而導致密集使用於出口品之生產要素價格上升，而密集使用於進口品之生產要素價格下跌，而且相對要素價格的改變有著擴大效果。由此可見，現代新發展的貿易理論和各國採行之貿易政策，往往反映出其所代表之時空背景以及前提假設之差異性。

另一方面，在 1970 年代以前，除了美、日、德、法、英、加和北歐少部分國家外，大部分國家的經濟均處於開發中或低度開發的階段，當時經濟貿易之發展和環境保護之間並沒有明顯的交集，各國均全力衝刺經濟發展以擴大就業。在這種狀態下，經濟體系所生產製造的產值，多半是用市場上能以價格計值者才能列入產值及成本之計算；而有關原料之使用是否對環境造成負擔、製造過程有否污染到空氣、水質或土壤、包裝材料是否過分繁複、產銷是否使用到過多之資源及能源，以及環境成本或外部性效果等等的負面隱藏性成本，均因為無法在市場上計值而沒有列入國際貿易值或經濟成長值之環境成本估計中，因而造成了環境品質之質損 (down grade) 或資、能源之折耗 (depletion) 以及各國國民總生產 (GNP) 之高估現象。

近百年來各種工業迅速發展，食、衣、住、行、育、樂所需之商品在各國間大量運銷及貿易之後，各國已逐漸注意到這種毫無節制的產銷方式對全球環境所造成之衝擊及破壞性相當大，不僅農林漁牧等天然資源過度耗用，使許多物種瀕臨絕種，並造成全球森林面積大幅縮減；許多工廠產銷活動排放氟氯碳化物導致臭氧層遭到破壞；生產業者大量排放二氧化碳、一氧化二氮、甲烷等氣體造成溫室效應；許多遭到化學物質污染之河川和地表已不再適合人居而且使得不少土地有沙漠化的危機；地震、旱災、水災等天災頻仍使得環境保護的議題受到各國政府的高度重視，各種環保團體也紛紛組成，在國際貿易及民眾生活上逐漸形成一股「綠色環保潮流」，因此，不僅民間展開推行「綠色消費」之熱潮、政府展開「綠色採購」之行動、工廠行號進行「環保標章」之申請，國際貿易也開始引發一種環境管理系統之認證要求，許多跨國企業和國際大廠紛紛制定「綠色採購規範」，並鼓勵供應商配合成為「綠色伙伴」(green partner)，本章擬就國際貿易之綠色環保潮流作分析。

19.2 人類面臨的環境危機

進入二十一世紀之後，世界各國已普遍意識到我們只有一個地球適合居住，而這個藍色星球之青山綠水、原始森林、浩瀚江海的美麗原始風貌已逐漸被人類大規模的開發、墾植、竭澤而漁及環境污染而起了極大的改變，人類也遭受到大自然的反撲，面臨了下列各項環境危機：

㈠能源和資源逐漸匱乏

⑴近百年來各種工業的發展將地球許多資源大量消耗，整個地球因工業活動頻繁就像個燃燒的蠟燭不斷地消耗能源。若以同樣消耗之方式來估算，目前全世界石油、天然氣、瓦斯、以及鈾礦和鋁礦之存量所剩不多，若無其他新能源之發現，人類不久將只剩太陽能、風力等再生能源可用。

⑵製造工業之煙囪冒煙污染大氣層，許多染整處理工廠排放廢水污染河川，金屬工業之生產產生的廢棄重金屬破壞土質，但這些生產品均是直接或間接提供消費者使用，消費者無法推諉其選擇產品的環境責任。

(3)一般工業及家庭用水的排水管所排出之污水，只有少部分抽入污水處理廠，其餘大半均排入河流中。這些污水所含成分內有農業用之化學肥料、殺蟲之農藥，以及各種工業區廠商的生產過程所製造的污水，各自含有不同的有害成分，污水排入河川，最後歸入大海後，使很多淡水、海水所捕獲之魚、蝦和海產因生存環境受到污染或有基因之突變，人類吃了相關漁產間接造成對人體健康之危害。

(二)溫室效應嚴重影響地球氣候

進入地球之太陽光照射地面後，會將其輻射光以長波折射方式經地表反射回大氣中。但由於人類部分活動，產生大量二氧化碳而阻隔了長波輻射光之折回，例如製造噴霧推進劑、冷凍劑、發泡劑、清潔冷凍劑、穀類烘燻、滅火劑等產品所產生之化學物質，以及石化燃料之燃燒產生之二氧化碳、一氧化二氮、甲烷、氫氟碳化物、全氟化碳以及六氟化硫等溫室效應氣體在地表上空形成雲霧，阻隔地表折回之長波太陽光並蓄積熱能，造成溫室效應，使對流層（離水平面向上 10～15 公里以下）漸漸溫暖。其效果使得部分冰山溶解，海平面上升，土地減少，全球氣溫比過去平均升高 0.5～1°C，據估計到西元 2100 年時，全球氣溫將平均升高約 5°C，可能使海平面升高 1 呎至 2 呎，勢將淹沒一部分沿海平原，當海岸線之水面升高時，堤防之建造將緩不濟急，而地球上許多低窪小島亦將消失。

(三)臭氧層遭破壞

由於廠商製造之冷媒、噴霧推進劑等產生大量之氟氯碳化物，將原本保護地球外圍吸收紫外線之臭氧層遭到破壞而日漸稀薄，使南極上空在 1980 年代起開始出現臭氧洞，現今臭氧大量減少的區域已覆蓋了整個南極大陸，每當臭氧層減少 1%，進入地表之有害紫外線會提高約 2%，不僅皮膚癌發生之機率將增加 3% 左右，而且罹患白內障之機率亦將增加。臭氧層之破壞不僅引起環境大規模變化，也使得一些大都市之光化學煙霧（smog）現象亦將惡化。

(四)熱帶雨林遭濫伐

熱帶雨林分布在中南美洲之巴西及亞馬遜河流域、非洲、亞洲之印尼、馬來西亞以及少部分澳洲地區，不僅有豐富之原始物種，也可以調整地球之氣流和氣候。

但熱帶雨林之木材因人類製造家具、房屋之需求而遭砍伐，再加上為了畜牧、種植果樹、開墾高爾夫球場等原因而大量開發、植草、施用化學肥料及農藥等，均大大污染了土地，而農地多年不休耕之結果，在土地使用二十五年至三十年後將沙漠化。熱帶雨林經跨國公司開發受到破壞之結果，以目前砍伐之速度來計算，平均每秒鐘破壞 6 平方公里，每年破壞 1 千 7 百萬平方公里，因此其木材之存量銳減，全世界只剩很少的存量可供人類砍伐，而許多原生之物種的種類也隨著雨林面積之減少而消失中。

㈤酸雨及酸霧形成

生活中燃燒燃料或工業生產製造時所排出之硫氧化物及氮氧化物與空氣中水分作用而產生酸雨或酸霧，造成廣大地區之土壤酸化及森林、湖泊之死亡，破壞了人類之生存空間。

㈥農產品生產成本過高

農產品之產銷過程中常有浪費情形，例如篩選種子若等級不合、果實太小、色澤較差者即遭丟棄；在集散倉庫，為了調整價格，農產品即使生產過量，也不降價，多半將多餘部分丟棄，例如在 70 年代臺灣曾因芒果之生產過剩，怕影響市場售價而將一部分倒入海中。此外，有若干農產品之生產過程使用很多化學肥料，使其目前產量足夠市場所需，但每單位生產所付出之能源成本，例如使用汽油操作機器成本、化學肥料製造成本、以及現代耕種之方法等之花費為以往之數倍，顯示現在農產品生產成本的浪費。

㈦土壤沙漠化

不適當之農牧、供水失衡、大環境變化等因素導致土壤乾燥，使土地擁有之生物生產力減退乃至破壞，最後變成沙漠狀態。

㈧垃圾處理問題嚴重

平均而言，大都市每人每天平均生產之垃圾量為 0.5～1 公斤。其中包括許多免洗餐具、廚房之餘餚、樹葉、紙張、報紙、雜誌以及家庭用具等，其中家庭之廚餘和樹葉占 40% 左右。以往垃圾之解決方法若採用掩埋方式則掩埋場平均使用五年到十年即將填滿，又得另覓土地；另一方面，焚化爐製造費用高，製造曠日費時，而平均使用壽命也只有二十五年至三十年左右，焚化爐之若干煙塵含有戴奧辛，亦有污染性，可見垃圾處理問題相當嚴重。

⑼交通壅塞停車位缺乏

汽車之最大問題，不只是空氣污染，還包括空間占用之問題。雖然許多城市拓寬道路供汽車行駛，但私家車輛不斷增加，使得所需停車位和道路的需求像個無底洞般的不足，而且大眾運輸之發展也供不應求。摩托車因汽缸排氣過濾不良，污染程度為汽車的三倍，因此，停車位之缺乏和交通工具排放廢氣而污染空氣，為現代化大都市之共同問題。

由以上各節可以看出，環境問題已由區域性、國家性而擴大到全球性的層面，而環境保護之重點也由以往之污染管制演變到重視資源使用效率、動植物保育以及採用市場導向之作法，其中最明顯的一個例子就是環境管理系統之興起。

19.3 環境管理系統之普遍化

英國在 1992 年 3 月間首先提出廠商採用環境管理系統之國家標準，稱之為「BS 7750 環境管理系統」，在環保上對企業揚棄行政管制之傳統作風而改由企業自主地建立其環境目標並自行分年完成。案經千餘家廠商試行該項系統並修改相關標準後，於 1994 年再度推出 BS 7750 之修訂版，目前已有加拿大及紐西蘭二國跟進。

歐盟各國在 1993 年 7 月也開始訂定其生態管理及稽核制度 (EU-ECO-Management and Audit Scheme, EMAS)，要求各會員國於 1995 年 4 月起，針對製造業工廠作環境管理系統，且實施 EMAS 的國家每年均須公開發表環境報告。

另一方面，聯合國亦於 1993 年 2 月成立「永續發展委員會」以推動各項環保工作，並提出「二十一世紀行動綱領」，呼籲國家發展必須兼顧環境保護。

1993 年起國際標準組織 (International Organization for Standardization, ISO) 之技術委員會 (ISO/TC207) 已開始積極研擬環境管理系列之相關標準，由 92 個國家的標準制定機構共同合作，結合業界、政府單位、消費者及學術界的意見，先由技術委員會提出草案，經各會員國通過並公告後，建立了 ISO 國際標準；至 1996 年底已完成並公告十四項環境管理標準，即 ISO14000 系列，鼓勵企業推動自主性高之環境管理活動，促使全球資源有效利用。

環境管理系統的實施，可以鼓勵產業界由組織內部事先規劃其環境目標和環境政策，再依照該目標找出相關工作環境、生產原料或製造過程對環境之衝擊面，其衝擊包含生產或經濟活動對資源（如水和原料）和能源（如電力、汽油、瓦斯）使用量之衡量、製造過程可能產生對水、空氣和土壤的污染、包裝是否過多、運輸使用到的能源、產品使用之材質是否廢棄後在環境中易於分解等之環境考量面；並就衝擊現況訂定減廢、減量等逐年改善之目標，凡是通過國際標準組織 (ISO) 所授權驗證機構之環境稽核後，可獲頒相關之驗證證書如 ISO14001，並須依照自定標準，持續逐年改善而達到目標；總之，依照國際標準組織系統之實施，其環境管理系統之 ISO14001 分成以下五大部分：

㈠環境政策 (environmental policy)

㈡規劃 (planning)

㈢實施與作業 (implemention and operation)

㈣檢驗與矯正措施 (checking and corrective action)

㈤管理審查 (management review)

根據國際標準組織所公告之環境管理系列標準 ISO14000 主要標準分類及其制定現況列於表 19.1。

表 19.1

ISO14000 系列標準制定現況

ISO 編號	標準名稱簡述	制定現況	備註
14001	環境管理系統使用指引之規範 (EMS-Specification)	IS	1996 年 9 月 1 日成為正式國際標準。於 2000 年年底前改版，並與 ISO9000 相調和。
14004	環境管理系統原則、系統及支援技術之一般指導綱要 (EMS-General Guidelines)	IS	1996 年 9 月 1 日成為正式國際標準。已展開審查與改版程序，使其與 ISO9004 有更多的調和性。
14010	環境稽核指導綱要通則 (EA-General Principles)	IS	1996 年 10 月 1 日成為正式國際標準。工作小組已於 1998 年 11 月起將 QMS 及 EMS 稽核整合成為一項核心文件，該小組並於 1999 年 3 月 15～18 日在布宜諾司愛麗斯開會，近一步研商該文件。
14011	環境稽核指導綱要－稽核程序－環境管理系統之稽核 (EA-Procedures-EMS Audit)	IS	1996 年 10 月 1 日成為正式國際標準。工作小組已於 1998 年 11 月起將 QMS 及 EMS 稽核整合成為一項核心文件，該小組並於 1999 年 3 月 15～18 日在布宜諾司愛麗斯開會，近一步研商該文件。
14012	環境稽核－環境稽核員資格準則 (EA-Auditor Qualification Criteria)	IS	1996 年 10 月 1 日成為正式國際標準。工作小組已於 1998 年 11 月起將 QMS 及 EMS 稽核整合成為一項核心文件，該小組並於 1999 年 3 月 15～18 日在布宜諾司愛麗斯開會，近一步研商該文件。
14015	環境稽核－場址環境評估 (EA-Environmental Site Assessments)	WD	1998 年 11 月於荷蘭舉行會議，在 1999 年成為 CD 版。
14020	環境標誌與宣告總則 (Environmental Labels and Declarations-General principles)	IS	已於 1998 年底成為正式國際標準。
14021	環境標誌與宣告－自行宣告之環境訴求－用詞與定義 (EL&D-Self-Declaration Environmental Claims-Terms and Definitions)	DIS-2	1998 年 12 月於澳大利亞討論將近三百項有關 ISO DIS 14021 議題，工作小組正積極解決各項爭議，將該文件提升為 FDIS 版，供各會員國最後投票表決。
14024	環境標誌與宣告－第一類環保標章－指導原則及程	FDIS	1998 年 11 月底送各會員國對該 FDIS 版投票，審查期為 5 個月。

	序 (EL&D-Type EL Guiding Principle and Procedures)		
14025	環境標誌與宣告—第三類環境資訊說明 (EL&D-Type)	WD	繼 SC3 於 1998 年 12 月於澳大利亞討論後，復將於 1999 年 3 月在哥本哈根繼續討論該文件之進度。
14031	環境績效評估 (Evaluation of Environmental performance)	DIS	SC4 於 1999 年 12 月在馬來西亞達成 FDIS 版之共識，隨即進行 2 個月的投票期，於 1999 年秋季公告。
14032	環境管理—環境績效評估—ISO14031 案例研究技術報告 (EM-EPE-Technical Report)	DIS	於 1999 年 12 月在馬來西亞決定為配合 ISO14031 制訂 17 個產業之環境績效評估案例指引。SC4 於 1999 年漢城年會中繼續完成。
14040	環境管理—生命週期評估—原則與架構 (EM-LCA-Principles and Framework)	IS	1997 年 6 月成為正式國際標準。
14041	環境管理—生命週期評估—盤查清單分析 (EM-LCA-Inventory Analysis)	IS	已於 1998 年 10 月經 100% 會員國同意成為正式國際標準。
14042	環境管理—生命週期評估—衝擊評估 (EM-LCA-Impact Assessment)	DIS	SC5 於 1998 年 10 月在倫敦會議中，將其提升為 DIS 版，並隨即進行 5 個月的審查期。
14043	環境管理—生命週期評估—釋義 (EM-LCA-Interpretation)	DIS	此文件自 1998 年 11 月起，已由 ISO 及 CEN 會員國進行 5 個月的投票。
14048	環境管理—生命週期指標格式 (EM-LCA-Indicator Format)	NP	此文件自 1998 年 11 月起，已由 ISO 及 CEN 會員國進行 5 個月的投票。
14050	用詞與定義 (Terms&Definitions)	IS	1998 年 3 月成為正式國際標準。
Guide64	產品標準含環境考量面之指引 (EAPS Guide)	IS	

（註）CD: committee draft; DIS: draft international standard; NP: new project; WD: working draft; IS: international standard.

資料來源：整理自財團法人中技社綠色技術中心 http://www.etdc.org.tw/A0352/.htm
《經濟部 ISO14000 速報》，（1996 年 4 月）12 期。

由前述各節可知，環境管理系統之發展肇始於 1992 年英國之 BS 7750 系統和 1993 年初歐盟之 EMAS 系統；國際標準組織則於 1993 年起由其技術委員會開始推動各項環境管理系統標準，而其他各國也紛紛開始採納相關標準，

有關國家採取之環境管理系統及開始推動日期如表 19.2 所示。

表 19.2

各國對於 ISO14000 環境管理系統標準因應之時程

國家	使用之環境管理系統標準	主要負責單位	開始推動日期
歐盟	EMAS		1993 年初
英國	BS7750		1992 年
法國、丹麥	EMAS		1993/1994 年
美國	ISO14001	美國國家標準局、美國技術輔導團	1993 年
加拿大	ISO14001		1993 年
紐西蘭、澳洲	ISO14001	紐澳聯合認證體系	1993 年
日本	ISO14001	日本工業標準調查會	1993 年
新加坡	ISO14001	新加坡國家標準局	1994 年
韓國	ISO14001	韓國貿易振興公社	1994 年
香港	ISO14001	香港生產力促進局	1994 年

EMAS：歐聯生態管理與稽核方法，BS7750：英國標準 7750。
資料來源：林志森，〈ISO 14000 實行現況及我國因應措施〉，《經濟部 ISO14000 速報》(1996)。
財團法人中技社綠色技術中心 http://www.etdc.org.tw/A0352/.htm

當上述各國分別推動環境管理系統時，許多跨國企業也開始要求其供應商配合實施，期望或建議其生產、銷售、承包商及供應商通過 EMAS 或 ISO14001 之驗證。其中較為著名的企業列於表 19.3 中。

由表 19.3 可以得知愈來愈多的跨國企業要求其產銷供應商或承包商建制環境管理系統，這種世界性之潮流也逐漸成為國際性「綠色貿易壁壘」，雖然 ISO14000 屬於企業自願性之環境管理標準，企業若要與工業先進國家許多大型跨國企業進行交易時，勢必先得設法取得所要求之環境管理認證，否則可能錯失商機。

臺灣於 1996 年開始積極將 ISO14000 系列之「國際標準管理系統實施辦法」的國際標準轉訂為國家標準，並於 1996 年 11 月底陸續公告完成 CNS

表 19.3

跨國企業對其供銷廠商執行環境管理系統之期望

企業名稱	對供銷廠商採用環境管理系統之期望
豐田汽車 (Toyota)	透過 Toyota 全球之生產和銷售運作體系，並與零件供應商、車輛代理販售業者一起執行環境管理方案，以改善環境績效。
賓士汽車 (Daimler Benz)	要求其承包商建制 EMAS，且不再接受未通過 EMAS 驗證之供應商。
富豪汽車 (Volvo)	要求其 850 個承包商建立環境管理系統。
路華汽車 (Rover)	要求其大部分 (700 個) 供應商通過 EMAS 或 ISO 14001 之驗證。
捷豹汽車 (Jaguar)	要求 350 個供應商於西元 2000 年前通過 EMAS 或 ISO14001 之驗證。
蘋果電腦 (Apple)	建議其承包商、販售業者及供應商推動環境、安全、衛生之管理工作。
IBM	鼓勵 900 家供應商建制 ISO14001 環境管理系統並通過驗證。
西門子公司 (Siemens)	要求其承包商盡可能通過 EMAS 或 ISO14001 之驗證。
諾基亞公司 (Nokia)	要求其承包商盡可能通過 EMAS 或 ISO14001 之驗證。
汽巴公司 (Giba-Geigy)	要求其承包商盡可能通過 EMAS 或 ISO14001 之驗證。
日本電氣 / 日產汽車 / 佳能公司 (NEC/Nissan/Canon)	要求其在日本境內的所有工廠皆須通過 ISO14001 之驗證。
英國殼牌石油公司 (Shell UK Exploration and Production)	與其 16 個主要供應商成立「環境合作關係」，並要求其通過 EMAS 或 ISO14001 之驗證。
韓國 LG Semicon	已於 1996 年協助其 10 個承包商通過 ISO14001 之驗證。
國泰航空 (Cathay Pacific)	已有空中廚房和服務部門通過 ISO14001 之驗證。
全錄 (Xerox)	要求分布在各國的主要製造廠商皆須通過 ISO14001 或 EMAS 之驗證，並要求其於全球超過30,000家之供應商須建制 EMAS 或 ISO14001 環境管理系統。
必治妥一施貴寶 (Bristol-meyer Sqibb) 化學公司	鼓勵其 1,500 家供應商建立 ISO14000。

資料來源：整理自經濟部技術處 http://www.bsmi.gov.tw、經濟部標準檢驗局及國際貿易局相關資料 http://www.trade.gov.tw

14000 系列之 5 項國家標準；為了維持發證品質之水準，於 1997 年 3 月公告「中華民國品質管理及環境管理及認證制度實施辦法」及「中華民國品質管理及環境管理認證委員會設置要點」，由「中華民國品質管理及環境管理認證委員會」自 1998 年 7 月 30 日起正式受理認證申請，並於 2001 年 3 月改名為「中華民國認證委員會」，專責辦理相關認證業務。

自 1996 年 10 月 16 日起，臺灣依照「國際標準管理系統實施辦法」施行驗證後，截至 2004 年 1 月已有 1,122 家廠商通過環境管理驗證，如表 19.4 所示。

表 19.4

臺灣廠商獲頒 ISO14001 環境管理驗證統計表——按產業別分

產業名稱	總計	電器工業	電子工業	食品工業	機械工業	服務業	化學工業	其他工業
現有廠商（家）	1,122	126	126	24	108	210	462	66

資料來源：整理自經濟部標準檢驗局網站資料（2004 年截至 1 月底累計）http://www.bsmi.gov.tw

由表 19.4 可以看出來，臺灣廠商獲頒 ISO14001 環境管理驗證者，以化學工業占最多數，其次為服務業，再次為電器和電子業，足以說明這些廠商有前瞻性之國際貿易視野。

19.4 綠色消費之潮流興起

國際貿易本為各種商品和勞務的國際買賣和產銷行為。由於以往之貿易價格並未將伴隨商品而產生的外部不經濟 (external diseconomies) 列入考慮，而且貿易理論本身也僅涉及商品交易之「實質面」而非「貨幣面」，因此某些國際通行商品之用料、生產或運銷過程若引起對水、空氣和土壤之污染、資源和能源之浪費以及產品過度包裝等外部性成本均很難加以計值，亦非本書所涵蓋之範圍；但是在全球環保意識覺醒的情況下，各國民間推動的綠色消費行為以及政府施行之綠色採購行為均會影響到「實質面」商品之國際交易，相關之意義和發展情況說明如後。

「綠色消費」可定義為一種能維持基本需求、且追求更適合環境保護原則之消費模式 (pattern)。其目的為降低對天然資源和能源之使用量，減少毒性物質與污染物之排放、維持自然界生態環境的平衡和不影響後代子孫的權益。因此綠色消費是一種現今消費模式 (pattern) 之改變，而非降低消費量 (level)。

綠色消費運動起源於德國政府在 1977 年推動的藍天使（德文：Blauer Engel）環保標章計畫，該計畫大幅提升了各國民眾的環保意識，使民眾初次有了綠色消費的觀念。1978 年德國中央內政部長及各邦環保局長共同決議正式推動藍天使標章 (Blue Angel Mark)。而藍天使標章是由家庭及花園用品之環保觀念開始的。當時德國人非常擔心臭氧層洞 (ozone hole) 及酸雨 (acid rain) 的問題，決定鼓勵產業減少氟氯碳化物 (CFC) 之排放，以避免臭氧洞之惡化，增加家用捲筒紙之回收及再生數量以減緩森林砍伐速度，降低電動除草機的噪音以維護環境安寧，因此藍天使環保標章最先出現於家用捲筒紙、可重覆使用之瓶罐、減少使用噴霧推進劑之髮膠及降低音量的電動除草機之環保產品的使用上；其目的是給予消費者一種環保標誌以協助其作適合整體環境保護的購買決策。

藍天使環保標章推出後十分受歡迎，三年內已擴展到 100 種商品，到現在已有 710 家廠商將近 3,800 種產品貼有該項標章，協助消費者作綠色消費識別之用。

此外，在 1987 年聯合國的環境與發展報告中首度提出「永續發展」的觀念，普遍受到了各國的重視，要求將人類活動與科技對環境產生的衝擊予以限制，並且兼顧開發中的國家與未來世代的需求。因此，環境保護已不再是個別國家的議題，而擴大到全球資源的保育和持續發展的層面。許多國家的環境政策也因此有了大幅度之進展，即由傳統之「法規導向」轉變成「誘因導向」，設法利用市場的機能，由商品之生產及消費之源頭開始，改善資、能源之浪費及環境污染等問題。由於環保標章 (green mark) 是頒發給對環保有正面貢獻之產品，也就是利用消費者選擇使用具環保標章之綠色產品的市場力量來引導產業界生產「低污染、省資源、可回收」的綠色產品，這也是綠色消費運動的主要訴求。

自 1977 年德國推動綠色消費以來，這種鼓勵消費者使用具環保標章的產品，並以符合環保原則之方式來消費的運動已逐漸展開。一般消費者之綠色消費行為的發展可以分為下列四階段：

㈠認知階段

見到地球之生態環境遭到破壞，旱災、水災及地震頻繁發生、嚴重疫病不時傳出，使得一些消費大眾對環境議題之重要影響有了認知，感同身受，但初期因對環境保護、環保標章及綠色產品之資訊不甚了解，心中存有疑惑，不會採取行動。

㈡焦慮階段

對發生在自己周圍的環境問題產生焦慮，認為有必要防止環境繼續惡化但仍不知如何著手。

㈢收集資訊階段

消費者對環境議題有了初步了解，開始主動的收集環境資訊，希望可以用行動來化解焦慮，對環境有所幫助。

㈣行動階段

消費者將行動融入生活之中，購買綠色產品，以消費者的市場力量引導廠商去實施清潔生產或取得環保標章，製造綠色產品提供綠色消費之用。

綜合而言，綠色消費模式泰半率先由政府推動，利用簡單的符號、圖形或說明，將商品及服務之環保特性充分表達，以吸引社會大眾消費。而這些符號、圖形或說明本身就是一種「環境標誌與宣告」，目的是爭取消費大眾之認同而採購這些比較符合環保的產品。

依照國際標準組織 (International Organization for Standardization, ISO)

1996 年所公布之 ISO14000 系列標準中，有關「環境標誌與宣告」列為 ISO 14020 系列，其有關之定義有下列三大類別：

第一類為環保標章，是以各國已設定之產品規格標準經過第三者驗證後，選擇對環境產生不利衝擊較少之產品而頒發「專用之商標」。因此凡取得環保標章之產品被認為是符合環保要求之優良產品。

第二類為環境訴求，可由產品製造商、進口商、配銷商、零售商或任何藉由廠商所宣告之環境訴求而獲益者提出「環境標誌」，採用環境考量面之圖形、說明或符號等標誌表達該產品在環保方面之訴求。主要強調該廠商對產品之環保訴求必須是正確、可查證、並不誤導消費者的。

第三類為環境宣告，由於第一類「環保標章」和第二類「環境標誌」未能將產品對環境的衝擊「完整地」向消費大眾宣告，因此有些廠商採用產品之生命週期評估技術，經過第三者之確認後，將產品完整的「環境衝擊資訊」提供給消費者加以說明，所以環境宣告是以產品對環境友善之具體資訊來說明的。

上述這三類「環境標誌與宣告」之執行組織各不相同，第一類環保標章與第三類環境宣告均需經過獨立、公正且與產品無利害關係之「第三者」確認或驗證；第二類環境標誌則由廠商自己執行。其中，第一類環保標章的註冊商標專用權多半由政府單位擁有，例如我國是由行政院環境保護署核發及授權使用，加拿大亦由環保部 (Environment Canada) 批准環保標章。但是也有環保標章之註冊商標隸屬私人機構去頒證者，如美國之綠標籤基金會 (Green Seal Foundation) 及瑞典的自然保育協會 (Society of Nature Conservation) 均屬法人機構，可以核發環保標章之註冊商標。

日本政府自 1986 年 12 月起決定由環境廳針對具有環保理念之製作方法、對環境衝擊較小之商品以及容易回收再利用之商品給予推薦獎勵，並自 1989 年 2 月起正式推行生態標章 (ECO-Mark)，目前已有將近 1,600 家廠商的四千三百多項產品獲准使用生態標章。凡是獲得生態標章之產品必須在生產階段提供適當之環境污染防制措施、節用資能源、廢棄時易於處理、並符合法律安全性之要求等，其中獲頒標章者有三分之二以上屬於生活消費品。

1989 年 11 月北歐之挪威、瑞典、冰島及芬蘭四國共同協商達成「北歐國家消費事務部委員會」決議，推出「天鵝環境標章」(Swan Label)，為全球第一個由國際共同參與執行之環境標章制度，通行於四國；其目的是提供消費者選購符合環保之產品、善用市場機制、引導廠商設計製造符合環境及人體健康之產品。

繼北歐四國之後，世界各國也興起許多區域性、國家性及民營之環保標章組織，而 1993 年下列 23 個國家或地區已就第一類環保標章成立「全球環保標章網路組織」(Global Ecolabelling Network, GEN)：包括亞洲之日本、韓國、中華民國、香港、泰國、印度；美洲之美國、加拿大、巴西。歐洲之德國、奧地利、英國、挪威、瑞典、西班牙、以色列、盧森堡、希臘、克羅西亞、及當時之歐盟組織；此外，紐西蘭、澳洲及非洲的辛巴威等國也陸續加入該組織。

這些國際性之環保標章組織之成立，表明了綠色消費國際化時代之來臨。各國不僅可以透過網際網路互相連結各自之網站，使環境資訊可以迅速交流，也可彼此建立環保標章之標準和互相承認並交換環保之經驗，提升綠色消費之廣度和深度。

國際間綠色消費運動的全面發展至今已近十二餘年，其所達成之環境效應還無法充分顯現。縱觀各國推動綠色消費的心得，包括：各國實施環保制度已經有效的改變消費者之購物決策，而公共採購比一般消費者採購易於改變其消費型態。綠色消費相關之教育宣導經費要求高，雖然所引發的改變有限卻是漸進式的，其中以婦女、青年、老人、中產階級是推廣綠色消費的對象，也是在人群中之最具影響力之族群，其影響可以持續存在。傳統價值與現代技術的結合可以加速環保產品的流通，改善生產之方式，以及節省資、能源。經過多年耕耘，綠色消費之效益，不論在價格上、品質上、便利性及樂趣方面均能被充分展現，也會在未來國際市場之行銷通路上成為主流產品。

19.5 綠色採購規範風行國際

2003 年歐洲聯盟公告了「危害物質限用指令」(Restriction of Hazardous Substance, RoHS)，限制 6 種有害物質使用於電機、電子產品，並且公布「廢電機電子設備指令」(Waste Electrical and Electronic Equipment, WEEE)，規定業者之廢棄物回收比率。當歐盟這兩項環保指令正式施行後，若干不符合規範的商品將完全不准進入歐盟二十五國龐大的經濟體內販售，開啟了貿易史上的環保新頁。

歐盟之「危害物質限用指令」(RoHS) 主要規定在 2006 年 7 月 1 日以前，限制電子電機製造者對四項重金屬包括鉛 (Pb)、鎘 (Cd)、汞 (Hg)、六價鉻 (Cr^{6+}) 及兩項含溴防火耐燃劑 PBB、PBDE 之使用，僅允許在非常特殊及目前無替代技術之情況下才准使用；許多國際知名之大廠即直接將歐盟這項要求轉交旗下各階段之供應商遵守，責成其改善原料及製程。

至於歐盟之「廢電機電子設備指令」(WEEE) 則是針對十大類電子電機產品，於 2003 年 8 月 13 日前由歐盟會員國訂立其各自之執行法規後，規定自 2005 年 8 月起，生產業者須負起廢品回收的責任，並逐步達到 50% 至 75% 之回收率。在這種規定下，日後製造廠商必須就銷售量加以提報、計算售價須涵蓋回收成本、委託其他回收廠商回收或再製、逐年計算及分攤已售產品之廢棄物回收費用並記錄回收資料等細節，重新整理出一套流程。這項回收廢品之環保指令已然成為任何自有品牌製銷歐盟電子電機商品時，對不同階段之供應廠商必須把關的綠色採購規範。

除了上述歐洲聯盟針對電子、電機產品之綠色採購規範外，尚有歐、美、日系一些大廠近幾年也開始實施綠色採購規範，如表 19.5 所示。

表 19.5

歐、美、日系國際大廠綠色採購規範簡介

區域別	公司名稱	管制規範主要內容
歐系	Sony Ericsson	禁用與限用物質清單
	Nokia	環境疑慮物質清單
	Philips	綠色產品稽核表
	Siemens	綠色採購規範 SN 36350 系列
美系	Apple	蘋果電腦產品環境化設計要求
	Dell	供應商環境要求訓練 (Environmental Supplier Training)
	IBM	材質、組件及產品的環境標準材質宣告指引
	Motorola	生態化設計 (Eco-Design) 物質清單
	ViewSonic	限用材質說明
日系	Canon	環境疑慮物質清單
	Fujitsu	綠色採購執行報告
	Hitachi	綠色採購準則 2002 年版
	Matsushita	化學物質管理準則 2003 年第三版
	NEC	綠色採購準則
	Sony	綠色伙伴 GP 2003 年最新版 (SS-00259)

資料來源：《企業因應歐盟環境指令之案例分析》，鍾美華等四人，2005 年。《2005 永續性產品與產業管理研討會論文集》，臺北市：臺北科技大學環境規劃與管理研究所舉辦。

由表 19.5 中，可以得知，綠色採購規範為許多國際知名大廠，在購買其各階段供應商之原、物料、半成品或成品時，要求供應廠商必須達到符合最新相關環保法規、指令或決定的規範，能配合之供應商就可能成為長久之綠色伙伴，否則就無法接到訂單。由於這種國際環保趨勢為世界貿易組織所認可，因此綠色採購規範勢將取代以往之保護主義，但其規範之本質是為了維護地球上生存環境的品質，自然為大家所願意遵守，相關之環保要求就自然而然成為廠商進行國際貿易時必須跨過的基本門檻了。

(一)古典學派以「勞動力價值」來說明比較利益，近代貿易之 H-O 理論等四大定理均採用「勞動力和資本兩種要素」來解釋各種貿易理論，是否與其時代之背景有關?

(二)人類目前面臨哪些環境危機?

(三)國際標準組織的環境管理系統 ISO14001 之實施分成哪五大部分?

(四)綠色消費之定義為何?

(五)綠色消費運動起源於德國政府在 1977 年推動之藍天使環保標章計畫，一般消費者如何實行綠色消費?

(六)許多跨國企業要求其供銷商採用環境管理系統之要求，你認為合理嗎?是否會形成綠色貿易壁壘?從人類未來的子孫擁有「環境權」之角度又當如何看待此一要求?

(七)解釋「綠色採購規範」之意義並舉兩個例子。

20 知識經濟時代之貿易趨勢

「知識經濟」一詞最早出現於經濟合作發展組織 (OECD) 之報告中，一般是指將創造科學等知識之資訊數位化、利用網路提供大眾使用並結合其他因素而創造出新型態知識之經濟而言；換句話說，也就是「以知識為本位的經濟型態」。

20.1 知識經濟時代之來臨

以往所論述之近代貿易理論多半是以實質商品之生產和各項金融商品之跨國服務為對象，該時期之理論是以工業經濟為背景。在工業經濟時代，生產商品之價值以及產業貿易成就之大小所依賴的是組織和經濟規模，而且工業生產主要使用勞動力、機器設備和能源來創造價值；但如今進入二十一世紀的知識經濟時代後，知識成了創造價值主要的來源，產業開始利用創意和知識來創造價值，產生經濟效益。若以通俗的話語表達，知識經濟時代所強調的是：只要你使用了我的知識，你就必須付費。因此知識也成了一種無形但有價值的生產要素。因為這個緣故，智慧財產權之保護在知識經濟時代扮演著重要的角色，在智慧財產權之保護下，知識密集型產業將成為未來生產製造的主流產業。

經濟合作發展組織 (OECD) 將知識密集型製造業涵蓋航太、電腦與辦公室自動化設備、製藥、通訊與半導體、科學儀器、汽車、電機、化學製品、其他運輸工具、機械等十大類工業；而知識密集型服務業則包括運輸倉儲及通信、金融保險不動產、工商服務、社會及個人服務等四大類行業。基本上這些產業透過國際貿易就能擴大其生產經濟規模，只是在進入國際市場或量產之前，必須事先未雨綢繆、防範於未然，將所研發出來之專業知識或生產程序申請專利保護，以便累積專利籌碼，並且迴避他國已有之設計，應能免除未來可能面臨的專利追索。在知識經濟時代，凡是企業研發出來有關產品本身、製造過程或相關方法之任何原創性知識，均可申請專利權，在專利權之保護下，其他國家或企業欲使用本公司所發展出來之知識時，必須獲得本公司之授權並定期依照契約交付本公司權利金或專利授權金，如此一來，本公司就可以確保所掌握之技術不會因委託代工而流失，使得本公司成為知識之「輸出」管道；至於其他獲得本公司授權使用該項專利知識或關鍵技術而在國外生產之廠商，因須對本公司支付使用知識之權利金，就成了「知識」之「輸入」管道。所以說知識經濟時代是以知識為本位，知識成了無形而有價之商品，一如美國經濟學者梭羅 (L. C. Thurow) 所說：「掌握知識是決勝的關鍵」。美國前總統科林頓也解釋美國之經濟體系是「基於科技、首重創新，並由冒險進取精神所驅動的新經濟」。這種新的經濟，注重「創造」及「應用」新知識，藉著不斷地創新以領先其競爭對手外，也要善於應用知識、快速提昇效率與擴大經濟規模。只是當研發出創新之知識或關鍵性技術後，由於知識本身具有快速傳播及突破時空限制之特性，正如軟體可以無止境快速地複製和使用一樣，很容易產生外部效果 (externality)，具有非排他性 (non-exclusive) 之特質，必須仰賴智慧財產權、專利權之保護才能長期擁有「知識」之國際輸出。我們可以透過美國知識經濟發展之過程，說明知識經濟的發展情形。

當喬治·華盛頓 (George Washington) 於 1789 年就任美國第一任總統時，美國經濟活動基本上是以農業為大宗。之後在美國立國不到一百年的時間，發生「第一次工業革命」，蒸汽機、發電機的發明，使美國由農業經濟逐步演進到工業經濟，同時，電力開始被使用於工業生產和生活上，逐步改寫了人類的生存方式，使得人類於十九世紀末及邁入二十世紀初期時，爆發了經濟史上的「第二次工業革命」，主要是指生產技術上之革命，使得整個世界全面邁入電氣化時代，許多新興產業如電話、電影、製鋁業、航太工業均開始有系統地被研究、開發和轉型。這種以英、美兩國為首的「第二次工業革命」，帶動了人類經濟活動由區域經濟轉變成國家經濟，而相關經濟型態也全面由農業經濟轉換成工業經濟，使得世界貿易理論之內涵也隨之修正，以符合其時代背景。

具體而言，在工業經濟體系的運作中，企業家非常重視生產的「規模經濟」帶來的利潤，生產者為了追求企業長期利潤之最大，往往運用龐大的資金和機器，擴大經濟規模以求降低成本，並設法向本國及海外推廣市場和貿易。當時因為工業經濟的主要生產要素為土地、勞動力、自然資源、資金和機械設備等，所以美國當時商界的洛克菲勒、福特、摩根等均以工業家和資本家著稱。

到了二十一世紀初期的今天，資訊普遍發達，而工業經濟由於微電子、電腦、電信、特製材料、機器人及生物科技的發展，產生了經濟史上「第三次工業革命」，主要是指資訊革命，成為「知識經濟時代」(knowledge-based economy) 又稱為「新經濟時代」(new economy)，在知識經濟時代裡，競爭的主要元素乃是科技、知識和創新能力，因此出於新知識和創新而擁有的智慧財產權成為最主要的生產資產和經濟利益的來源。其中最明顯的一個例證就是微軟公司 (Microsoft Corporation) 比爾·蓋茲的崛起，他發跡之初所擁有的不是土地、礦產、資本或機器設備，而是由腦力創造的「智慧財產」。這種創新能力成為知識經濟時代的主要生產力，誰能夠創造新材料、新技術、新生產方法或大眾喜愛的新產品，誰就具有競爭能力。美國政府在知識經濟時代，除了仰賴私人企業對新構想和新知識的研發以外，另研擬出一套創新體制。根據林垂宙 (2000) 之說明，美國大學一般是以基礎科學之研究為主，兼作一些應用研究和實驗。但各私人企業仍自行主導技術之開發和工程相關項目之研發，例如 IBM、AT & T、奇異 (GE)、杜邦 (Dupond)、柯達 (Kodak)、全錄 (Xerox) 等均有強大之科研團隊從事應用型之基礎研究。此外，林亦指出，因限於經費和資源之有限，許多微電子、生物科技和製藥公司近年都與著名的大學結盟，建立長期合作關係。為了鼓勵國家實驗室或國家資助之研究計畫的成果能早日移轉民間，美國於 1986 年通過「聯邦技術移轉法案」，作為技術移轉民間的法律基礎。

在美國由農業經濟轉為工業經濟並由工業經濟進入知識經濟的途中，一方面鼓勵私人新興企業之發展，一方面又設法避免市場之壟斷，因此反托拉斯法成為美國政府禁止企業壟斷的法寶，亦為政府防範不公平競爭及財富過分集中的一種利器。

劉靜怡 (2001) 指出，1980 年美國國會通過 Bayh-Dole University and Small Business Patent Procedures Act，就大學研究機構及其研究人員對政府資助之研究發明可取得權利、收取授權金，政府也在此研發成果上有介入權等，提供了產學合作的保障和權益之歸屬。

1997 年美國頒布「全球電子商務推動架構」，從此正式宣告進入知識經濟時代。在知識經濟時代，不僅商品的種類和品質繁多，個別商品之產品生命線亦在急速的縮短中，這與電腦普及化以及人們購買的方式改變有很大的關係。由於競爭者眾，奪取先機成為商品行銷上的重要考量。在未來新經濟時代中，所得之分配將更不平均，而其主要差異並非由於個人之努力不同，乃係來自對知識和資訊之了解和創新的能力有差別之故。

從美國總體經濟的主要型態看來，由農業時代、工業時代到知識經濟時代所隱含的不僅是生產方式的轉變，更包含了生活方式的改變、所得分配的變化、思考模式的轉向、社會制度的變革和金融體系的衝擊等，我們這群二十一世紀的現代人，不能不瞭解這一波經濟革命所帶來的變化，並事先預謀對策，始能洞燭先機，取得貿易及生存競爭上的優勢。

20.2 知識經濟相關之經濟理論基礎

(一)創新是知識經濟時代主要的核心競爭力

經濟學家熊彼得 (J. M. Schumpeter) 於 1934 年首先提出創新概念。他對創新所下的定義是「運用發明和發現去促使經濟發展的概念」。王中行、吳建南、張庭瑞 (2005) 指出：繼熊彼得之後，許多學者以不同之角度詮釋創新，例如 Schon (1967) 將創新視為一種由模糊到具體的過程，也就是「將無法估計測量的不確定因素，轉換成可以評估風險的過程」。他們更進一步說明，Saren (1984) 認定創新是將新發現首次轉換成新產品、新製程或服務的過程，也就是引進一項新的製程或技術設備所帶來的技術、財務、管理、設計、生產和行銷等各個新步驟上所展現的創意和改進。因此廣義而言，創新是一種可創造價值的過程或概念，為新時代核心競爭力之主流。

雖然創新是新時代的核心競爭力，但是公司規模與創新能力之間不一定有關係。以往許多人認為只有大公司或全球化公司才能有足夠的資金支持創新與研究的能力，達到規模經濟與多角化經營的目的，因為全球化的大公司具有世界性的行銷能力，而且一般人認為技術革新具不確定性並經多次研發失敗後才能成功地將最終供消費之商品問市，需要許多資金之投入。所以，以往工業經濟時代，Schumpeter (1952) 認為在市場上有獨占地位的大廠最有技術創新的能力，因為發明任何事物首先要有概念的產生，接著是研發及技術革新的階段，最後是商品化階段。在第一階段依靠人們提出新構想；在第二階段需要一些技術人員將構想製成一些模型或道具並將其研發改進成可用的商品；第三階段則需要將研發或技術革新後之商品利用公司的行銷部門銷售出去，這些原都需要大量的資本來進行。

但知識經濟時代的年輕人打破了這種看法，因為美國半導體的開發及商品化原是由一些有創意的年輕人組成中小型之企業從事創新而發展出來的，同時政府也可以贊助中小企業從事研發。由一般經濟學的分析裡可以知道：

競爭市場下之邊際成本 (marginal cost) 低於獨占市場，以至於在相同之需求曲線和邊際收益 (marginal revenue) 下，競爭市場的生產者剩餘 (producer's surplus) 大於獨占或寡占市場的剩餘，因此競爭市場比獨占市場更有利於技術創新。至於公司規模大小和創新可能性之間，完全根據經驗法則和知識專業程度而定，沒有規模大小之限定。

㈡社會的主流將是擁有知識並能加以應用的知識分子

微軟公司總裁比爾‧蓋茲曾經表示:「未來的競爭是植根於知識與網路的競爭」，網路是快速取得資源和眾多資訊的一個工具，而讓知識成為競爭的元素卻需要法律上所有權——專利註冊的保護。這種專利的保護在經濟市場上具有獨占性或寡占的性質並取決於市場上競爭對手的數目、市場佔有率和知識商品本身的獨特性（如寡占市場之拗折的需求曲線、價格彈性的大小）等，因此，在這樣的時代裡，我們將面對的市場經濟制度將是領導性品牌獨領風騷，獲取大部分的好處，而追隨者只分攤剩餘的有限好處，優勝劣敗的局面無異於叢林中弱肉強食的局面，未來社會貧富不均之距離加大，人們之工資不再以其邊際生產力之價值 (value of marginal physical product) 作衡量，而是以其知識的市場價值 (market value) 作衡量。於是「知識新貴」將取代以往的「商場大亨」，成為新時代的決策階層。

㈢雁行理論及知識差距理論

在研究國內之產業面對來自世界競爭時，有一個個別產業依序在生產與出口之值量上發生先增加後減少的現象，日人赤松要 (K. Akamatsu, 1935) 稱之為雁行理論。同理，經濟學家引伸某特定區域的許多國家在某單一產品之競爭上，先研發成功者將居雁群之首而領先飛翔，但歷經一段時間後，追趕其後的國家只要掌握足夠的資本來源、生產力和技術就可追上領先之雁首，取而代之一段時間後，又將被第三國取而代之。因此雁行理論亦有被引伸到特定國家不同產業之興衰的現象。根據日本學者伊崎光男 (M. Ezaki, 1995) 的研究，認為戰後亞洲國家先以日本為雁首，而後東亞新興國家（如南韓、臺灣、香港、新加坡）和中國大陸經濟發展一個個有先後取代雁首的興衰輪替現象，因此可見在知識經濟時代，領先者不一定永遠保持領先，除非其創新的動能及內涵能多樣化。根據王弓 (2000) 的說法，美國知識經濟的發展可以用舊金山灣區的矽谷為代表。史丹福大學於五十年前將校園之一隅闢為工業區並鼓勵師生於園區內創業，其中以電機系所創的以矽晶圓為基材的半導體產業發展最快，矽谷並因此成為全球半導體之重鎮。但近年因生產成本的高漲，半導體產業漸次外移，如今則由系統整合、軟體設計、光電、電子商務等取代了半導體，使矽谷現今仍維持其為高科技市場之重鎮，乃因其具創新的動能及產品多樣化之故。

知識經濟時代，在智慧財產權之保護下，任何國家或企業若能持續的研究發展新產品及新技術，將成為國際貿易之知識密集型商品之輸出國；相反的，缺乏創新或知識研發技能的國家或企業，將成為知識密集型產品之輸入國。而這些研發創新出來的知識在智慧財產權之保護期間內，將持續地輸出；而需要使用該項知識者，也只能持續地輸入；在知識之輸出國和輸入國之間，亦可以利用各自擁有的專利籌碼進行交易或交換，貿易之標的物不再局限於商品和勞務了。由於知識透過智慧財產權之保障，在國際間形成知識密集商品之輸出和輸入，因此「知識差距」可比美從前貿易理論所提的「技術差距」而將成為國際貿易發生的原因之一了。

㈣知識經濟的核心競爭力藉團隊的分享而具加乘的效果

根據勤業管理顧問公司 (Author Anderson Consulting Company, 2000) 對知識管理之內涵作分析，認為知識能力 (knowledge) 之主要構面包括人力資源 (people) 和資訊 (information)，但此二項可藉研究團隊之分享 (sharing) 而擴大其質量，勤業公司並以下式表達上述加乘關係：即

$K=(P+I)S$，也就是知識能力 = (創意人才 + 資訊) × 團隊分享

此一公式具體說明了在知識經濟中有創意之人才 (P) 和資訊 (I) 十分重要，但透過團隊之運作、分享知識 (S) 將加強知識之動能 (K)。

20.3 知識經濟時代貿易理論之趨勢

在古典經濟學派不論是亞當・斯密的絕對利益理論和大衛・李嘉圖之相對利益理論，均假設勞動力為生產之唯一要素，所以生產產品之價值決定於其製造時所需之勞動力之多寡而定，所以生產函數內只有一種生產要素——即勞動力。

在工業經濟時代，近代四大貿易理論中，不論是 H-O 定理、生產因素價格均等化 (Factor-Price-Equalization) 定理、瑞畢斯基 (Rybczynski) 定理或司徒一薩姆生 (Stolper-Samuelson) 定理，均是假設兩個國家利用兩種生產要素——資本 (K) 與勞動力 (L) 來從事兩種財貨——勞力密集財 (X) 及資本密集財 (Y) 之生產，故其生產函數內有兩種生產要素——資本與勞動力。

在知識經濟時代，生產方式已非單純的像工業經濟時代僅以資本和勞動力作為生產之要素了，必須以智慧財產（intellectual property，簡稱 IP）、資本（capital，簡稱 K）及勞動力（labor，簡稱 L）作為生產之三大要素。其中智慧財產包括任何取得專利之方法或設計 (patentable know-how or design)、許可 (license) 及版權 (copy right) 等，這種智慧財產若為本公司自行研發取得，則本公司（或本國）將成為智慧財產之輸出者；反之，若製造時必須購買或支付他國或其他公司之智慧財產權之權利金 (loyalty)，則本國或本公司將成為智慧財產之輸入者；綜合而言，知識經濟時代貿易理論之演變必然朝向智慧財產加入生產函數的方向進行，誰擁有較多之智慧財產籌碼，誰就成為市場上之出口者。

進一步從一國國際收支餘額 (balance of payment, BOP) 之角度來分析。通常一國國際收支之餘額包括經常帳 (current account) 及資本帳 (capital account) 之總和，國際間智慧財產權之相關權利金或版稅等之支付原屬於資本帳之往來，這是由於大家將該項支付視作國際間之一種投資行為，也算恰當。但若由知識經濟時代之角度來看，智慧財產本身也是一種無形而有價之資產，正如同國際間商務之服務亦屬無形而有價之資產一般，均須支付代價才能獲得；當國際間有關智慧財產權權利金之收付金額日益龐大而占製造支出相當大之比重時，對這項屬於無形資產的「財產」產權所定期付出之支付費用，由製造者之角度看來，智慧財產亦成為必須購買之生產因素之一，應是不爭之事實。

20.4 廠商因應知識經濟之策略——以美國為例

以美國為首之知識經濟已於二十世紀末展開，許多國外廠商已開始採行因應之道，我們將其分述如下，以為借鏡參考。

㈠由整合型團隊進行新構想和創意開發

許多美國半導體公司大量吸收具相關專業背景的年輕人負責開發設計並整合各種技術。以往新產品之開發多採分部門進行，例如研究、工程、製造及產銷部門各有所司，企業活動藉各部門連續地分部門進行。但 1990 年以後，許多公司產品之開發已逐漸交由綜合各種技術的整合型團隊來運作，亦即由團隊結合不同領域的專家來協調、交換並表達不同之專業意見，綜合成可行之新構想並試作雛形商品，以便製造有價值的新知識和新產品。在製造或使用新構想產品的過程中，組織容許一些有創意的失敗，目的是對依照新構想所作之雛形產品之可行性作測試，重覆多次嚴格測試和改善，直到按照新構想所作之模型或機具變成可銷售之產品為止。

㈡不斷推陳出新，向原有的成功挑戰

由於不斷地追尋創新，企業必須常常接納外來的構想和從各種不尋常的來源思考及尋找新點子，而且不過分倚賴已成熟的成功產品和觀念。公司必須懂得捨棄並挑戰舊思維、除舊布新，在利用舊的成功和探索新的方向之間取得平衡。如果企業過於自信並只專注於利用目前之優勢，就不會再有發展新產品和知識的能力，整個組織體向前求進步的動能就將消失。所以在運用現有優勢和推陳出新之間必須有獨特的洞見，不落入原已成功的陷阱而故步

自封，因為在任何成功的現勢上總可以發現仍有改善的空間。

李德彼特 (C. Leadbeater, 2001) 指出，美國 IBM 公司之實驗研發部門，曾於 80 年代之初期提出研發更簡單更快速的個人電腦之構想，卻因害怕影響原已成功之主機電腦的銷量而停滯不前，短短五年間就被許多電腦的小廠占領了家用個人電腦之市場。所以，企業機構如僅投下資金獎勵或加強已有的成功果實，忽略了推陳出新或不願冒風險投資新產品，往往埋下未來失敗的遠因。

㈢彈性與充分授權，以目標導向組成細胞小組

美國公司重視個人才華之充分發揮，給員工很大的自主權進行由團隊專家溝通過的新構想之嘗試，鼓勵員工挑戰現況，不怕失敗。經由主管充分授權並整合協調新構想、分享資訊和建立共識後，各部門遂形成一種類似細胞小組的技術體並以分工網路組織之方式定期或不定期溝通，以目標導向之方式整合各專業意見，才能因應日趨流動與複雜的競爭環境。李德彼特再指出，因為原有一般組織型態之公司過於僵化，無法配合新時代變動的競爭型態，有人主張公司推出虛擬的組織型態，即僅有小部分管理階層有固定之辦公場地，而大部分員工之工作環境均為共有之研討房間、協調會議中心、多媒體實驗室以定期開整合會議等。但這種也不完全符合時代要求之虛擬的組織環境，其機動性夠且可向外界汲取新知，但缺乏強力之策略領導中心和企業核心文化，不一定能符合時代要求。有人採取折衷的方法是將公司組織以技術或目標分組後，充分彈性授權給各部門，建立目標或成果導向，使每一部門均能獨當一面，發揮智慧與創意，凝聚並鼓勵各部門小組成員採取彈性工時，對工作作更大的獨立思考，只問目標和成果。各部門由有專業企圖心的員工組成並自訂目標、自我管理，既能鼓勵創意又可充分發揮各部門之潛力。

㈣申請產品之研發知識或關鍵技術專利之保護和經營

在企業追求新的技術或自創品牌之同時，必須就所研發出來之知識或關鍵技術立刻作專利權之申請，甚至形成專利布網，對國外已有之設計予以迴避，累積充足的專利，以作為日後貿易談判或交換授權的籌碼，並可避免他國各種專利追索。凡是企業本身所研發出來之專利、智慧財產均是將無形的

知識轉化為有高度經濟價值的商品之具體表現，有助於該項「知識」、「關鍵技術」授權國外公司製作時收取權利金之知識輸出。

㈤產業與大學之研究群合作

知識經濟時代許多交易的資產是由有創意的技術或概念開始再逐步加以商業化，將構想轉變成商品。英美均有經由產學合作而利用研究計畫成果發展出大公司的例子。正如李德彼特指出，最有名的是 1989 年英國的約翰摩爾大學 (John Moores University) 在一項教學研究計畫中製作出一部短片，短片中以互動式之教學方法教技術人員如何將生活中大量而複雜之資料（如理論物理學、行銷學或製作子宮頸抹片檢查等醫事技術），拍攝成容易理解的互動式節目後，頗獲好評。之後，研究部門遂將這項技術商業化並對外界提供服務，1995 年該大學正式成立附屬之 Amage 公司，並於 1997 年得到創業投資公司集資，擴大公司規模，目前該公司之年營業額超過 100 萬英鎊。這是一個由產學合作發展出來的知識創業典型。

㈥組織行政及產銷作業之逐步 e 化

目前產業界普遍逐步配合網路化之運作，新興網路企業雖尚未成氣候，但 e 世代年輕人普遍有上網的習慣，將來電子商務之相關服務會逐漸地加溫，例如臺灣訊通國際科技總裁鄭鳳生開始經營「手機上網技術」後，立刻籌得上千萬美元之資金，這也是一個知識創業之實例。企業如果能與世界性大網站之電子商務系統作策略聯盟，將可趕上 e 世代未來的購物方式，但企業必須先採行 e 化之配套措施，才能和電子商務界攜手合作。

在資訊愈趨發達的今天，傑出的知識和資訊的善用成為一個非常寶貴的資產。這種資產的價值除了靠申請智慧財產的專利來保護之外，必須將時間的爭取擺在優先的位置，投資的價值才能確保。

拔擢有點子、有創意的優秀人才成為企業成功的第一個條件。此外，企業 e 化再配合團隊的合作及研發亦成為必要的一項措施。企業必須很慎重的準備、以更寬廣更開放的胸襟迎接知識經濟帶來的衝擊，並順勢使力，使企業更上一層樓。

至於整體外在建設配合方面，政府近年急欲將臺灣建設成為公義化、永續化和知識化之「綠色矽島」，而知識經濟之推動亦成為二十一世紀經濟發展之主流。其主要之原因是由於全球化使得廠商可以運用全球價格最低廉之資源，因此，以往採用資源稟賦差異，即以廉價資源使用於生產所獲得之比較利益來解釋貿易方向之理論，已逐漸需要新的思維，因為廉價資源已不可能作為國家競爭力之來源，代之而起的是知識和技術水準可用作國際貿易競爭力之來源。

另一方面，網際網路加速了資訊和知識傳播之速度，若能善加利用與其他因素結合，將有加速產業升級及經濟發展的效果，凡是能率先使用網路空間的國家可經由全球知識和資訊之使用而創造利益。

臺灣近年推動「亞太營運中心計畫」、「國家資訊通信基本建設推動計畫」、「產業自動化及電子化推動方案」與「加強資訊軟體人才培訓方案」等，其目的就是設置知識經濟時代之基礎建設，而未來國際間經貿往來之態勢將隨著知識經濟時代之脈動迅速調整，知識和創意所形成之智慧財產將展現極大之經濟價值和國際貿易潛力。

(一)在工業經濟時代決定商品價值的主要因素為何？在知識經濟時代創造價值之主要來源為何？

(二)知識密集型製造業和服務業有哪些？試各舉三例。

(三)第一、第二及第三次工業革命，各自導因於何種特殊的機器、工具或產業被研發出來？

(四)知識經濟時代，在法律保護下，除了商品和勞務之外，尚有何種無形而有價之「財產」將成為交易之標的物？

(五)試申述知識之能力的主要構面和團隊分享之關係。

(六)如果你是公司之決策人員，在知識經濟時代，你要如何拓展商機？

參考文獻

㈠中文部分

- 王弓 (2000)。〈知識經濟時代的產業發展政策〉。載於:《知識經濟之路》。臺北市:天下遠見出版股份有限公司。
- 王中行、吳建南、張庭瑞 (2005 年 3 月)。〈創新與專利設計策略在永續性產品開發之研究〉。《2005 年永續性產品與產業管理研討會論文集》,第 164 頁。臺北市:臺北科技大學環境規劃與管理研究所舉辦。
- 中央銀行 (2004)。http://www.cbc.gov.tw/。
- 世界貿易組織網站 (2004)。http://cwto.trade.gov.tw。
- 行政院主計處 (2004)。http://www.dgbas.gov.tw。
- 行政院陸委會 (2003)。大陸臺商經貿網 http://www.chinabiz.org.tw/chang/L1-5.asp。
- 李斯特 (1997)。《政治經濟學之國民體系》(商務印書館譯)。臺北市:商務印書館。(原著出版年:1844)
- 李筱峰 (2003a)。《臺灣史 100 件大事》。臺北市:玉山社出版事業股份有限公司。
- 李筱峰 (2003b)。《快讀臺灣史》。臺北市:玉山社出版事業股份有限公司。
- 李德彼特 (Leadbeater, C.)(2001)。《知識經濟大趨勢》。臺北市:時報文化出版。
- 林志森 (1998)。〈國際環境管理標準 ISO14000 系列發展現況與國內之因應措施〉,《環境工程會刊》,第 9 卷第 1 期,第 8-17 頁。
- 林垂宙 (2000)。〈知識經濟時代國家創新體制的建立〉。載於:《知識經濟之路》。臺北市:天下遠見出版股份有限公司。
- 林鐘雄 (1987)。《歐洲經濟發展史》。臺北市:三民書局。
- 周宜魁 (1998)。《國際貿易理論與政策》。臺北市:三民書局。

- 袁建中 (2002)。〈知識經濟發展趨勢下談經營專利的重要性〉。載於:《九十年度「e 世紀貿易救濟諮詢服務團系列活動」論文集（十一）》。臺北市: 經濟部貿易調查委員會。
- 陳正順 (1993)。《國際貿易》。臺北市: 三民書局。
- Dennis R. Appleyard Alfred J. Field, Jr.《國際貿易理論與政策》(陳宏易譯) (2002)。臺北市: 臺灣東華書局。
- 張德孝、劉金華 (2003)。《最新國際匯兌實務》。臺北市: 吉田出版社。
- 黃智輝 (2004)。《世界貿易組織與進口救濟》。臺北市: 天一圖書公司。
- 勤業管理顧問公司 (2000)。《知識管理的第一本書: 運用知識管理提升企業核心能力》。臺北市: 商周出版社。
- 葉興國 (1988)。〈GATT 之簡介與分析〉。載於:《我國加入世界貿易組織專題研究報告彙編》。臺北市: 經濟部國際貿易局編印。
- 經濟部國際貿易局 (1995)。《烏拉圭回合多邊貿易談判協定》。臺北市: 三民、正中及青年書局。
- 經濟部國際貿易局 (2002)。http://ttf.textiles.org.tw/index-c.htm。
- 經濟部貿易調查委員會 (2004)。《進口救濟相關法規彙編》。臺北市: 經濟部貿易調查委員會。
- 劉碧珍、陳添枝、翁永和 (2003)。《國際貿易理論與政策》。臺北市: 雙葉書廊。
- 劉靜怡 (2001)。〈知識經濟時代的法律制度〉。載於:《知識經濟之路》。臺北市: 天下遠見出版股份有限公司。
- 鍾美華、林敬智、王耀慶、王淑玲（2005 年 3 月)。〈企業因應歐盟環境指令之案例分析〉。《2005 年永續性產品與產業管理研討會論文集》, 第 427 頁。臺北市: 臺北科技大學環境規劃與管理研究所舉辦。
- 羅昌發 (1991)。〈美國反傾銷及平衡稅法中損害要件之研究——兼論其對我國法修正之啟示〉。《臺大法學論叢》, 第 20 卷第 2 期, 第 249 頁。
- 羅昌發 (1994)。《美國貿易救濟制度——國際經貿法研究（一)》。臺北市: 元照出版公司。

- http://www.trade.gov.tw/region_org/region_7/region7_21.htm。
- http://iir.nccu.edu.tw/2002report/latin.htm。
- http://www.future-china.org/csipf/activity/19991005/mt9910_06.htm。
- http://www.trade.gov.tw/region_org/region_6.htm。
- http://www.siongpo.com/20020324/foruml.htm。

(二)英文部分

- Akamastsu, K. (1935). "Trade of Woolen Products in Japan." *Studies of Commerce and Economy*, 13 (1), pp. 129–212.
- Burenstam, L. S. (1961). *An Essay on Trade and Transformation*. New York, NY: John Wiley and Sons.
- Caves, R. E., Frankel, J. A., and Jones, R. W. (2001). *World Trade and Payments, An Introduction* (6th ed.). New York, NY: Harper Collins College Publishers.
- Dennis, R., and Field J. (2000). *International Economics, Trade, Theory and Policy*. New York, NY: The McGraw-Hill Companies, Inc. ISBN: 0–07–231–514–8.
- Ezaki, M. (1995). "Growth and Structural in Asia Countries." *Asia Economic Journal*, 9 (2), pp. 113–135.
- Giancarlo. (2000). *International Trade Theory and Policy*. Springer Berlin: Publishers. ISBN: 4–1340–64316–8.
- Government of Canada, Department of External Affairs and International Trade, NAFTA. (2004). What's it all about Ottawa.
- Gruber, M., and Vernon, R. (1967). "The R&D Factor in International Trade and Investment of U.S. Industries." *Journal of Political Economy*, Feb.
- Heller, H. R. (2002). *International Trade Theory and Empirical Evidence*. Honolulu: University of Hawaii.
- Hufbauir, G. C. (1965). *Synthetic Materials and the Theory of International Trade*. Duckworth.

- Husted, and Melvin M. (1997). *International Economics* (4th ed.). Addison-Wesley Educational Publishers Inc. ISBN: 0-321-01427-8.
- Keesing, D. B. (1967). "The Impact of Research and Development on United States Trade." *Journal of Political Economy*, 75, pp. 38-48.
- Kenen, P. B. (1965). "Nature, Capital and Trade." *Journal of Political Economy*, Oct.
- L'evy, J. P. (1967). *The Economic Life of the Ancient World* (Translated by Biran, John G.). Chicago: The University of Chicago Press.
- Linder, S. B. (1961). *An Essay on Trade and Transformation*. Cambridge, M. I. T. Press.
- Lister, F. (1844). Das Nationale System der Politischen Okonomie (Reprinted).
- Munn, T. (1928). *England's Treasure by Foreign Trade* (Reprinted). Oxford: Basil Blackwell.
- Posner, M. V. (1961). "International Trade and Technical Change." *Oxford Economic Papers*, New Series 13 (3), pp. 323-341.
- Ricardo, D. (1817). *The Principles of Political Economy and Taxation.* John Murray.
- Rostow, W. W. (1960). *The Stage of Economic Growth* (2nd ed.). Cambridge: Cambridge University Press.
- Rostow, W. W. (1978). *The World Economy, History and Prospect.* Austin, TX: University of Texas Press.
- Saren, M. A. (1984). "A Classification and Review of Models of the Intra-Firm Innovation Process." *R&D Management*, Vol. 14, 11-24.
- Schon, D. A. (1967). *Technology and Change*. Pergamon Press.
- Schumpeter, J. M. (1934). *The Theory of Economic Development*. Harvard University Press.
- Schumpeter, J. M. (1952). *Capitalism, Socialism and Democracy* (5th ed.). London: George Allen and Unwin.

- Vernon, R. (1966). "International Investment and International Trade in the Product Cycle." *Quarterly Journal of Economics*, 80 (2), pp. 190–207.
- Wells, L. J. (1968). "A Products Life Cycle for International Trade?" *Journal of Marketing*, July.
- World Bank. (2001). *World Development Report 1999/2000*. Oxford: Oxford University Press.
- WTO. (2000). *Annual Report 2000*. Geneva: WTO.
- WTO. (2001). *Annual Report 2001*. Geneva: WTO.
- WTO. (2002a). *Annual Report 2002*. Geneva: WTO.
- WTO. (2002b). *International Trade 2002: Trends and Statistics*. Geneva: WTO.
- http://wehner.tamu.edu/mgmt.www/nafta/spring/Groups99/ITAM/refernces.htm.
- http://www.aseansec.org/home.htm. (2004)
- http://www.comunidadandina.org/index.asp. (2004)
- http://www.mercosur.org.uy. (2004)
- http://www.saarc-sec.org. (2004)
- http://www.trade.gov.tw. (2004)
- http://www.trade.gov.tw/region_7/region721.htm. (2004)

國際貿易實務　張錦源、劉　玲／編著

對於國際貿易實務的初學者來說，一本內容簡潔且周全的入門書，可使初學者有親臨戰場的感覺；對於已經有貿易實務經驗者而言，連貫的貿易實例與統整的名詞彙編更有助於掌握整個國貿實務全貌。本書期能以簡潔的貿易程序、周全的貿易單據、整套貿易文件的實例連結及附加價值高的名詞彙編，使學習國際貿易實務者，皆能如魚得水的悠游於此一領域。

貿易英文撰寫實務　張錦源／著

這是一本「學貿易英文做貿易、做貿易學貿易英文」的實用書，是作者以其多年從事外匯、貿易的經驗撰寫而成。全書首先介紹貿易英文信函的結構與貿易英文文法，其次循進出口貿易的程序，將進出口商在每一階段的往來函電，舉實例說明其撰寫要領及應注意事項，並從貿易實務觀點作詳盡的注釋。透過本書，讀者不僅能了解貿易英文函電的寫作要領，亦可學到貿易實務的技巧。

貿易貨物保險　周詠棠／著

本書首先闡釋海上保險一般原理、所適用之國際性規則及其對國際貿易之功用，然後以貿易業者之立場，探討各種重要承保條款之內容；其次討論國際貿易條件對貨物運輸保險之要求，如何選擇適用之保險條款，貿易當事人之投保實務；再其次兼論其他運輸方式所需之保險；最後討論發生保險損失時之索賠手續。本書主要提供從事貿易業者、保險業者、航運業者，與大專院校未來有志於此等行業青年之適當參考。

投資學　伍忠賢／著

本書讓你具備全球股票、債券型基金經理所需的基本知識，實例取材自《工商時報》和《經濟日報》，讓你跟「實務零距離」，章末所附的個案研究，讓你「現學現用」！不僅適合大專院校教學之用，更適合經營企管碩士 (EMBA) 班使用。